THE EVERYTHING®
Giant Book of Word Searches

Dear Reader,

When I was a kid the first word puzzles I ever did were word search puzzles. My Mom bought me a tiny booklet of the grids that probably took me all summer to complete when I was in grade school. I've put together more than 300 word search puzzles for this book; it probably would have taken me until high school to finish all of them!

I love to solve word search puzzles because it is fun to create order out of chaos. At first glance, the grids look like nothing more than random letters. But for those of us who search, words will be revealed playing hide-and-seek among the letters. It requires an easy concentration and gentle focus to find the hidden words. For word lovers, this is like finding buried treasure in a haystack (if I might mix metaphors). This kind of wordplay is the perfect diversion to take our minds away from the hectic world.

So grab a pencil, start searching, and have fun!

Charles Timmerman

Welcome to the EVERYTHING® Series!

These handy, accessible books give you all you need to tackle a difficult project, gain a new hobby, comprehend a fascinating topic, prepare for an exam, or even brush up on something you learned back in school but have since forgotten.

You can choose to read an *Everything*® book from cover to cover or just pick out the information you want from our four useful boxes: e-questions, e-facts, e-alerts, e-ssentials. We give you everything you need to know on the subject, but throw in a lot of fun stuff along the way, too.

We now have more than 400 *Everything*® books in print, spanning such wide-ranging categories as weddings, pregnancy, cooking, music instruction, foreign language, crafts, pets, New Age, and so much more. When you're done reading them all, you can finally say you know *Everything*®!

DIRECTOR OF INNOVATION Paula Munier

EDITORIAL DIRECTOR Laura M. Daly

EXECUTIVE EDITOR, SERIES BOOKS Brielle K. Matson

ASSOCIATE COPY CHIEF Sheila Zwiebel

ACQUISITIONS EDITOR Lisa Laing

PRODUCTION EDITOR Casey Ebert

THE EVERYTHING.

GIANT
BOOK OF
WORD SEARCHES

Over 300 puzzles to challenge even the most diehard word search fan

Charles Timmerman
Founder of Funster.com

Avon, Massachusetts

In memory of my mother who loved word search puzzles.

An Everything® Series Book.
Everything® and everything.com® are registered trademarks of F+W Publications, Inc.

Published by Adams Media, an F+W Publications Company
57 Littlefield Street, Avon, MA 02322 U.S.A.
www.adamsmedia.com

ISBN 10: 1-59869-536-3
ISBN 13: 978-1-59869-536-6

Printed in the United States of America.

J   I   H   G   F   E   D   C   B

This book is available at quantity discounts for bulk purchases.
For information, please call 1-800-289-0963.

Contents

Acknowledgments

I would like to thank each and every one of the more than half a million people who have visited my Web site, *www.funster.com*, to play word games. You have shown me how much fun word puzzles can be, and how addictive they can become!

It is always a pleasure to acknowledge my agent, Jacky Sach, whose help and expertise has been invaluable over the years.

Once again it was a delight working with everyone at Adams Media who made this book possible. I particularly want to thank my editor Lisa Laing for so skillfully managing all the projects we've worked on together.

I'm very fortunate to have Suzanne and Calla in my life as a constant source of support, enthusiasm, and laughs!

Introduction

▶ THE PUZZLES IN THIS BOOK are in the traditional word search format. Words in the list are hidden in the grid in any direction: up, down, forward, backward, or diagonally. The words are always found in a straight line and letters are never skipped. Words can overlap. For example, the letters at the end of the word "MAST" could be used as the start of the word "STERN." Only the letters A to Z are used, and any spaces in an entry are removed. For example, "TROPICAL FISH" would be found in the grid as "TROPICALFISH." Draw a circle around each word that you find in the grid. Then cross the word off the list so that you will always know what words remain to be found.

A favorite strategy is to look for the first letter in a word, then see if the second letter is in any of the eight neighboring letters, and so on until the word is found. Or instead of searching for the first letter in a word, it is sometimes easier to look for letters that standout, like Q, U, X, and Z. Double letters in a word will also standout and be easier to find in the grid. Another strategy is to simply scan each row, column, and diagonal looking for any words.

The puzzles in this book have diverse and entertaining themes. Travel around the globe with puzzles like *European Vacation* and *Money Around the World*. Go out of this world when you work the puzzles *Martian Landmarks* and *Magic Fairyland*. Move through time as you solve the puzzles *'60s Flashback* and *The Civil War*. And return home with the puzzles *Cats and Dogs, How Does Your Garden Grow?*, and *Baking Cookies*.

PUZZLES

Cheesy

AMERICAN

ASADERO

ASIAGO

BLUE

BOURSIN

BRIE

CAMEMBERT

CHEDDAR

COLBY

COTIJA

COTTAGE

EDAM

FARMER

FETA

FONTINA

GOAT

GORGONZOLA

GOUDA

GRUYERE

HAVARTI

JARLSBERG

LIEDERKRANZ

LIMBURGER

LONGHORN

MONTEREY JACK

MOZZARELLA

MUENSTER

NEUFCHATEL

PARMESAN

PIMENTO

PROVOLONE

RICOTTA

ROMANO

ROQUEFORT

SMOKED

STRING

SWISS

```
C T A R Y C Z K P I H O B A O D B K G U
Q O F T E F C D H G N I R T S X C M R A
X M T A F M S N R O H G N O L A A V F Z
G S K T R Z E A N S Z E Z M J S E P O E
R A B V A M H C L I M P O Y A G U A N R
J D T O P G E I O I S M E D V E L R T L
M U E N S T E R P N O R E G R U B M I L
A O O S G R Q E T Z E R U E B R I E N A
D G P W M A W M Z T O U Y O B V X S A D
E L I D S D G A N G O U F T B C R A T P
B P T S C D R O A E R E R C O A O N T C
R D R A N E M R R G Y E W L H Y I E O I
G W A Q L H Y O K G B U B X S A N C C O
A C V L V C Q R R M O Y R S Z O T F I X
O M A P O U K O E Y Z N I P L S O E R S
T B H T E U T M D D V W Z O M R G T L L
X A I F O Q A A E F S M V O E V A A O J
I J O M L C J N I Y N O K J L V I J J O
A R B G Q C U O L U R E A Y K A S N C K
T F K P U S K E R P D S W C B N A M E T
```

Solution on page 320

Campus Mascots

BADGERS

BEARCATS

BEAVERS

BOBCATS

BOILERMAKERS

BRUINS

CATAMOUNTS

COMMODORES

CORNHUSKERS

COUGARS

COWBOYS

CRIMSON TIDE

CYCLONES

EAGLES

FALCONS

GOVERNORS

HAWKEYES

HOOSIERS

HURONS

HURRICANES

HUSKIES

LOBOS

MINERS

NITTANY LIONS

OWLS

PANTHERS

PATRIOTS

RAMS

RAZORBACKS

REBELS

ROCKETS

SENATORS

TAR HEELS

TERPS

TIGERS

TITANS

TROJANS

UTES

WARRIORS

WOLVERINES

YELLOW JACKETS

```
S S T E K C O R J V S S N O R U H B R C
P R R E B E L S Z P S R E G I T W B Y G
Z Q E E B L X Z R D K J S N A J O R T B
S S R N I F S E N I R E V L O W R S O V
S C R N I S T N S T T P H Y S L R B S F
P O C O M M O D O R E S E K E O C E N F
A W B U N E D O R I Z L C O I A I Y O F
C B S O X R P E H Q L A O R T K M Q C H
W O E R L Z E A K O B Y R S S S W L E Z
X Y L A E Q W V W R C A N U Y R E S A Z
E S G A R K G J O R W S H A S E N R F U
D O A N E C A Z I G H R U T T H A O Y S
U W E Y R C A M M Z F S S S N T C T M I
U L E C K R S T R L L N K R U N I A U D
E S X E R O N G S E M A E E O A R N R P
Z O T J N Q I K E I L T R G M P R E K M
I S N T Y K U H M T P I S D A K U S S L
E S I P A T R I O T S T O A T O H T U W
T D O A E A B S R E V A E B A Q B R E E
E C R N T S T A S R A G U O C D D F L S
```

Solution on page 320

You Bet!

BACCARAT

BACKGAMMON

BETTING

BINGO

BLACKJACK

CASINO

CRAPS

DICE

FARO

GAMBLING

GAMING

HORSE RACING

```
L U U S L O M X Q Z Y I I B X T G T Z D
Z T P S S W D S P A R C R E D D O G M E
R M L H B H F K V V E U V T R D R C K C
E L B A T Y A P W K T V P T O O Z S W M
K H R T L Y G Q I Z T G K I M P G G O V
O N I S A C P A V Q O M E N V M K N G Z
P M S T T M G A M B L I N G I W N C I K
D J K G O R P N Y I N Z O N D E J M A B
I N H N E S A E I L N P Q O E N K G P J
M M E I N Z R T D C I G K J O I X D D S
A Y L R R O I B E I A N C H P H K R D A
R K U E E A M B L G R R E A O C A D S F
Y R C G L M U M B A Y T E M K A O R A F
P I K A J K T S A A C T I S E M K V P U
D X I W N T U K W G C K D T R T N B Y I
K A R O U L E T T E K C J S E O I I Y I
J Y E M A G L L E H S C A A A L H E Z W
N G T J H D R A C H C T A R C S C J M N
L X Y L O A N J H A W K M B A K A U P A
N E H S J J B Z P O L N E K O T P R W I
```

JACKPOT

JAI ALAI

KENO

LET IT RIDE

LOTTERY

LUCK

MAHJONG

MONEY

ODDS

PACHINKO

PAI GOW

PARIMUTUEL

PAY LINE

PAY TABLE

PYRAMID POKER

RED DOG

RISK

ROULETTE

SCRATCHCARD

SHELL GAME

SLOT MACHINE

STRATEGY

TOKEN

VIDEO POKER

WAGERING

Solution on page 320

Circus Act

```
L Y L I M A F L E A C I R C U S T E N T
H M G R E T S A M G N I R H E G R S O A
O S N O O L L A B A N D V S H I N Y C H
T L T E P O R T H G I T R U W W S R H G
D A R E D E V I L X T O M H O R O V G N
O P A S L A M I N A H A G L I B M S Y I
G S P S E I N O P G N I C N A D R E Y N
S T E H D G B E N C H X G T G E G Q E N
T I Z H B W R A A S J S S N H N F S D I
U C E R H F M N C J C E I T I Z I N Y P
N K O O O G N I W O L L A W S D R O W S
A S M R N O T R T E G E O L D I E I J E
E W M O N S E T P G R R A I M L E S Y T
P E R B A T O H U B H B R O U L A S R A
R T A N H N A J E T V I E N N U T E B L
S L M G C N V R E S C G N T R S I C B P
L Y U A T U I F Q N I C I A A I N N U T
G A N S T F I K N O G A A M B O G O A K
L D P A T N E M N I A T R E T N E C O G
Y S Y E K N O M P L M S T R P O T G I B
```

ACROBATS

ANIMALS

BALLOONS

BAND

BIG CATS

BIG TOP

CLOWNS

CONCESSIONS

COTTON CANDY

DANCING PONIES

DAREDEVIL

ELEPHANTS

ENTERTAINMENT

FAMILY

FIRE BREATHERS

FIRE EATING

FLEA CIRCUS

GYMNASTICS

HIGH WIRE

HORSES

HOT DOGS

HUMAN CANNONBALL

ILLUSION

JUGGLING

KNIFE THROWING

LAUGHTER

LION TAMER

LIONS

MAGIC

MONKEYS

P T BARNUM

PEANUTS

PERFORMER

PLATE SPINNING

RINGLING BROS

RINGMASTER

RINGS

SLAPSTICK

STRONGMAN

SWORD SWALLOWING

TENT

TIGHTROPE

TOYS

TRAINER

TRAPEZE

Solution on page 320

The Civil War

ABOLITIONISM

ARMY

BATTLE

BLOCKADE

BORDER STATES

BRAXTON BRAGG

CAVALRY

CHICKAMAUGA

COPPERHEADS

DRED SCOTT

EMANCIPATION

FATHERS

```
G D T I M U Z Z L E L O A D E R O V S Y
M S E N H H C R A M S N A M R E H S R R
I D R F O B R W G I R O B E R T E L E E
L A R A U I E V W S U T A X O S C J H V
I E I N S S T H G S N N T F T U B N T A
T H T T E I M C R O I A T G I C G O A L
I R O R D V U F U U O R L G N E S R F S
A E R Y I A S N B R N G E A O G R T E P
G P I S V D T O S I T S S R M R A H L M
U P E T I N R I K C D S G B B O B A L S
A O S A D O O T C O R E N N L E D R E I
M C L T E S F A I M E S Y O O G N P W N
A A A E D R L P V P D S R T C S A E D O
K M V S A E T I I R S Y L X K E S R L I
C I E R E F U C H O C L A A A C R S A T
I R T I M F K N T M O U V R D E A F C I
H R R G T E Y A U I T U A B E D T E N L
C E A H T J R M O S T P C Q L E S R H O
A M D T G W D E S E T A T S R E D R O B
Y W E S T V I R G I N I A R M Y U Y J A
```

FORT SUMTER	MILITIA	SLAVERY
GEORGE CUSTER	MISSOURI COMPROMISE	SOUTH
GEORGE E PICKETT	MONITOR	STARS AND BARS
HARPERS FERRY	MUZZLE LOADER	STATES RIGHTS
HOUSE DIVIDED	NORTH	TERRITORIES
INFANTRY	RECONSTRUCTION	ULYSSES S GRANT
JEFFERSON DAVIS	ROBERT E LEE	UNION
JOHN CALDWELL	SECEDE	VICKSBURG
MEADE	SHERMANS MARCH	WEST VIRGINIA
MERRIMAC	SLAVE TRADE	

Solution on page 320

Walking on the Moon

APOLLO

ASTRONAUT

ATMOSPHERE

BOOSTERS

CATENA DAVY

COSMONAUT

CRATERS

CRESCENT

CRISIUM

DORSUM

ECLIPSE

EXPLORATION

FULL MOON

GIANT LEAP

GRAVITY

HOUSTON

IMBRIUM

JOHN F KENNEDY

LUNAR MODULE

MANNED

MISSIONS

MONS BRADLEY

```
B N Y F U L L M O O N V T J Y U J T D R
D E E E N F A T M O S P H E R E B D O M
E C F I L S N O I S S I M B R I U M S F
N L Y J L D T T N E C S E R C R C A K W
N I Z T G A A S A T E L L I T E T J P V
A P P N I V R H J W V U T G A U D X A R
M S W C R V C M S M O N S B R A D L E Y
T E T E S A A K S N G A H N O K K G L O
O E S R E T A R C T O R V L Q T O A T G
P B X R O C K S G I R M L S W L M W N W
O Y D E N N E K F N H O J X I M A I A Q
G Z O E S V A S T S P D N T A X N P I N
R K R D B A R U N A C U H G I A R U G O
A C S R R E A I T R I L R N W Z E A N O
P O U R T N A E M S N E G Y U H S N O M
H R M S O T C A T E N A D A V Y M S T W
Y N O M N M V N O I T A R O L P X E S E
Z O S U D S E R E N I T A T I S M D U N
B O O R B I T R E N D E Z V O U S I O U
C M U I S I R C E I I H T Y M S C T H Y
```

MONS HADLEY

MONS HUYGENS

MOON ROCK

MOUNTAINS

NEIL ARMSTRONG

NEW MOON

OBSERVATION

ORBIT

REGOLITH

REINER GAMMA

RENDEZVOUS

ROCKS

SATELLITE

SATURN V

SERENITATIS

SMYTHII

TIDES

TOPOGRAPHY

WANING

WAXING

Solution on page 320

Common Street Names

```
G I I A S L V M W K W N X M B A C E B S
A L R D J X Q I A I W K T S E R O F Y R
X M C M A P L E L D X N U E H J F R Y Q
V D K J J L G S N L O C N I L C O T D L
O X Z P O I O F U W A C T Z A K R Z R L
G L Y W C N Z W T A I P S O C I L U I G
H T P T A D A M S S Z S E I Y R R E H C
O H W H A R O E F H H E H K N Y E L T C
C G M R K P C O H I L L C R E S T L I D
S C C T J O J J G N N R C A E L N E M D
K P E V N P F H O G O D S P R H E R S D
B D R D L L L R G T R S O M G L C U A N
J P T I A A E W A O T B R O A D W A Y A
U A T R N R K V F N H L A E W I U L T L
V O C D W G T E O A K E E F F G L F S D
Y F Q K M E Q O V L O L C N B F O L R O
J O H N S O N B R I W F I U I U E D I O
H Z C N C O L L E G E A Z N R P G J F W
F J U Z P W N B U V M W Q T C P Y W H Y
Z S T G S K S G F I F T H O H G S F P G
```

ADAMS

BIRCH

BROADWAY

CEDAR

CENTER

CHERRY

CHESTNUT

CHURCH

COLLEGE

DOGWOOD

ELM

FIFTH

FIRST

FOREST

FOURTH

FRANKLIN

GREEN

HICKORY

HIGHLAND

HILLCREST

JACKSON

JEFFERSON

JOHNSON

LAKEVIEW

LAUREL

LINCOLN

MAIN

MAPLE

NORTH

OAK

PARK

PINE

POPLAR

SECOND

SMITH

SPRING

SPRUCE

SUNSET

THIRD

WALNUT

WASHINGTON

WILLIAMS

WILLOW

WILSON

WOODLAND

Solution on page 321

Very Emotional

AGITATION

ALARM

AMUSEMENT

BITTERNESS

BOREDOM

CALMNESS

COMPASSION

CONFIDENCE

COOL

COURAGE

DEPRESSION

DISAPPOINTMENT

DISGUST

ELATION

FEAR

FRUSTRATION

GRATITUDE

GUILT

HATE

HONOR

INADEQUACY

IRRITABILITY

JOY

LOVE

MELANCHOLY

NEGATIVITY

PATRIOTISM

PEACE

PITY

PRIDE

REGRET

REMORSE

SADNESS

SARCASTIC

SHOCK

SORRY

SUFFERING

SUSPENSE

UNHAPPINESS

VULNERABILITY

YEARNING

ZEST

```
T V P O D X U C B S N E G A T I V I T Y
F K A O W M S I T O I R T A P K H E F A
Y D N O I T A T I G A M O D E R O B K U
Y T I L I B A T I R R I L E J Y C N T W
R S I S R N A S E V O L T P K C O H S M
U U O P A R Z M S V N A Y R Y A O Y E X
F F Y C T P O E S M H O T E R U L S C S
G F P S Z R P H E E U V I S R Q W S N A
G E U A S Q E O N L B G L S O E Y S E R
D R Z E G L V N I A I T I I S D W S D C
F I A Y A X P O P N T N B O W A H E I A
T N S T R R Z R P C T E A N F N P N F S
T G I G I U H B A H E M R E N I Z M N T
D O F D U T T G H O R E E S G B R L O I
N E E V E S U K N L N S N N A A Y A C C
K C X R E M T D U Y E U L E T D R C E H
J A G N I R A E Y S M U P L M N U Z F
Z E S T Q K S A N O S A V S I M S E O D
R P X X P K B S L J M Y S U U U U E S C
W G D K V G E N Y A E L C S G U U R M S
```

Solution on page 321

Japanese

ASIA

AUTOMOBILES

BONSAI

BOOK OF HAN

BUDDHISM

BULLET TRAIN

DIET

EMPEROR

FUKUOKA

HIROSHIMA

JUDO

KAWASAKI

KIMONO

KOBE

KYOTO

MT FUJI

NAGASAKI

NAGOYA

OKINAWA

ORIGAMI

OSAKA

PACIFIC OCEAN

PARLIAMENT

RICE

RISING SUN

RYUKU ISLANDS

SAITAMA

SAPPORO

SEA OF JAPAN

SHOGUN

SUGAR BEETS

SUMO

TOKYO

YOKOHAMA

```
H F J L I U J A A I S A K O U K U F O E
P W U Y Z Y O Y M E W A V K Z A P H E Z
S T D E S F B L G A M D F E Q W D E T T
B O O K O F H A N A P A J F O A E S K S
G R V K Y O K G T I N U G O H S N A R U
W E R Y U K U I S L A N D S Y A K A S O
T A H G O D A W T U A R L R G K N R T E
Z N M S M S D C T E C N T O H I I P E R
A B E A Y J P O C E Z T Y T E C T G I T
O O C M H G M O S U G A R B E E T S D K
R A T M A O C S T O I N O K V L I H D I
O A M D B I K F I Q R K O P U N L X J A
P S U I F U L O W H Y I A X G W A U J S
P V L I H E P R Y N D S G S G W F U B N
A E C X O S C T A V J D U A A T Z M M O
S A Q R I N O Z B P W N U N M G O F M B
P U F A E R O R E P M E I B N I A K E N
C H M C X U P M I R Y K P V K Z G N Y P
E N I O H D M Z I H O T O Y K I N M X O
Q M K D E C H K O K A T T B M L L W C J
```

Solution on page 321

Basketball Greats

ALLEN IVERSON

ARTIS GILMORE

BILL BRADLEY

COUSY

CUNNINGHAM

DEBUSSCHERE

DEREK FISHER

DOMINIQUE WILKINS

FRAZIER

GARY PAYTON

GREER

HAVLICEK

HEINSOHN

ISIAH THOMAS

JERRY WEST

JULIUS ERVING

KARL MALONE

KOBE BRYANT

LARRY BIRD

LUCAS

MAGIC JOHNSON

MICHAEL JORDAN

MOSES MALONE

NATE ARCHIBALD

NATE THURMOND

OSCAR ROBERTSON

PATRICK EWING

PETE MARAVICH

POLLARD

REGGIE MILLER

RICK BARRY

RICK FOX

ROBERT PARRISH

RUPP

WES UNSELD

WILT CHAMBERLAIN

WOODEN

```
H W L Y K J U L I U S E R V I N G A X P
E R B Q G H C I V A R A M E T E P O G O
I E I S I A H T H O M A S N M D F N M L
N Y Y C V M G M M Q H R A A C K I V D L
S T K P K Z I L A A J Y E U C S L O N A
O L D A I B I C V G R E N I N U S E O R
H S A T R G A L H B I N R I Z C L H M D
N H N R S L I R E A I C K R A A A I R L
A S O I R C M B R N E L J R Y R R R U E
T I T C E Y O A G Y I L R O T W E F H S
E R Y K O K B H L W W O J F H G E L T N
A R A E N U A I E O B X I O G N L S E U
R A P W A M S U R E N V M I R J S E T S
C P Y I P C Q Y R D R E E R G D A O A E
H T R N W I L T C H A M B E R L A I N W
I R A G N O S R E V I N E L L A M N E P
B E G I D O Y Y E L D A R B L L I B D Y
A B M C N E N O L A M S E S O M Q Y O S
L O E C A E R E H C S S U B E D J B O C
D R F P P U R E H S I F K E R E D U W Y
```

Solution on page 321

Costume Party

ALIEN

ANGEL

ASTRONAUT

BANSHEE

BATMAN

BUMBLE BEE

CARE BEAR

CAVEMAN

CLOWN

FAIRY

FIREMAN

GARGOYLE

```
F H I P H P H C T I W K M U M M Y A A U
H S P I D E R M A N A M E R I F R F J O
V P S N W A L L I R O G E R A L I E N N
A U O I M U G W S S E C N I R P A E I K
O J U L Z D U E T T O B O R E J F H N N
P U T B I U B R S K E L E T O N S S X M
U S H O N C Z E O L E G N A Y S X N W S
M O E G C D E W H T U A N O R T S A O N
P E R S R I B O G A M U B Z D K E B R U
K L N Y E E U L F T O W V A D X T R C R
I V B E D G M F A F O G A R G O Y L E S
N I E S I I B B K C I D C V A M P I R E
A G L H B C L C N O C C H B Y Y D Z A T
M Y L T L I E A R E P A E R M I R G C D
G K E O E N B V K Y N A M R O L I A S S
N A W M H R E I D L O S L Z O M B I E I
A N J S U P E R M A N L H K C O L R A W
H E A D L E S S H O R S E M A N I S Y S
Y N M W K S N Y J H L C A V E M A N R H
S S V I W G W Z G I J V T L W U J Z F Q
```

GHOSTS	NINJA	SOUTHERN BELLE
GOBLIN	NURSE	SPIDERMAN
GORILLA	POLICE OFFICER	SUPERMAN
GRIM REAPER	PRINCESS	URBAN COWBOY
HANGMAN	PUMPKIN	VAMPIRE
HEADLESS HORSEMAN	ROBOT	WARLOCK
INCREDIBLE HULK	SAILOR MAN	WEREWOLF
JAILBIRD	SCARECROW	WITCH
MOTHS	SKELETON	ZOMBIE
MUMMY	SOLDIER	

Solution on page 321

Money Around the World

BOLIVARES

BRAZILIAN REAL

CHINESE YUAN

DANISH KRONE

DEUTSCHE MARKS

DINARS

DIRHAMS

DOLLARS

DRACHMAE

ESCUDOS

EURO

FRANCS

GUILDERS

HUNGARIAN FORINT

KORUNY

KRONER

KWACHA

LEVA

LIRE

MALAYSIAN RINGGIT

MARKKAA

NEW SHEKELS

PESETAS

PESOS

POUNDS

PULA

RAND

REAIS

RINGGITS

RIYALS

RUBLES

RUPEES

RUPIAHS

THAI BAHT

YEN

ZLOTYCH

```
C I B I H V F J H P N F O E A W Y S N E
S O S E P F D O L L A R S J Y P S N N S
L D I J L G S D A I N E W S H E K E L S
R J N I U L N K E S V O Q D Y K N R E J
I H R U Y Q X S R M N H X W J O U R P S
Y N U R O K N X N A W Q S J R P A O A C
A V B N Z P K W A H M J R K I V X N H N
L V L K G W C M I R O E H A I H C I C A
S Q E I C A Z F L I I S H L C X N G A R
G N S L R L R J I D I S O C I E S U W F
B U S A O E E I Z N L B B P S G O I K U
M P N T H A B I A H T Y R E H T D L C Z
T D Y R I R F D R N P R Y S H Z U D G B
Q C R V P G E A B Y F U L E A G C E S Q
H Q S A G W G N E R A O L G R T S R D W
H V R R C I H N O N Z W R A X D E S J J
J J N Q A H H Q I R P I D I E Z E S O W
S W A L I N M M A R K K A A N N P R E B
M A L A Y S I A N R I N G G I T U C O P
L C X K F M I D E P M P S I A E R W D J
```

Solution on page 321

Olympic Games

```
K M L I L N O T N I M D A B K A Y A K C
D H J A V E L I N O L H T A C E D W H S
O Z U H A N D B A L L O N G J U M P L H
I J W R P M U J H G I H D L C B A L O O
H U B W D L G Y M N A S T I C S A C R T
Y D G N O L H T A I R T E A I B K B S P
Y O W N U A E Q W U C S Y N T E D T C U
V D C Y I B W S D R H R N F Y P E N I T
Q N A I R T S E U Q E E O W I E E O T L
W O N Z B E F U I H T S O Z P D R H A U
E W O W O K G I C E L R T L A I O T U A
H K E X L S I R L S H L E L H V W A Q V
N E I G O A A B L T I C A Z I I I R A E
F A N N P B A L R O H D R B Y N N A M L
V T G I R T A E D A C G B E Y G G M B O
W H N T E B M M S Y T R I P L E J U M P
Y H I O T M C E X E B A S E B A L L N I
A P X O A T H L E T I C S V W M Y L A M
U Y O H W F E N C I N G N I L I A S O Z
S F B S W I M M I N G N I L C Y C C U V
```

AQUATICS

ARCHERY

ATHLETICS

BADMINTON

BASEBALL

BASKETBALL

BOXING

CANOEING

CYCLING

DECATHLON

DISCUS

DIVING

EQUESTRIAN

FENCING

FOOTBALL

GYMNASTICS

HAMMER THROW

HANDBALL

HEPTATHLON

HIGH JUMP

HOCKEY

HURDLES

JAVELIN

JUDO

KAYAK

LONG JUMP

MARATHON

POLE VAULT

RELAYS

ROWING

SAILING

SHOOTING

SHOT PUT

SOFTBALL

STEEPLECHASE

SWIMMING

TABLE TENNIS

TAEKWONDO

TRIATHLON

TRIPLE JUMP

VOLLEYBALL

WATER POLO

WEIGHTLIFTING

WRESTLING

Solution on page 322

Beatlemania

ABBEY ROAD

BAND

BREAKUP

BRIAN EPSTEIN

BRITISH INVASION

COME TOGETHER

CONCERTS

DRIVE MY CAR

ED SULLIVAN

ELEANOR RIGBY

ENGLISH

GEORGE HARRISON

GEORGE MARTIN

GET BACK

GUITAR

HELTER SKELTER

I AM THE WALRUS

JOHN LENNON

LADY MADONNA

LET IT BE

LIVERPOOL

```
T R I N G O S T A R R U B B E R S O U L
P G B S N O I S A V N I H S I T I R B H
W Y E D G I E M E S A E L P E S A E L P
C B E O N N E M Y R R A U Q E H T T W E
L G T N R O O N T C R A C Y M E V I R D
O I R R T G R S A P O P C U L T U R E S
O R E S S R E W N L E N G L I S H W C U
P R H H U C A H E R Y B C U J D V K J L
R O T E R L P C A G E N T E I E S C D L
E N E L L V A E C R I H N I R T O A A I
V A G O A T O D T M R A T E T T A B O V
I E O V W D E C Y E L I N R P E S R R A
L L T E E N I R A M B U S W O L L E Y N
V E E S H A K A S L A E A O O N Q P E E
T G M Y T B C M U K S D S P N O F A B W
K P O O M L O V E M E D O T V J D P B K
X E C U A P R J O H N L E N N O N Q A Y
C V N O I S S U C R E P T O N O O K O Y
B R E A K U P N I E T S P E N A I R B X
K C A B T E G E O R G E M A R T I N L W
```

LOVE ME DO

NORTHERN SONGS

NORWEGIAN WOOD

PAPERBACK WRITER

PAUL MCCARTNEY

PENNY LANE

PERCUSSION

PETE BEST

PLEASE PLEASE ME

POP CULTURE

RINGO STARR

ROCK

RUBBER SOUL

SHE LOVES YOU

THE QUARRYMEN

VOCALS

YELLOW SUBMARINE

YOKO ONO

Solution on page 322

Politics

```
A U J U Z M A J O R I T Y L E A D E R P
E V I T U C E X E V I T A V R E S N O C
G Y C A R C U A E R U B G F Q U N O P O
T N E M H C A E P M I V E T O P O I W U
L O B B Y I N G C L P D T H S R I T S N
M I N O R I T Y L E A D E R D E T U O T
N S E T A T S O T L R H R R E S C T C Y
J W H O I M F A R F T S M S M I E I O E
U S D W C R B I U F Y P L S O D L T M R
S T E N I B A C O D P O I E C E E S P E
S Y G G D X A R C R L L M R R N L N R T
D T H B U I E Q E Z A I I G A T A O O S
I T N F J K J P M R T C T N T Z R C M U
S R V E A V U T E M F Y S O E Y E Q I B
T S O E M B A D R K O I A C V Z B X S I
R G P K L D E K P S R O T A L S I G E L
I S P I C F N C U S M E D I A G L T W I
C W C I S S U E S U O H E T I H W J I F
T A T P S C G Z M P A R T I E S N F B C
N Y D A I N I T I A T I V E T O V S K D
```

AMENDMENTS

BILL OF RIGHTS

BUREAUCRACY

CABINET

CITIZEN

CITY

COMPROMISE

CONGRESS

CONSERVATIVE

CONSTITUTION

COUNTY

DEMOCRAT

DISTRICT

ELECTIONS

EXECUTIVE

FEDERALISM

FILIBUSTER

IMPEACHMENT

INITIATIVE

ISSUES

JUDICIARY

LEGISLATORS

LIBERAL

LOBBYING

MAJORITY LEADER

MEDIA

MINORITY LEADER

PARTIES

PARTY PLATFORM

POLICY

PRESIDENT

REPUBLICAN

RIDER

SPEAKER OF THE HOUSE

STATES

SUPREME COURT

TERM LIMITS

VETO

VOTE

WHITE HOUSE

Solution on page 322

Words that End with Z

ABUZZ

BLINTZ

BLITZ

CHEZ

CHINTZ

DITZ

FEZ

FIZZ

FRIZZ

FUTZ

FUZZ

GEEZ

GIGAHERTZ

GLITZ

JAZZ

KIBITZ

KILOHERTZ

KLUTZ

MEGAHERTZ

NERTZ

PIZZAZZ

PREZ

PUTZ

QUARTZ

QUIZ

SCHMALTZ

SCHNOZ

SHOWBIZ

SOYUZ

SPAZ

SPITZ

SPRITZ

TOPAZ

WALTZ

WHIZ

WIZ

```
R N T O M C C E Q T X P E O H V W T A H
K X Y Q G T T B W Z Y P G P Q V D E O S
A R G I O Q U D F U Y V U S U U A G N B
U K L U M L Y I V V R Q U P A D I E A K
D I O K K N M N X B C I B R R Z R Z U G
I K K P C U Y G D Q H P L I T T G I S H
X W R J F R W X P K I B I T Z E H B E X
Z U T D P W O H Q O N F T Z E C O P E L
D M C T Z O D S I U T U Z Z U D A O I M
C X E Q E N K P J Z Z T N I L B P Q N M
S K B S C H M A L T Z Z U R P B P S E L
W I D F M C Z Z P T A U U F H K P R D O
T L V I Z Z J R R P Z E B E Y L X W S J
K O P Z T A E E O R Z I B A F Z V C P L
L H S Z I Z H T H L I G B D I U H X I Y
U E C P L A Z A L G P N H W E N Z A T U
T R U M G J Q O Z J A X A S O Y U Z Z B
Z T R E H A G I G F J L D Z C H E Z W L
Z Z M R P G L N S E T J G W M X S Z T V
B U S D B N B M H Z T Y B S W Z P U C K
```

Solution on page 322

Armed Forces

```
R N I J L H P C H L N O F F I C E R S U
A W N N D I E E O G T R Y D Z O N A S N
T J E I F E E L N L I J O E F R S D J I
I S J A D A G U I T O J G T E P I A K F
O V R S P A N E T C A N J S I O G R D O
N J E S A O I T L E O G E I H R N M R R
S F T I V V N R R O N P O L C A I J A M
E Z I G L M I R C Y H A T N N L A L U C
L Z L N L G A A Y R R X N E I D L L G U
C S L M A K R G T M A J O T R I G S T T
I K E E H N T E Y I L F A F E Z I T S T
H I T N S N C J A O O R T D D G M A A E
E R A T S I I E R T Y N F C N P A C O R
V M S N E A S T C P W O Y A A A J M C T
V I Y T M T A I O O R A L D M R O O E C
Z S Q B I P B L V C R C R E M A R T R E
C H A P L A I N E C O P S T O D K I N T
S E R V I C E S M R T U S K C E F J E O
S E R G E A N T P O C D E S T R O Y E R
Q D K D T W A S H I N G T O N A U V A P
```

AIRCRAFT CARRIER

ALLIED FORCES

ARMY

ASSIGNMENT

AVIATION

BASIC TRAINING

CADET

CAPTAIN

CHAPLAIN

COAST GUARD

COLONEL

COMMANDER IN CHIEF

CORPORAL

CUTTER

DESTROYER

ENLISTED

ENSIGN

FINANCE CORPS

FOXHOLE

GREAT WAR

HELICOPTER

INFANTRY

LIEUTENANT

MAJOR

MESS HALL

MILITARY POLICE

OFFICERS

PARADE

PATROL

PENTAGON

PROTECT

RADAR

RATIONS

ROTC

SATELLITE

SERGEANT

SERVICE

SIGNAL CORPS

SKIRMISH

TOMCAT

UNIFORM

VEHICLES

WASHINGTON

WEAPONRY

Solution on page 322

Hybrid Words

ADVERTORIAL

AEROBATICS

ALPHANUMERIC

AUTOMAGICAL

BLOG

BOXERCISE

BRUNCH

CAMCORDER

CYBORG

DOCUDRAMA

EDUTAINMENT

EMOTICON

FANTABULOUS

FANZINE

GUESSTIMATE

INFOMERCIAL

LABRADOODLE

MOCKUMENTARY

MODEM

MOPED

MOTEL

```
G V C Y B O R G C K R E M U S O R P Q Q
V X A P E R M A F R O S T S A C E L E T
N H M T E L E V A N G E L I S T J L Q Y
O V C M M R A T I N F O M E R C I A L O
I U O E O C M Z T Z E E D O N K Z B V H
T G R D T C I A Y E C H C N U R B R U K
A N D O I H T R C E U H L E L Y A A X M
L I E M C N X I E U E Q E R R E U D E B
F T R M O W N M S M L L I A F N T O Z Y
G S E O N S Y L I F U T T N I O O Y V
A A V D E I P C T Y A N U Z E Z M D M D
T C I D G J A O Y S E N A R R N A L C E
S D E I A L C T R M A K T H E A G E V R
B O C T T S C T U T K C R A P F I O Q J
Y P S O U G S K E D S B L U B L C H L S
L Z N R M A C B E W E C I U F U A E I B
U L A I R O T R E V D A A B M O L A Q E
K G R U M J B O X E R C I S E I T O U E
T M T M O P E D W E T A M I T S S E U G
A F D O C U D R A M A E R O B A T I C S
```

MUTAGEN

NETIQUETTE

ODDITORIUM

PERMACULTURE

PERMAFROST

PETROCHEMICAL

PODCASTING

PROSUMER

SIMULCAST

SITCOM

SPORTSCAST

STAGFLATION

TELECAST

TELEVANGELIST

TOFURKEY

TRANSCEIVER

WEBCAM

ZEEDONK

Solution on page 322

Cleaning Up

```
E L D D A S Z Y L W N A P T S U D G V R
D N C F S D E O D O R A N T G E N R P C
V G R E N A E L C W O D N I W L A O R R
S J H B T N L A B S P A U A Q B T U V I
A W D S B A S A H L T U X R S O U T A C
N A S L U T N S U C E F M G A W R C C N
I S Q P I R I O E N A A A I B G A L U G
T H P L O D B F B T D B C A C R L E U R
I I E R G N N T T R E R K H P E O A M W
Z N L S I I G Y E G A I Y E M A I N A A
E G O E S N A E A L N C T S T S L E Z G
M P L I C C G B V G I S M B O E S R R R
K O D P I L R C S N H O H U N A P B E A
H W O D A A E O L A F F T B I V P U B N
S D S R G I D A M E O T A B R D H R U U
I E I A B A N P N B A E B L E U O C Y L
L R K U M O O O D E M N X E C M O S L A
O N R A Q O T M M J R E I S Y C H C S T
P E X D L I P F F M P R G N L S D U S E
R A E N Q F L C L E A N I N G F L U I D
```

AMMONIA

BAKING SODA

BATH

BLEACH

BROOM

BUBBLES

CARPET SHAMPOO

CASTILE

CLEANING FLUID

DEODORANT

DISH SOAP

DISINFECTANT

DUSTPAN

ELBOW GREASE

FABRIC SOFTENER

FATTY ACIDS

FLAKES

FOAM

GARBAGE BAGS

GLYCERIN

GRANULATED

GROUT CLEANER

LAUNDRY SOAP

LIQUID

MOP

NATURAL OILS

POLISH

PUMICE

RAG

SADDLE

SANITIZE

SCOUR

SCRUB

SODIUM CARBONATE

SPONGE

SPRING CLEANING

SUDS

TILE CLEANER

TOILET BRUSH

VACUUM

WASHING POWDER

WAX

WINDOW CLEANER

Solution on page 323

Philharmonic

ARRANGEMENT

BAND

BASS DRUM

BASSOONS

BATON

BONGO

BRASS

CELESTA

CELLOS

CHAMBER

CLARINET

COMPOSER

CONCERTO

CONDUCTOR

CYMBALS

DOUBLE BASS

ENGLISH HORN

FLUGELHORN

FLUTE

FRENCH HORN

GLOCKENSPIEL

HARMONY

```
L Z S P K B K Q I C Q Z P N U D A M K M
I D K H I N A P M I T E P M U R T B X V
P T A Q I R A T O U H L Q M U S F D U S
J R A E N O H P O L Y X S T R I N G S T
P O L V Y H D S F N R U M L N R V Z E C
B M A D N L E I P S N E K C O L G T O T
M B F O O E Z T F R E N C H H O R N E S
C O I R M G G N G W A K H J O A C B R N
I N S T R U M E N T S S W R U E A A E I
F E W S A L S M S Z I S G Q R N F S S A
V S B E H F O E R L W A I T D B U S O I
T O H A H W L G G W N B O N G O T O P F
R N C M S E O N Q E C E I P H T U O M R
I A E A C S E A S O L L E C W S H N O W
A T H M L J D R Y R E B M A H C S S C O
N A E T E N I R A L C U A G B E V A B H
G T J R C V U A U S C O N D U C T O R U
L I I C O V O F U M P D I I S I E U S B
E M E H T C Y M B A L S B G W G Y K L J
L M U S G W S U W G H T A D P O D R Y F
```

HARP

INSTRUMENTS

MAESTRO

MOUTHPIECE

MOVEMENT

OBOE

ORGAN

QUARTET

SCORE

SOLO

SONATA

STRINGS

THEME

TIMPANI

TRIANGLE

TROMBONE

TRUMPET

TUBA

VOCAL

XYLOPHONE

Solution on page 323

Up a Tree

```
A E L Q Z D J F A V H E C A T A L P A J
J A I T S U K V I V O Z L F I M I C Z W
R G A A N F O W V W L E A D O N F N O T
Y H U I M D G P C I S R S D E E S O Y T
O W P L E E K H Q N G E O C F R E K T H
V E G O X C N U Z B N O O A S D W R R X
R J V N I I I D O O W N O T T O C A E O
F T N G C D G F M E E E V I L O V B R K
I W O A A U P E S S U M U L P O S W V X
L C O M N O L O B U B R A N C H E S N X
B W B Q B U R U P A A T K A A A P Z N L
E A S K L S C M L L E S D D I W H C N H
R L X Y U K R S D S A O E O R T H D H M
T N P P E B A B E S B R U E G H O U P K
E U M Y Y G I N S A E Q D K C O L M E H
A T E V U R I A N R E L O R W R A E P V
K I D I C H F Y L S A W D N O N K D N Y
Y T L H C R A B A M B O O E L P P A M N
S Q A B A N A N A Z O R V R E D W O O D
Z W R S M K Y C K W I X B S G N I R N N
```

ALDER

APPLE

AVOCADO

BALSA

BAMBOO

BANANA

BANYAN

BARK

BIRCH

BRANCHES

BUCKEYE

CATALPA

CHINESE TALLOW

COTTONWOOD

DECIDUOUS

ELDER

FILBERT

GINKGO

GRAFT

HAWTHORN

HEMLOCK

IRONWOOD

JUNIPER

LEMON

LIQUIDAMBAR

MAGNOLIA

MEDLAR

MEXICAN BLUE YUCCA

NEEDLES

OAK

OLIVE

PEAR

PINE CONES

PLUM

POPLAR

REDWOOD

RINGS

ROSEWOOD

SASSAFRAS

SEEDS

SEQUOIA

SHADE

TEAK

WALNUT

Solution on page 323

Barbecue Time

BACKYARD

BARBECUE

BARBIE

BASTING

BBQ

BRAZIER

BRIQUETTES

CAST IRON

CHARBROIL

CHARCOAL

COOK OUT

CORN

DISH

DUTCH OVEN

ELECTRIC

EMBERS

FAJITAS

FIRE

FISH

FLAME

GAS

GRILL

HAMBURGERS

HIBACHI

LOGS

MARINADE

MARSHMALLOWS

MATCHES

MEAT

PICNIC

PORTABLE

PROPANE

ROTISSERIE

SAUSAGE

SHISH KEBAB

SKEWERS

SKILLET

SMOKING

SPIT

STEAKS

TEMPERATURE

TONGS

WOOD

```
H A N Z Z L C R R A C S V D W U I G U P
C L C F U N Q T J S G N O T B O H C W X
O H O B I V E M A R S H M A L L O W S B
E S A G A S R V I E T I B N E R I F X Y
J J P R S N H L O H I E D A N I R A M V
M L V I B M L A B H K R L A E I B R A B
E L B A T R O P M H C U E L D R H L R Y
G F L A I Z O K S B O T N S I H C F R M
A K M J H N D I I E U A U Q S K A W E U
S D N L C R H D L N L R U D N I S A I U
U T Z K A S L I H A G E G L D A T B Z F
A Q E O B O I I J T T P C E G D I O A G
S Z M Y I B C F T T W M B T R O R P R Z
L R B L H M A R E U G E A A R S O I B T
W M E D B J S S A N O T Y T R I N C B R
F L R W I T T O T H A K P F C B C N Q T
C L S T E S H X F I C P O M A H E I Q A
Q S A A B K H H M A N D O O W Q E C S P
I S K M N C S N B H O G B R C Y I S U V
K S B T E I I Z V X N E F V P N E N J E
```

Solution on page 323

Martian Landmarks

ARAM CHAOS

ARCADIA PLANITIA

ARES VALLIS

BARNACLE BILL

BEAGLE CRATER

CADMUS

CANALS

CERBERUS HEMISPHERE

CYDONIA MENSAE

ELYSIUM MONS

ELYSIUM PLANITIA

EREBUS CRATER

ERIDANIA LAKE

GANGES CHASMA

GRISSOM HILL

GUSEV CRATER

HEAT SHIELD ROCK

HECATES THOLUS

ISIDIS PLANITIA

MERIDIANI PLANUM

NOACHIS TERRA

NOCTIS LABYRINTHUS

OLYMPUS MONS

PLANUM AUSTRALE

RILLE

SLEEPY HOLLOW

THARSIS

ULTIMI SCOPULI

UTOPIA PLANITIA

VASTITAS BOREALIS

VICTORIA CRATER

YOGI ROCK

```
C A R A M C H A O S N O M S U P M Y L O
H E A T S H I E L D R O C K C A N A L S
M E R I D I A N I P L A N U M K R C I Q
T L I B I L U P O C S I M I T L U Q H Q
Q E L R E T A R C E L G A E B O Z F M Z
S A L L E R I D A N I A L A K E Y L O J
S S E P C S U L O H T S E T A C E H S J
G N N O C T I S L A B Y R I N T H U S K
R E C W N O A C H I S T E R R A W J I G
E M B A R N A C L E B I L L U V E W R U
T A A I T I N A L P M U I S Y L E I G S
A I T I N A L P S I D I S I S R A H T E
R N K R S I L A E R O B S A T I T S A V
C O C A I T I N A L P A I P O T U S C C
S D O B H K Z G A N G E S C H A S M A R
U Y R V I C T O R I A C R A T E R J D A
B C I A I T I N A L P A I D A C R A M T
E X G W P L A N U M A U S T R A L E U E
R R O P D S L E E P Y H O L L O W A S R
E L Y S I U M M O N S I L L A V S E R A
```

Solution on page 323

The Office

BONUS

BUSINESS

CHAIR

COFFEE MAKER

COMMITTEE

COMPUTER

CONFERENCE

CUBICLES

DOUGHNUTS

DRAWERS

DRESS DOWN

ELECTRONIC MAIL

EMPLOYER

ERASER

FILING CABINET

GOSSIP

INTERNET

JANITOR

LAYOFF

MANAGER

MEMO

MOUSE PAD

PAGER

PARTY

PAYDAY

PENS

PICTURES

POLITICS

PROMOTION

RAISE

REPORTS

RULER

SALARY

SCANNER

SCISSOR

SECRETARY

STAPLE PULLER

STAPLER

SUPERVISOR

SUPPLIES

TIME CLOCK

VENDING MACHINE

WHITE COLLAR

WHITE OUT

WINDOWS

```
W U E Z R O D Y E X F A Z Z H B L O V R
J L A Y O F F E T A M B I Z T F O M E M
K C O L C E M I T R Y E C U B I C L E S
R R E L L U P E L P A T S R U L U D P E
W E S S E R U T C I P P Y P I R X O T C
I M P I D V E N D I N G M A C H I N E R
N G A O R E L P A T S G M Y R A L A S E
D R E N R E T U P M O C C D R D A Z E T
O O B B A T R O S S I C S A C V F T C A
W T U T K G S C S N E P L Y B M T E T R
S I S G B S E L O M R L K P O I T C U Y
M N I R H T U R D F O J A U M E N N O S
S A N E N N T P R C F G S M N G S E E C
C J E Y X C U A E O E E O R O S U R T A
I P S O E W I T S R P C E S P E P E I N
T C S L N S I U S A V T S M R J P F H N
I H E P E H N D D Z N I B A A S L N W E
L A L M W O Z Q O I P F S B Y K I O E R
O I E E B F F K W U X E Z O Y J E C T L
P R O M O T I O N D R A W E R S S R R F
```

Solution on page 323

Boy Scout Merit Badges

```
N J S M U S I C Y O I D A R M B A T T G
T F C E F Y A E H G T G R Z R A R E D N
N O I T A R O L P X E E C A P S C Q N I
E R N A T T H E A T E R H G I K H H A D
M E O L H S G S R O K L I N H E E C T A
E S R W L I N Y G D E N T I S T R Y U E
G T T O E M I G O G E G E B N W Y C R R
A R C R T E N N N N Y S C M E E H L E E
N Y E K I H E I A I G A T I Z A G I H H
A V L I C C D H E T R F U L I V N N T T
M H E N S X R S C N E E R C T I I G A A
E T R G A O A I O I N T E F I N R Y E E
F Q U N I J G F A A E Y Z T C G E M W L
I P T I L B A C K P A C K I N G E O O J
L D P E I P I O N E E R I N G E N N O G
D M L O N M S I L A N R U O J P I O D S
L X U N G M E D I C I N E J Q N G R W T
I R C A W L M S R E T U P M O C N T O D
W W S C A M P I N G G N I W O R E S R N
J X F S L K P H O T O G R A P H Y A K I
```

ARCHERY

ARCHITECTURE

ART

ASTRONOMY

ATHLETICS

BACKPACKING

BASKET WEAVING

CAMPING

CANOEING

CHEMISTRY

CITIZENSHIP

CLIMBING

COMPUTERS

CYCLING

DENTISTRY

ELECTRONICS

ENERGY

ENGINEERING

FISHING

FORESTRY

GARDENING

HOME REPAIR

JOURNALISM

LAW

LEATHER

MEDICINE

METALWORKING

MUSIC

NATURE

OCEANOGRAPHY

ORIENTEERING

PAINTING

PHOTOGRAPHY

PIONEERING

RADIO

READING

ROWING

SAFETY

SAILING

SCULPTURE

SPACE EXPLORATION

THEATER

WEATHER

WILDLIFE MANAGEMENT

WOODWORK

Solution on page 324

Hanging Out at the Mall

APPAREL

BATHROOM

BOOKS

CASH REGISTER

CHECKOUT

CINEMA

CLERK

CLOTHING STORE

COMPUTER STORE

CONSUMERS

COOKIES

CUSTOMERS

DEPARTMENT STORE

DIRECTORY

DISPLAYS

ELEVATOR

EXIT

FASHION

FAST FOOD

FLAVORED POPCORN

FOOD COURT

GAMES

GIFTS

JEWELRY

KIOSK

MERCHANDISE

MONEY

OFFICE

PET STORE

PRETZEL

PURCHASE

RESTAURANT

SECURITY

SHOE STORE

SHOPPERS

SPORTING GOODS

STAIRS

STATIONERY

TENANT

TOYS

TREATS

WINDOW

YOGURT

```
M O S W I N D O W C E Z A P Z Q A B R O
N O I H S A F E B Y R E N O I T A T S A
W S N K O F Y R O T C E R I D X F P V P
Q M O E I P P U R C H A S E C U R I T Y
F O N C Y H P D S F P R E T Z E L M D N
B A E U V Y S E I K O O C Z A C L E R K
T H S W L C G E R O T S R E T U P M O C
G E K T X Y L R L S U F D G R A R J T U
I R I I F N R O C P O P D E R O V A L F
F O O D C O U R T E X I T T T C E M N T
T T S S G F O T H H Y S M N O T S E P T
S S K R A U G D S C I E A N R G I N N B
J E W E L R Y Y H G N N S U P A D I L S
M O S M W S A E E T E U G E V P N C E R
P H T O I L C R S T M O T S D S A R R I
Z S V T P K H T A E Y S G P T Y H Z A A
O I T S O S O J R S T A E R T O C X P T
E R I U A R P S D O O G G N I T R O P S
M D T C E M O O R H T A B B G K E E A X
R O T A V E L E K U K H B J G A M E S V
```

Solution on page 324

Fashion World

ARMANI

BANDANA

BELT

BUTTONS

CALVIN KLEIN

CHRISTIAN DIOR

CLASSIC

CLOTHES

COAT

COLORS

COSTUME

COTTON

```
W J B F K O E C O U B P E O V Z M H B N
V T E T C J I A Q Q E X I R F P Y C O T
L S H A B H P N Z X L B I L V I Q T R M
W R K T N E R U A L T S S E V Y T I H T
G W I T L S G I I M K X Y P K O K T M N
Q N X O X W O D S S R O L O C S A S P W
K I J M R R R M I T F A B R I C I S J S
Y R Q W A E O S L N I E L K N I V L A C
Y D I A N T S N I D R A C E R R E I P L
J Z J O I E E C G A A E N W T X S S B O
J H Y F R Z S R M U L L J D A K T B N T
S A M D E A N H I E P E J U I Y S X R H
R Y C Q T S E M W A H G S A L O N L E E
E E S K S N H W E K L A O E O C R J D S
U S F T E O A S S R A N A J R I T A O C
I C N O Y T N C O T U C U C O S T U M E
A A W V L T D U S Y R E N G I S E D Q U
P R O E O U B B H D E O I A D A I Z P G
O F G L P B A N D A N A P B P L H L F O
T Q X M U P G W Y G T I U S O C I F K V
```

DESIGNER	MODERN	SKIRT
DRESS	MOTIF	SPORTSWEAR
ELEGANCE	PANTS	STITCH
FABRIC	PIERRE CARDIN	STYLE
GOWN	POLYESTER	SUIT
HANDBAG	RALPH LAUREN	TAILOR
HEM	RAYON	TOP
JACKET	SALON	VOGUE
JEANS	SCARF	YVES ST LAURENT
KNIT	SEW	
MATERIAL	SILK	

Solution on page 324

Legalese

ALTERABLE

CIRCUIT

CONNIVANCE

COURT

COVERT

DEBENTURE

DEVISE

DISCLAIMER

DISTRICT ATTORNEY

EVASIVE ANSWER

EXHIBIT

GAG ORDER

GENERAL DAMAGES

HEARSAY

HEIRLOOM

HUNG JURY

IMPEACH

INJUNCTION

INTRA VIRES

JURISDICTION

LIBEL

MAJOR

MINOR

```
S J U N D E R A G E F F I T N I A L P Y
G U U Y R A U D I S E R E S U C E R O T
A N K R E Q W U N Q U A L I F I E D L C
G O T S I N M K A T T R C E T N A I Y I
O D P E F S R O T T R R N I U J Z S G D
R R C R S L D O D B A Q U P H U E C R R
D A I I I E E I T U T R T O Z N V L A E
E P R V Z M R B C T S I O I C C A A P V
R R C A H S A I I T A O R R U T S I H J
K O U R N U M F V L I T P I P I I M E B
N T I T O C N A A A V O C E Z O V E A B
O A T L N C O G R C R O N I R N E R R S
C N L U A E R N J T I T U A R A A O S D
O T H T G E B O N U M E N C O T N E A L
N O C R E D U E J I R O C I H I S D Y V
T T A M D R X T D A V Y N A M E W I I Z
E G E N E R A L D A M A G E S Q E N D P
S N P E X H I B I T Y O N S Y E R A F X
T D M I Q M O O L R I E H C O V E R T H
E S I V E D E C N E G I L G E N G X E V
```

MODUS OPERANDI

NEGLIGENCE

NO CONTEST

NONAGED

NUNC PRO TUNC

PARDON

PLAINTIFF

POLYGRAPH

PRENUPTIAL AGREEMENT

PRIMA FACIE CASE

PRO RATA

PRO TANTO

RECUSE

RESIDUARY

SMART MONEY

ULTRA VIRES

UNDERAGE

UNQUALIFIED

VERDICT

VOUCHEE

Solution on page 324

Chocoholic

```
B E U T R E S S E D W G M Q C S S M X M
Y N Z O B C N D O K Y M U B U E G D U F
P H O X O A X T R U F F L E S I O I G I
Q L F K N E U D N O F M K S T K I Q T L
U Y X M B R K Q F V V F I I A O B T E H
H N I N O T O R E S V K L B R O O Z P I
Y E E V N U O W K X N R S E D C Y A O H
D Z T Q S S S X A L L A V Y S T N O K T
W A M A T D E S C F B D E I R C Q C N U
Q L S I L I C O E H F R B B A U N O C Q
E G N U K O D S S Y I L E K B P P C W B
Z G V U G L C F E A Z P E A Y C P I R O
Z N M Z R A I O E T U S S S D A K I D N
E I Q O O K R M H H I C P F N K K C P J
V C S I U L Y E C C M B E R A E Q E A H
P I P S Q A S R E I T A L O C O H C B O
S D W H I T E C H O C O L A T E T R O T
Q C X G L W K S P L E R H T Y X Q E I E
S H G D T L S E E F F O T I A F R A P A
F T R G Q K C H U N K S N I F F U M S Q
```

ALKALOIDS

BEANS

BISCOTTI

BITES

BON BONS

BREAD

CANDY BARS

CHEESECAKE

CHIPS

CHOCOLATIERS

CHUNKS

COCOA

COOKIES

CUPCAKE

CUSTARD

DARK

DESSERT

DIP

FONDUE

FROSTING

FUDGE

GLAZE

HOT CHOCOLATE

ICE CREAM

ICING

KISSES

LIQUOR

MALT

MILK

MOUSSE

MUFFINS

PANCAKES

PARFAIT

SAUCE

SEROTONIN

SOUFFLES

SUGAR

SWISS

SYRUP

TOFFEE

TORTE

TRUFFLES

WAFFLES

WHITE CHOCOLATE

Solution on page 324

Rhymes with Right

BITE

BLIGHT

BRIGHT

BYTE

CONTRITE

DELIGHT

DESPITE

DWIGHT

EXCITE

FIGHT

FLIGHT

FRIGHT

HEIGHT

IGNITE

INCITE

INDICT

INVITE

KITE

KNIGHT

MIGHT

MITE

PLIGHT

POLITE

QUITE

RECITE

SIGHT

SLEIGHT

SPRITE

TIGHT

TONIGHT

WHITE

WRITE

```
B J F D I D G T X Z F T V H K Z P S P D
J O K F H D I A H Y H Y N P D Q V X K C
P E Z E C J E E P G I A X M S E N D V A
K E H A D M S S I L I Q A D Y W B N Y X
R K R Y E B J L P S I W N B R V G R W B
X B O Y J T B K E I T G D F V T V S M O
J H B C V E K F Q I T O H E R A I Y P O
S Y Y I L U T L E P G E N T H S P O B N
W T Q B V Q U I Z Z T H G I L E D S I E
V F H G M A D G N I H Q T C G J T K T X
O T O G Q T K H R G I T D X N H E A E K
F B F R I G H T H G I T C E G W T T T I
K I D U G E N G G U N C E I K N I G H T
R S X T N O H E I Q C T R P D L V Q G E
W P I L C U G T Y F I B S E O N N U I N
L C N E H X S I G H T M G P C N I Z M T
C N P Z L M S R W E E E K S R I V S I A
E N G Y H A C W N S T L U B Q I T G Q S
Z C T G I Q J S V P Y I O Q U I T E R O
G O R Z S R B J L S B U M G E L K E N O
```

Solution on page 324

World Traveler

AIRPORT

AUTOMOBILE

BOAT

CAMPING

CASTLES

CATHEDRALS

COACH

CUSTOMS

DELAY

FIRST CLASS

FLOTATION DEVICE

HIGHWAY

HOTEL

INTERNATIONAL

ITINERARY

LOCOMOTIVE

LUGGAGE

MAPS

MEETINGS

MONUMENTS

MOUNTAINS

NATIONAL PARKS

OVERHEAD BIN

PASSENGER

PHOTOGRAPHS

PLANS

RESTAURANTS

RUNWAY

SCENERY

SECURITY

SHIP

SIGHTSEEING

SLIDES

STATION

SUITCASE

SUMMER

TARMAC

TAXI

TICKET

TOURIST

VIDEO

VIEWS

VISITOR

```
Y Y G N I P M A C O A C H O R P H R W N
A A A G F M U E G A G G U L O U M A O P
I P L W M Y W O E D I V R O T I S I V Y
R A I E N U S M O T S U C I F S T B R P
P S N V D U L D C P I Q C L X A O E H S
O S U I S K R A P L A N O I T A N O L T
R E S T A U R A N T S T G S T E T A I S
T N Y O L X A S Z O A S P S C O R C I I
R G R M S E M N N T I A S S G D K G S R
Y E A O M S T H I A E T V R E E H Y S U
T R R C S O E O I B L V A H T T I W A O
I F E O N U N L H G D P T N S X E F L T
R F N L A D I U T O H A D E R I Q B C L
U N I K E R X T M S C W E G V E G Z T V
C G T V C E X A C E A I A H Y N T D S F
E L I B O M O T U A N C G Y R C F N R S
S C T A R M A C I G S T M O J E K S I N
E Y F H B U B L T Q Y E S H I P V C F X
I H M A P S E D I L S N I A T N U O M L
O D F F D L E F Z X A P W S U N G Y T B
```

Solution on page 325

It's My Job

ACCOUNTANT

ARCHITECT

ARTIST

ASTRONAUT

AUDIOLOGIST

AUTHOR

BIOLOGIST

BROADCASTER

BUS DRIVER

BUTLER

CHEMIST

COACH

COMPUTER PROGRAMMER

COUNSELOR

CUSTOMER SERVICE REP

DENTIST

ECONOMIST

ELECTRICIAN

FASHION DESIGNER

FIREFIGHTER

GEOLOGIST

HISTORIAN

INTERIOR DECORATOR

JOURNALIST

JUDGE

MAID

MANAGER

MATHEMATICIAN

METEOROLOGIST

MILITARY

NETWORK ANALYST

OPTOMETRIST

PARAMEDIC

PILOT

POLICE OFFICER

POSTMAN

PROFESSIONAL ATHLETE

RESEARCHER

TEACHER

TOUR GUIDE

WAITRESS

ZOOLOGIST

```
W C O M P U T E R P R O G R A M M E R T
A P R A R P N A I C I T A M E H T A M S
I A E K O T U A N O R T S A U T H O R I
T R S R F A P V T S I G O L O I D U A R
R A E E E C O M E T E O R O L O G I S T
E M A T S C L D R L E C Q E T T B B S E
S E R S S O I Z I B E O O S G U O Y J M
S D C A I U C V O A S C I N S A L L I O
H I H C O N E C R N M M T D O A N L I T
I C E D N T O R D E E A R R N M I A S P
S Z R A A A F E E H S I R A I T I I M O
T O O O L N F T C H V R K C A C L S H D
O O L R A T I H O E C R E R H A I C T E
R L E B T S C G R D O A Y M N I A A P N
I O S U H I E I A W P S E R O O T K N T
A G N T L T R F T R K M U T C T D E E I
N I U L E R W E O B I O L O G I S T C S
C S O E T A N R R V J E D I U G R U O T
W T C R E N G I S E D N O I H S A F C R
P O S T M A N F T S I G O L O E G D U J
```

Solution on page 325

Build a House

ADOBE

ARCHITECTURE

BRICK

BUILDING

BUNGALOW

CABINET

CARPET

CAULK

CEILING FAN

CHALK

CONCRETE

COTTAGE

```
H S T H M N V W L D R N K I X H S P N M
F N Y E H T A L K C A H S L O O T H S Y
X K O F P L K G N I M A R F U D V X N A
B V V I L R C G I R W G T G S K N P A C
E Z Q S S O A V I H N U W G V W W A K Q
E T E R C N O C O U B R I C K D R I L L
E L I G N N A R C H I T E C T U R E A X
E B L B O N S M P R X I N R E T L E H S
J U O H I E O G P L L G E Z P G A R C U
E Y X D T E W Q P I A S N G N R C F U S
E N V E A G U F N T P N T I A M I D I A
R K O S L A N G O S I E L K B T R M Q K
I S O T U R F V I Y A L C B S A T Z E A
W P I K S A I N M R E U E U I W C O F R
Z W U L N G K O D W S R I I T G E G C T
M F W U I S G O D T S E A L F T L R O N
R Z I A T C W U O M Q Z A D C G E O C L
R W E C B N O M K W T E N I B A C R O S
L T U O R G W N A X Z B U N G A L O W V
F D L X W B W X E L P U D G P N Q B D E
```

CUSTOM	GROUT	SEAL
DRILL	IGLOO	SHACK
DUCTS	INSULATION	SHELTER
DUPLEX	LAND	SILICONE
DWELLING	LATHE	SINKS
ELECTRICAL	LOG CABIN	STONE
FLOOR PLAN	MANSION	TEAR DOWN
FOYER	PIPE CUTTER	TILE
FRAMING	PRIMER	TOOLS
GARAGE	SAWHORSE	TUB
GLUE	SCREWS	WALLS

Solution on page 325

A Capital Idea

```
P A T S U G U A A T L A N T A U E B O E
H I G G L Y O O R M N O R S Y Q D T C H
O P H D U U P O O E S E J T M O N N A C
E M V K L V F N L K N E I J V E E R K L
N Y K C O K T E C T F C T E M D R N I R
I L C R N G H A O F A A R A I I A N A E
X O O A O N J N E M Z E R V S S C L U V
I W R M H Z J R O R I C O B H O E W C N
W F E S Y N S H S L A R U V L I O E O E
I R L I B O A I E S P R I N G F I E L D
Y U T B N L L P L B G L Y H W Z G S U R
D I T C K O T V S O L O T I V U Y S M O
B G I O P N L P R E P E I T O A R A B F
V T L A O A A E P J N A C R M E I H U T
Y A N M N B K U F I M I N R A N C A S R
Y N D S B K E F Z A E O O A D U H L T A
A J I D R O C N O C T R S M I J M L P H
E N O T G N I H S A W N R G S D O A A M
G A K E P O T S B M P H A E O E N T U P
V A L B A N Y T E Z I P C S N U D I L M
```

ALBANY

ANNAPOLIS

ATLANTA

AUGUSTA

BATON ROUGE

BISMARCK

BOISE

CARSON CITY

COLUMBUS

CONCORD

DENVER

DES MOINES

DOVER

FRANKFORT

HARRISBURG

HARTFORD

HELENA

HONOLULU

INDIANAPOLIS

JACKSON

JEFFERSON CITY

JUNEAU

LANSING

LINCOLN

LITTLE ROCK

MADISON

MONTGOMERY

MONTPELIER

NASHVILLE

OKLAHOMA CITY

OLYMPIA

PHOENIX

PIERRE

PROVIDENCE

RALEIGH

RICHMOND

SACRAMENTO

SALT LAKE CITY

SANTA FE

SPRINGFIELD

ST PAUL

TALLAHASSEE

TOPEKA

TRENTON

WASHINGTON

Solution on page 325

Vacation Time

```
E T S Z B B C N I D S T R O S E R W T A
S S I G H T S E E I N G R G N I K C A P
J S A M S A R E M A C U T O M K A W S E
H K K C E Q J A P I R H O O P M L K E C
S S I Y T S L J V P I R T R P I R S T Z
N D A O D I H O L E B E I I G A C Y I G
O P U R B I U A O I L S N R P P R A S B
R R I T X E V S R P C G J L A C M G L E
K V E G N I K I H E G J A U S R R A A I
E N T E R T A I N M E N T M R U V S C Y
L B I C Y C L I N G O O I E E I N T I B
I P I C N I C T S I M E S M N S X R R G
N J G X D R I U T O B T B R M E E O O R
G F N N O S Q A B G A E A K K I R P T G
N R I U I N N I K U L C A N E P W S S O
I I T V I G L C R E D I T C A R D S I C
I E A M V E D A T M B N N K H Q S A H K
K N O S J O N O U O E R U S A E L P F W
S D B U S T H Y L I M A F O O D E R A R
F S E D I R B R I Q W P V W E R N U Q E
```

AUTOMOBILE

BEACH

BICYCLING

BOATING

BUS

CAMERA

CAMPGROUND

CAMPING

CARNIVAL

CREDIT CARDS

CRUISE

DRIVE

ENTERTAINMENT

FAMILY

FOOD

FRIENDS

HIKING

HISTORICAL SITES

HOTEL

LODGING

MOTEL

NATIONAL PARKS

PACKING

PASSPORT

PICNIC

PLEASURE

RESORTS

RESTAURANT

RIDES

SCENIC ROUTE

SIGHTSEEING

SKIING

SKY DIVING

SNORKELING

SPA

SUITCASE

SUN

SWIMMING POOL

TAN

TIMESHARE

TOUR

TRAVEL GAMES

TRIP

TROPICAL

VISIT

Solution on page 325

Cats and Dogs

```
C G O D L L U B A R E L I E W T T O R A
O I M R U E D R M E E S E G N I K E P K
R S Y E A I R E E H A V A N A B R O W N
N E G H M N E X R C T O N K I N E S E O
I L V P N A I O I S E N M A N X J N L O
S K B E A P R B C N D N S A A E A L S C
H I E H I S R O A I N A A R R D P U H E
R R A S T R E R N P U I I O E N A E C N
E K G N P E T D W N O T N G M U N U O I
X R L A Y K H E I A H A T N O O E L R A
V E E M G C S R R M D M B A P H S B G M
E X S R E O I C E R O L E H T Y E N I S
N Y E E X C T O H E O A R S E E B A B I
A A N G O K T L A B L D N I S R O I I N
D B I A T O O L I O B V A K S G B S R G
T M L Z I R C I R D S Z R R A A T S M A
A O A S C A S E Y K X Q D U B S A U A P
E B B R I T I S H S H O R T H A I R N U
R I A H T R O H S T N I O P R O L O C R
G X U E R T R A H C H O W C H O W L Q A
```

AMERICAN WIREHAIR

BALINESE

BASSET

BEAGLE

BIRMAN

BLOODHOUND

BOMBAY

BORDER COLLIE

BOXER

BRITISH SHORTHAIR

BULLDOG

CHARTREUX

CHOW CHOW

COCKER SPANIEL

COLORPOINT SHORTHAIR

CORNISH REX

DALMATIAN

DOBERMAN PINSCHER

EGYPTIAN MAU

EXOTIC

GERMAN SHEPHERD

GREAT DANE

GREYHOUND

HAVANA BROWN

JAPANESE BOBTAIL

KORAT

LABRADOR RETRIEVER

MAINE COON

MANX

PEKINGESE

POMERANIAN

ROTTWEILER

RUSSIAN BLUE

SAINT BERNARD

SCOTTISH TERRIER

SELKIRK REX

SINGAPURA

TONKINESE

TURKISH ANGORA

WELSH CORGI

Solution on page 325

Flowery

ACACIA

ANEMONE

APPLE BLOSSOM

AZALEA

BEGONIA

BITTERROOT

BLUEBELL

BLUEBONNETS

BULB

CAMELLIA

CARNATION

CHRYSANTHEMUM

CROCUS

DAHLIA

DANDELION

DELPHINIUM

DOGWOOD

FOXGLOVE

GLADIOLUS

HAWTHORN

HIBISCUS

HOLLYHOCK

HONEYSUCKLE

IRIS

JASMINE

LOTUS

MAYFLOWER

ORCHID

PANSY

PERIWINKLE

PETALS

PETUNIA

PINK BUTTERCUPS

SNAPDRAGON

SPURGE

STEM

STRAW FLOWER

TULIP

VIOLET

WATER LILY

WATTLE

```
B B B R M C P J O E L T T A W H Y O O N
P E T U N I A Z E P N Z E M A Y F F B O
E G R U P S T R A W F L O W E R O B S I
H B N P M O P W A F A S T B A X B I N T
A B N I I K T S Z S H B I G M K T K A
G O N O L N E T A O O L L L A K C T B N
L E S U I R K Q L R U L O I H H O E Y R
S U T O L L P B N B E V L T O E H R Z A
V M D I U B E M U M E H T N A S Y R H C
U A L S N L R D A T A G E F G V L O Z A
H Y Z S P U I C N D T Y O U U G L O S C
Z F L P E E W O M A S E H N C R O T U I
Z L A D T B I R R U D I R R I E H B L A
M O N O A O N Q C C B X O C P A D L O I
S W E G L N K K C I H C G A U M T U I I
O E M W S N L E S M U I N I H P L E D B
S R O O U E E C Y S N S D I R I S B A V
N T N O R T U L A D Y K T J Q Z M E L T
E W E D E S N A P D R A G O N H Q L G Z
F X K M U T G T Y L S F C N V I O L E T
```

Solution on page 326

Dining Out

```
C Z R Q C O N F A O X S R S H Z B O A Q
D E O U R H W A I T R E S S E X V M G D
C O P P U N E M Y E S E N A P A J R W J
J N O N Q L S F Z A Q W D L Q N E A G A
S E M F L V F I A J V L E N W S A B R E
G S A I A A T M O S P H E R E O T D A S
W N B W R E B L E N T R S R W T I A H T
L S F U P D S L K O A F V S C E R L X D
B P G P F C C E L W G A O E E R Y A E J
G L A S S F E C R L T K R O F T A S B J
L H E N T R E E C I D P D V D I S G I E
D X C L G L V T O G A C L T V E N O U H
J B J U B L L N O H G H E A R E E G H S
V O N A I S A E K T T U C T T S R E E I
D O T S Z S E K I I Q C N H V E U R F D
A L V R X F I P A N J A Q L G N V M I K
G G V K F O U N A G G Z Z A N I R A N T
P I Y O B S U B E E X I N Z C H H N K L
Z I C V S G R H L C D A I E I C P E A O
K D B R E P P E P D M U S O S P O O N W
```

APPETIZER

ATMOSPHERE

BANQUET

BARTENDER

BILL

BUFFET

BUSBOY

CHEF

CHINESE

COFFEE

COOK

CUISINE

CUP

DESSERT

DISH

EAT

ELEGANT

ENTREE

FAST FOOD

FORK

GERMAN

GLASS

GREEK

HIGHCHAIR

HOSTESS

JAPANESE

KNIFE

LIGHTING

MANAGER

MENU

PEPPER

PIZZA

PLATE

RESERVATION

SALAD BAR

SEAFOOD

SERVICE

SILVERWARE

SPOON

SUGAR

TABLECLOTH

THAI

TIP

WAITRESS

Solution on page 326

Earthquake

AVALANCHES

BENIOFF ZONE

CATACLYSM

COMMOTION

CONTINENTAL DRIFT

DIP SLIP

DISORDER

DISRUPTION

DISTURBANCE

EARTH TREMOR

ENERGY

EPICENTER

FAULT

FOCUS

FORESHOCK

GEOLOGICAL

HYPOCENTER

INTENSITY

LANDSLIDES

LIQUEFACTION

MAGNITUDE

MICROSEISM

MOUNTAINS

PHENOMENON

PREDICTION

RETROFIT

RICHTER SCALE

S WAVE

SAN ANDREAS

SEAQUAKE

SEISMOLOGY

STRIKE SLIP

SUBDUCTION ZONE

TECTONIC PLATES

TEMBLOR

TRAVEL TIME

TSUNAMIS

WAVES

```
Y Y G O L O M S I E S N I A T N U O M X
S B R E Z M S I E S O R C I M W F K I E
E U E E O V H E N P I L S E K I R T S P
D N B N T L M I H R O L B M E T F U R I
I E O D I R O C N C O C E S G I A C E C
L D T I U O O G Y T N M W N R A U N D E
S U W L T C F F I E E A E D E I L N R N
D T A I O P T F I C V N L R E T T I O T
N I W Q C P U I Z T A A S A T V C D S E
A N N U N R A R O O T L D I V H A R I R
L G O E O E B L S N N K Z I T A T W D E
S A I F N D R L E I Z E T E P Y A R S T
E M T A E I R N V C D O R W L S C Q A N
A V O C M C I X A P Z S N B V O L S O E
Q L M T O T F W W L C E N E R G Y I J C
U E M I N I S A N A N D R E A S S Y P O
A I O O E O U P L T H T S U N A M I S P
K U C N H N C E S E M I T L E V A R T Y
E A F O P Q O D I S T U R B A N C E V H
V R Y B O S F K C O H S E R O F Z Z V M
```

Solution on page 326

It's Elementary

ALUMINUM

AMERICIUM

ANTIMONY

ARGON

ARSENIC

ASTATINE

BERKELIUM

BERYLLIUM

BROMINE

CADMIUM

CHROMIUM

COPPER

GADOLINIUM

GALLIUM

GERMANIUM

HELIUM

HOLMIUM

HYDROGEN

INDIUM

LEAD

MENDELEVIUM

MERCURY

MOLYBDENUM

NICKEL

NITROGEN

ORE

OSMIUM

POLONIUM

POTASSIUM

PROTACTINIUM

RADIUM

RADON

RHENIUM

RHODIUM

SAMARIUM

SCANDIUM

SELENIUM

SULFUR

TECHNETIUM

TELLURIUM

TUNGSTEN

URANIUM

VANADIUM

WOLFRAM

YTTRIUM

```
F Y H W O L F R A M K M U I D N A C S F
B T O M F O H U M R F F K Z S B M C A J
X T S D U O B Y R U C R E M B E E R I E
W R M Q D I N E D A I U B L P R R I O C
P I I I D O M E R R N D D O O Y I T V U
Z U U X G D R O G K O I N D L L C R R A
E M M R E A I E R O E G U I O L I T M Q
Z A A M R G D S N H R L E M N I U B U Z
T S M U M P R O T A C T I N I U M O I V
T E Z I A M H E L I U M I U U M U T D A
V W L L N W P D Q I E Y M N M V I B A C
A C C L I M U I T E N H C E T P V L R H
N L T A U R Q U M O I I F J O L E I E R
A E U G M R E U M B T N U T K A L C P U
D K F M A N I I Y I A L A M D N E V P F
I C O D I M T U N E T S G N U T D N O L
U I O M L N E M M B S D A R S E N I C U
M N O O A H U W M I A V M U I N E L E S
P R H E N I U M U N E D B Y L O M N C Y
B C A U W S A M A R I U M U I M D A C G
```

Solution on page 326

Play Golf

BACK NINE

BACKSWING

BIRDIE

BOGEY

CADDY

CARD

CHARGE

CHIP SHOT

CLUBS

COUNTRY CLUB

COURSE

CUP

```
E Y F T K C H D Z U F N B P E I B X M E
R J D G Y O L Y F A F F I H W H L R F F
E B R D B Q O U I L H H R E S R U O C B
M C L E A D E R B O A R D L G Q Y C I B
M B U L Y C W Z R S Z G I P D R H U Y X
I E C P H A N D I C A P E F E I A W Z H
G I F M Y O L V E T R E H L P E E H H O
O H Z I T L L P N A D W L S A I W O C P
L P E D M C E E H P X A H G D D O A A I
F D M H E F M M N C G O E P R K Y R D N
B T J E M A R S P O T A L A I E N O R I
A A H D N O R O L U N A C W V S E U W M
L D C R U W J F N N T I R C E S B N D N
L B U K O L C G T T A T E C R M S D H E
F O P T S A S O Z R N G E L S W R C G C
T G S B R W X J S Y E I I R O C E F R R
E E U T E N I N K C A B N L S H T D B G
K Y G T M U H N E L G W Q E L C S R G Q
Z Q O R Q P I R G U L C D N E U A A I E
U O K J I E X F X B E P W A B T M W F A
```

GOLF CART

GREEN

GRIP

HANDICAP

HAZARD

HOLE IN ONE

HOOK

IRON

LEADER BOARD

MASTERS

MULLIGAN

PAR

PGA

PIN

PUTTERS

ROUND

SCRATCH PLAYER

TEE

TOURNAMENT

WEDGE

WHIFF

DIMPLE

DRAW

DRIVERS

DUNK

EAGLE

FAIRWAY

FLAG

FRONT NINE

GALLERY

GIMME

GOLF BALL

Solution on page 326

Deep in the Forest

BADGER

BEAVER

BIODIVERSITY

BLUE SPRUCE

CAMPING

CHIPMUNK

CONSERVATION

COUGAR

DEER

ECOLOGY

ELK

EVERGREEN

FIRE

FISHING

FOX

GROVE

HABITAT

HICKORY

HUNTING

JUNGLE

LAND

LOGGING

LUMBER

MEADOW

NATURE

OAK TREE

OWLS

PARK

PATH

PLANTS

PORCUPINE

PRESERVE

RABBITS

RAINFOREST

RANGER

SHRUBS

SKUNK

SQUIRREL

TIMBER

TRAIL

TREES

UNDERBRUSH

WILDLIFE

WOLVES

WOODPECKERS

```
W Y U Y V G D E X G U P R N W G A W N C
Y M O X R P T V D N M C A R A B B I T S
X X O U N R H R D I I F G C D N A L C O
L N W K A R V E C P U H U W Z P J D W M
S N O I T E R S Q M E C O L O G Y L S H
A X L L U B A E D A B D C R N T S I U J
T G V F R M I R V C A G C I R F R F C L
R L E U E I N P T E T U T E E E I E R V
C O S B A T F B M H P N E C A S V R E L
K H S M F S O L Y I U S B E H E Y O E D
I N Q K W S R U N H L E S I R A R L R N
V S U F O M E E B K A J N G R T O G I G
S S Q M A Z S S K V J G R A I G K T F P
W K B U P P T P E C S E N P G G C A A R
U U S U I I E R Y J E G R I S D I T O B
Q N B I R R H U S N E P N E Z T H I V M
O K J K X H R C T R E G D A B S N B H K
H T R C O N S E R V A T I O N M I A K R
U P P I F E M E L G N U J A O E U H L A
F D H Y T I S R E V I D O I B W I L E P
```

Solution on page 326

Pizza Place

```
S H Z U Z I M S T R A D V S E V I L O V
A J T A A S N O I N O R Y W D I N E I N
E R J B U B U G Z R S E C I P S D M T W
J L T Y P R P O T Z T S W A R T S O S Y
E B P I Q E S P I N A C H P D M R N U K
M H S P C H Z W A I T R E S S E S A R M
G V F G A H B D I N O R E P P E P D C U
D A O C N E O E P E T N A L P G G E N S
E J R S A I N K L P B V C O L A G Z I I
L U E L D L W I E L Y T S O G A C I H C
I K G U I E Z O P H P P A S T A W M T N
V E A J A C A O L X E E R L I S A B E A
E B N X N K U W N A I A P O D M E S S P
R O O T B E E R O E F M R P V O Z P E K
Y X F W A I T E R S W F A T E O A A E I
K G T O C D Q S D Q H B U L S R L D H N
M I R O O L F E C N A D Y B A H S O C S
V N H A N D T O S S E D H G P S O S N R
M J Y V R C H H E D M P U Q X U B G F E
C N C I L O B M O R T S C S E M A G A K
```

ARCADE

ARTICHOKE HEARTS

ASPARAGUS

BASIL

BELL PEPPERS

BUFFALO WINGS

CALZONE

CANADIAN BACON

CHEESE

CHICAGO STYLE

COLA

DANCE FLOOR

DARTS

DELIVERY

DINE IN

EGGPLANT

GAMES

GARLIC

HAND TOSSED

HERBS

JUKEBOX

LEMONADE

MOZZARELLA

MUSHROOMS

MUSIC

NAPKINS

OLIVES

ONIONS

OREGANO

PASTA

PEPPERONI

PESTO

PINEAPPLE

PROVOLONE

ROOT BEER

SALAMI

SODA

SPICES

SPINACH

STRAWS

STROMBOLI

THIN CRUST

WAITERS

WAITRESSES

Solution on page 327

Monster Party

ALIENS

BATS

BIGFOOT

BOOGEY MAN

CENTAUR

CROSS

CRYPTID

DEMON

DEVIL

DRACULA

DRAGON

FALLEN ANGEL

FRANKENSTEIN

FREDDY KRUEGER

GARGOYLE

GARLIC

GHOUL

GOBLIN

GODZILLA

GOLEM

GREMLIN

GRIFFIN

IMP

```
U D R A G O N I E L Y O G R A G Q L L T
S H N F Q D Q I L K H L A H I X H U X R
C E I B M O Z N L M A L L I Z D O G S M
Y Z F X Q C B D K M H T P Z L H X I A I
G T F X Q A N I D P E O S W G S L D M T
H N I E T S N E K N A R F N X V D B V P
F I R S T G V H W K E E G N E O Z I W N
S L G O K I B I C D F G W R C D M G E T
Q B N O L P Z O I D A E B T J R O F R V
D O N C M A L P O B L U O G X M T O E Q
U G Q L R R S N B G L R M Q L L N O W N
H I E D A Y H N S L E K U U J D A T O K
C R V W H L P O E H N Y M A J U H Y L M
I S A S Q U A T C H A D M K T C P A F Q
L I M T I O T E I O N D Y A T N E L G G
R A P S S S E L Q D G E O I N T E U O X
A L I E N S M E C D E R W W T G G C L T
G C R O S S P K S M L F B U F K Z A E L
V L E X Q J U S P I R I T E D Y H R M G
V O V Q W F B E I X G V C N O M E D F I
```

KING KONG

MAD DOCTOR

MR HYDE

MUMMY

PHANTOM

RATS

SASQUATCH

SHADOW

SILVER BULLET

SKELETON

SOUL

SPIDER

SPIRIT

VAMPIRE

WARLOCK

WEREWOLF

WITCH

WIZARD

WOODEN STAKE

ZOMBIE

Solution on page 327

Rainforests

AMAZON

ANIMALS

ANTEATER

APES

BASILISK

BATS

BINTURONG

BIODIVERSITY

BOA CONSTRICTOR

CASSOWARY

CATERPILLAR

CHAMELEONS

CHIMPANZEES

CLIMATE

COBRA

COCKATOO

ECOSYSTEM

FOSSA

HARPY EAGLE

HOWLER MONKEY

JAGUAR

JUNGLE

KAKAPO

```
S E F I L D L I W T S O R E C O N I H R
N C X I E T A M I L C G F P P L A N T S
X O O H A R P Y E A G L E E X M R G W X
F S Z G O B A A N O G A R D O D O M O K
B Y I A U R F L N E V R E S E R T M R S
F S E P M C A E L T F C E O F O C T G I
I T G K A A H N Z I E B O E O O I A R L
B E N N N K B A G W P A E L U T R J E I
F M O C I O O I M U W R T D W A T N D S
M P R T M F M B O E T L E E E K S G N A
Y M U O A G A R Y D L A A T R C N C U B
C S T U L T S R E T I E N C A O O T I A
A N N C S R A Y E L Z V O S I C C A R R
M I I A O W E M X V W T E N O P A B R K
R R B N O D P P N I C O N R S F O S S A
A A Y S E E Z N A P M I H C S C B R G K
H M S R R P B P V E G E T A T I O N T A
P A R A U G A J W R G D E T C E T O R P
C T T T Q R A P E S I L M E C F N Y B O
P E A C O C K S E I C E P S J U N G L E
```

KOMODO DRAGON

LEAF CANOPY

OKAPIS

ORANGUTANS

PEACOCKS

PHARMACY

PLANTS

PROTECTED

RED EYED TREE FROG

RESERVE

RHINOCEROS

SOIL

SPECIES

TAMARINS

TEMPERATE

TOUCANS

TROPICAL

UNDERGROWTH

VEGETATION

VIPERS

WILDLIFE

Solution on page 327

Famous Inventions

ASSEMBLY LINE

AUTOMOBILE

BASEBALL

BATTERY

BICYCLE

BIFOCAL GLASSES

CAMERA OBSCURA

CASH REGISTER

COTTON GIN

CROSSWORD PUZZLE

DYNAMITE

ESCALATOR

GEIGER COUNTER

LAWN MOWER

MACHINE GUN

METAL ZIPPER

MICROPHONE

MORSE CODE

MOTORCYCLE

PARKING METER

PHONOGRAPH

PHOTOGRAPHY

PLAYER PIANO

RADIO

RAYON

RUBBER BAND

SAFETY PIN

SEISMOGRAPH

SEWING MACHINE

SODA FOUNTAIN

SPECTROSCOPE

STAPLER

STEAM LOCOMOTIVE

STETHOSCOPE

TELEVISION

TYPEWRITER

VELCRO

ZAMBONI MACHINE

```
R A Y O N I P Y T E F A S Y R E T T A B
C U W T E L E V I S I O N S T A P L E R
H P A R G O N O H P R E T I R W E P Y T
C A U T O M O B I L E N O H P O R C I M
I R U B B E R B A N D R O T A L A C S E
D K J E V I T O M O C O L M A E T S G C
Y I O Y M I B I F O C A L G L A S S E S
E N I H C A M I N O B M A Z T W U E I M
N G M P E T I M A N Y D Z I S M X W G O
I M E A L S O D A F O U N T A I N I E T
L E T R C C O N A I P R E Y A L P N R O
Y T A G Y W T O E D O C E S R O M G C R
L E L O C A M E R A O B S C U R A M O C
B R Z T I E P O C S O R T C E P S A U Y
M R I O B V W H B N I G N O T T O C N C
E A P H I S E I S M O G R A P H I H T L
S D P P S T E T H O S C O P E O M I E E
S I E O F C O E M A C H I N E G U N R R
A O R C L E V C A S H R E G I S T E R K
Y C X E R E W O M N W A L L A B E S A B
```

Solution on page 327

Common Misspellings

```
E G R U N S O R C E R O R E M M A R G D
D F J R W H H A O R A H P A S T T I M E
D A L M A T I O N O I S S E S O P M E T
E R D U E C A C Q U A I N T E N C E R I
L G D I F R U S T R U M U I N E L L I M
E U T N E M E G D U J P D Y P B J B N M
L E Y C L Q U E S T I O N A I R E A G O
E M M I S C H I E V I O U S W H A T E C
K E G D E L I V I R P A N V Y G I C N S
U N A E S B E L I E V E A B L E T E I S
E T X N J E T A R E P E S S T C T L U A
D E E T C O L L I S E U M D N H E L S R
M U L L M S E S I C R E C X E O S O E R
I S U Y E T A D O M O C C A D C T C N A
S R C P R O N O U N C I A T I O N E S H
C E S U O I T P M U S E R P C L I Z A S
H P I D G E O N A I D R O C C A O E B O
E C N E R U C C O Z H R U E A T P I L L
I L I Q U I F Y D R U N K E N E S S E A
F J M T N E W K C E M E T A R Y E R I F
```

ACCIDENTLY

ACCOMODATE

ACCORDIAN

ACQUAINTENCE

ARGUEMENT

AXEL

BELIEVEABLE

CEMETARY

CHOCOLATEY

COLLECTABLE

COLLISEUM

COMMITED

DALMATION

DRUNKENESS

EXCERCISE

FIREY

FRUSTRUM

GRAMMER

HARRASS

INCIDENTLY

INDISPENSIBLE

INGENIUS

JUDGEMENT

LIQUIFY

MILLENIUM

MINISCULE

MISCHEIF

MISCHIEVIOUS

OCCURENCE

PASTTIME

PERSUE

PHAROAH

PIDGEON

POINTSETTIA

POSESSION

PRESUMPTIOUS

PRIVILEDGE

PRONOUNCIATION

QUESTIONAIRE

SENSABLE

SEPERATE

SIEZE

SORCEROR

UKELELE

Solution on page 327

A Day at the Zoo

ADMISSION

AMPHIBIANS

ANIMALS

ANTELOPE

AQUARIUM

CINCINNATI

CONCESSIONS

CONSERVATORY

DEER

ECOLOGY

EDUCATIONAL

ENDANGERED SPECIES

EXHIBITS

GIFT SHOP

GIRAFFE

GRIZZLY BEAR

HABITAT

HERPETARIUM

HORSES

KIOSK

LEMURS

LEOPARD

LLAMA

MAMMALS

MARSUPIALS

MENAGERIE

OWLS

PANDA BEAR

PETTING

POLAR BEARS

RESEARCH

RIDES

SAN DIEGO

SCIENTIFIC

SLOTHS

TIGERS

TREES

VENDING MACHINES

WALLABY

WARTHOG

WATER BUFFALO

WATERFALL

WILD ANIMAL PARK

WILDEBEEST

```
D H E X H I B I T S R A E B R A L O P G
H E C W F V I O G E I D N A S E D I R N
E C E R O W L S S N O I S S E C N O C I
R N H R A K I T U I T A N N I C N I C T
P M D O A E F L X H S W A L L A B Y Z T
E G U A R E S K D C M C A N T E L O P E
T F R I N S B E L A N O I T A C U D E P
A S G I R G E A R M N K K E E O W G J W
R T E E Z A E S D G E I D I N R M I X E
I A A E K Z U R H N B N M R O T F R D J
U D F T B P L Q E I A I A A A S I A B H
M M Q R I E H Y A D T P G G L P K F L A
X I B A T B D G B N S Q K A E P O F I L
M S L H A M A L L E U P M K E R A E C C
N S R U M E L H I V A M E S U T I R L Z
G I F T S H O P J W A R Z C Q N W E K O
G O H T R A W K A M P H I B I A N S I S
A N I M A L S O L A F F U B R E T A W Z
T Q E C O L O G Y R O T A V R E S N O C
R U S E E R T I G E R S H T O L S O L H
```

Solution on page 327

Acronyms FYI

```
M J W G Z A J Q T B F F B N I Q G N J N
Y X S D N D A Y W N N F X Z N N J E J V
K Q J A L P G A A A S B T O M F F F F D
X P K R B M C U K B M F M F K Q Y V S X
M A X S I D Y S T W L P H U Z A V R M J
S I W H R M L M R O C P Q P N G W Q D W
F U H N L I U C C P D A J D R Q A J L Z
L E F B P T A C T A S B Q M T U V X R X
U T A E N S F F P A N I U G L N J Q R U
T O R K Y E E I R V L E Z C P F N I P D
B L C S Q G C H J G C M U S V D Q J I D
L K O C F N P L E T U X R H K O U Y U K
D P G U T R A F C C M B D C B M Q Q J U
J A R B A V N N A X D U C K I G Q E M A
O S H A C I F S A O H C I A Q F L F P K
G U N I C E F L G T I T R A M L G J R K
D G Y W I S Y W M S O E M J G V K O C C
G V I R E S A L D D U W L E C L Y J S J
J O D T S Q U N L V H Q F Y U J W L X P
W R T Y F I K P G Z I X Z D D C X C T S
```

AARP

APO

CAA

CCTV

CRT

DIY

DOT

DTS

DVD

EMT

ESPN

FCC

FICA

FTP

HTML

HUD

IRS

ISDN

KGB

LASER

LAX

MRI

NASCAR

NATO

NFL

OHCI

OSHA

PBS

PDA

PERL

PGA

PNG

PTA

RAM

SCUBA

SLIP

SYSOP

TBS

TTFN

UNICEF

UNLV

USGS

USMC

WYSIWYG

YMCA

Solution on page 328

Tea Party

```
G I Z O L S A P E Z G I N S E N G E G I
Q T S E U A K E E M U N N L Q B D J T Z
N T S D F O P B T T W O D K N E E R G A
O U C A R E R S E D W E C Z G N O L O O
T V I A F W L A A B E A R L G R E Y Y B
P F P A S K B L U N L C F L O Q T N V M
I Z O Z F A A D R B G P I J S L W S N A
L R R J G C B E N C M S O W F A H C S M
W L T S S G V L R V H Q O A T B I Y O L
K L E M Y L U H A B I A G U U R T U N E
D L T W I Z O N R N H Q G Q C E E N G L
G M I S N J O E P C C S N S K H M N Y F
C C H M I O A H I O U A I R E H O A A G
U T W C Z K G K S S W P L R N G N N N O
X B H N F G U A C U A D E H I U K G G S
R A U A H K D E R P G U E D E M E O E P
E X S T I G N M A D W A J R F G Y L U Q
Y T O Z A T P G Y O K U R O F N L D N B
N O L Y E C E S E N C H A G A O M P Q E
R D G D O R E A R R W E D E C I P S Z F
```

BLACK

CAFFEINE

CASABLANCA

CEYLON

CUP

DARJEELING

DRAGONWELL

EARL GREY

ENGLISH BREAKFAST

GINSENG

GREEN

GUNPOWDER

GYOKURO

HERBAL

HOJICHA

ICED TEA

IRISH BREAKFAST

KEEMUN

KUKICHA

LAPSANG SOUCHONG

LIPTON

MAMBO

MILK

OOLONG

SCENTED

SENCHA

SILVER NEEDLE

SNOWBUD

SONG YANG

SPICED

SUGAR

TAZO

TEABAGS

THAI TEA

WHITE MONKEY

WHITE TROPICS

YUNNAN GOLD

Solution on page 328

Automobile Dealer

```
S I O F G J Q R D H C G V Q W J S E V W
W K A T J Y Q C Q L Q M N G Q Y F S U P
E D S E L P O R S C H E T A I T O G E N
V Q Y A V O N O I T A R T S I G E R W M
I N T E R E S T R A T E E T O Y O T A M
R E S E A R C H B J C O R O L L A K R E
D Y N R E M M U H I D D E N F E E S R W
L E X U S N G E G A E L I M A R U C A G
E V I R D L E E H W L L A A V G A C N Y
E O D L Y H O M E C I R P R E K C I T S
H L E A J M I N I V A N T T F Y T T Y R
W V N M U F O R V D D W I I O A R A Y O
R O W B T E T N E M Y A P N R U R M C L
U O O O R A V J O C U M Y Y D L E O A O
O P E R A T I N G C O S T S U M R T D C
F K R G D U M R W W E E T X L V O U Z K
K C P H E R I A L M F L U A E I L A A I
K U R I I E L E S A B R E T N O P I M H
M R W N N S F Y S Z Y L T U S G X R U L
T T F I R E B I R D L E T B F L E D O M
```

ACURA

ALL WHEEL DRIVE

ASTON MARTIN

AUTOMATIC

BMW

CAMRY

COLOR

COROLLA

CORVETTE

EDSEL

EXPLORER

FEATURES

FIREBIRD

FORD

FOUR WHEEL DRIVE

FUEL ECONOMY

HIDDEN FEES

HUMMER

INTEREST RATE

LAMBORGHINI

LESABRE

LEXUS

LUXURY

MAKE

MAZDA

MILEAGE

MINIVAN

MODEL

MUSTANG

NEGOTIATE

NOVA

OPERATING COSTS

PAYMENT

PORSCHE

PRE OWNED

REGISTRATION

RESEARCH

SAFETY RATING

STICKER PRICE

TOYOTA

TRADE IN

TRUCK

VOLVO

WARRANTY

YEAR

Solution on page 328

Apartment Life

```
W I O E L B A C L Q N G D U N I T L O M
I Z M X D U S A E R A N O M M O C A O P
N E I L P T R R S P K I Y M Y I L O L N
W T S U O G I P S V W K D H L O R A A F
G B T I O F A O O W D R B O N T Y M U Y
G V O D O M T R R V O A O N H G Y E C E
J Z R O Z N S T S L T P V G R D W N K A
F R A W R V P J D H G D I O N U A I N T
H Z G N X U U N R N E E U A T C T T H S
H P E S A H A O I H W N H I A C X I R P
A H F T B L O M S B D G L V H O O E V S
K U F A O M M I B G A I W E B Z G S O S
E U I I D I N X A N T S N L X A T R G Z
L F C R W R J V S I P S I T N E R O V I
O T I S U L M C E D K A M A P Y I B O K
W W E F E U P S M L M F M Z P T I H I W
O R N N D O B N E I P V B Y A G J G D A
H U C E A Y R D N U A L Z P L A S I U W
B D Y I R N E X T B C M V C A R P E T C
S U I T E S T K L C K P Q J X I A N S X
```

AMENITIES

ASSIGNED PARKING

BASEMENT

BATHROOM

BUILDING

CABLE

CAR PORT

CARPET

COMMON AREAS

DOWNSTAIRS

EFFICIENCY

FLAT

HANDY MAN

KEY

KITCHEN

LANDLORD

LAUNDRY

LESSORS

LOFT

MAILBOX

MANAGER

NEIGHBORS

NOISE

OWNERS

PATIO

PETS

PLAYGROUND

RENT

STORAGE

STUDIO

SUITES

SWIMMING POOL

TENANT

UNFURNISHED

UNIT

UPSTAIRS

UTILITIES

VACANCY

WEIGHT ROOM

Solution on page 328

Take Me Out to the Ball Game

AUTOGRAPHS

BASEBALL

BASES

BATTER

BLEACHERS

CATCHER

CHANGE UP

COACH

DIAMOND

DOUBLE HEADER

DOUBLE PLAY

DUGOUT

```
T E K C I T P P O P C O R N T Q N H R T
S R K R P D Y A U T O G R A P H S C V X
S Q I I M K P S R E F A S M R V P A E D
K G D P R M F T U Y A L P E L B U O D O
E A Q G L T A U F C N N H S M S S C E U
E E G N L E S N P B S C E A R L E N P B
X B J I P D T A L U T S L B I S W I D L
G V A W W E B E P A A S E D C U N U Y E
Z S D S M F A P C B D W E R E C G P U H
M E P L E C L T U N S R E I H O J G O E
L Y E I H B L Y A P A W D H U I A M P A
G H S E T B A R B T B H I T S E E Z I D
Z V R V T B G L M A N T A L L R I P T E
H S E O C A A D L F L U M R U Y U N C R
Q B Y L E E L L P M A L O N R E Y I H E
J F A G T E K P L F L J N C G F T R E T
U U L S I Q U Z E S A E D N L C F X R T
I P P F T O C S A M R E A M A L O X O A
G V N I P O T S T R O H S R E R U Y H B
M I O O S B J P G U C H P F K B L F I D
```

FANS

FASTBALL

FLY BALL

FOUL

FULL COUNT

GLOVE

GRAND SLAM

HELMET

HITS

HOME PLATE

HOME RUN

INFIELD

MAJOR LEAGUE

MASCOT

MVP

PEANUTS

PINCH HIT

PITCHER

PLAYERS

POPCORN

PRACTICE

RUNNER

SAFE

SCREW BALL

SHORT STOP

SLIDER

SPIT BALL

STEAL

STRIKE

SWING

THIRD BASEMAN

TICKET

TRIPLE

Solution on page 328

Seafood Restaurant

```
L P M H P Q E J R E T S Y O B M U G S I
O R P U A S G S F K I S C Y I F N M O Q
R A E E S F R R I I L E H A D D O C K X
H W D P R S W E S Y A K S R L E A V D J
M N R P P C E V H E P Y I C I L G G O O
U D E L C A H L A C I W F V A M O W O E
M R J E Z V N I N M A T Y M G R P P X G
F A F R E I I S D O H E A V N O N D F C
G S N T A A G N C E S R R M I D E I R F
X E U C F R J H H X I N C T R R L D S Y
V A B P A I M O I V F O H E R L Z S E J
S D Y X O B A J P H D M D G E U A P S S
B A Y Y A T L G S O R L P T H B H U C X
G D O Q Q C C N C J O A U W D B J T A A
R W H S I F D O C B W S L E E W G U R B
I A H E I M U L S W S Z P I K A M B G A
L R A H S I F T A C Q I E P O A Q I O L
L C H O W D E R Y G R H G C M R B L T O
E U C E B R A B A T T E R W S C B A Z N
D I U Q S O L E S A N D W I C H X H T E
```

ABALONE

ARTHUR TREACHERS

BAKE

BARBECUE

BATTER

BROIL

CALAMARI

CATFISH

CAVIAR

CHOWDER

CLAM

CODFISH

CRAWDAD

CRAYFISH

EEL

ESCARGOT

FILLET

FISH AND CHIPS

FRIED

GRILLED

GUMBO

HADDOCK

HALIBUT

LONG JOHN SILVERS

MUSSEL

OCTOPUS

OYSTER

PERCH

PRAWN

RED LOBSTER

SALMON

SANDWICH

SAUTE

SCALLOP

SHRIMP

SMOKED HERRING

SNAPPER

SOLE

SQUID

STRIPED BASS

SWORDFISH

TILAPIA

Solution on page 328

Something Fishy

```
E P V Y C P M I R H S H P Y C F F U Q R
Z X U V T A H G S E Y E L L A W H G S B
G O Y S T E R I N C R A P P I E S C S C
C Z D H S I F D R O W S R D S F I L Z T
O X G L G N D U E M T C E G J U F K U W
O C S Q U U P R A C N K S A N E R N L Q
L E T S H M O C Z Y T H N I B I A O N K
T A L O W I K R X B G S A A M A T A O L
G R O U P E R E E O Y I P L L Q S S I O
V C W Y R U Y P L G Z F B A I P V S N B
L E Q E J V S P G O N R A M H B Z X U S
Y E L L O W T A I L S A R K S L U L R T
J B R H L T A N G E L T R E D U L T G E
K A C E I I V S R E H I A O E H X P K R
D N A E K J G D B E H U C G E X I I T O
A E T L N C P E R N R G U A W R P V V V
R M F T M E I R U C B P D M A R L I N V
T O I S R G I P H L P U A N E G Q M S Z
E N S C R N L I E Y B V H S S A L M O N
R E H L G T N T C O R A L C P G R I J M
```

ANCHOVY

ANEMONE

ANGEL

BARRACUDA

BLUEGILL

BULLHEAD

CARP

CATFISH

CHUB

CORAL

CRAPPIE

DARTER

EEL

GOBY

GROUPER

GRUNION

GUITARFISH

GUPPY

HALIBUT

HERRING

LOBSTER

MACKEREL

MARLIN

OCTOPUS

ORANGE ROUGHY

OYSTER

PERCH

PICKEREL

PIKE

PIRANHA

PLANKTON

RED SNAPPER

SALMON

SEA BASS

SEA URCHIN

SEA WEED

SHRIMP

SOLE

STARFISH

STINGRAY

SUNFISH

SWORDFISH

TUNA

WALLEYE

YELLOWTAIL

Solution on page 329

Skiing

ALPINE

ALPS

ASPEN

BADGER PASS

BANFF

BLACK DIAMONDS

BLUE SQUARES

BRECKENRIDGE

BUNNY SLOPE

CATCHING AIR

DEER VALLEY

FALL LINE

FREESTYLE

GAPER

GOGGLES

GRANULAR SURFACE

GROOMED

INSTRUCTOR

JACKSON HOLE

JUMPING

LAKE TAHOE

LODGE

MAGIC MOUNTAIN

MASHED POTATOES

MILK RUN

MOGULS

MOUNT HOOD

NORDIC

OFF TRAILS

POLES

SCHOOL

SKIS

SLOPES

SNOWBIRD

SNOWBOARD

SUN VALLEY

SUNGLASSES

TAOS

TELLURIDE

TRAVERSE

VAIL

VERMONT

YARD SALE

```
R J S W C T N O M R E V B J U M P I N G
E P O L S Y N N U B D D R A O B W O N S
B R E C K E N R I D G E P C A S P E N N
A G N I D O O H T N U O M K S B S D A O
N Z I D J S D T R A V E R S E A A I K W
F U L R K U L E A E E G D O L D Q R L B
F A L O O N B I M T N X P N G G B U A I
B N L N S V L D A O O I Z H G E L L K R
L I A V E A A S G R O P P O O R U L E D
I O F M S L C R I Z T R D L G P E E T K
I T R J S L K I C K K F G E A A S T A A
W F E H A E D A M G S W F I H S Q T H S
C O E K L Y I G O I V T A O S S U R O R
P K S N G R A N U L A R S U R F A C E I
Y N T Q N C M I N U R K L I M L R M L N
L B Y H U F O H T Y E L L A V R E E D E
R A L P S M N C A R O T C U R T S N I X
M R E P A G D T I W F E L A S D R A Y X
K M O G U L S A N W I S I E Y Q C U G Y
Z C M L O O H C S L O P E S E L O P Y C
```

Solution on page 329

Spice It Up

ALLSPICE

BASIL

BAY LEAF

CARAWAY

CARDAMOM

CATNIP

CAYENNE

CHAMOMILE

CHICORY

CHILI PEPPER

CHILI POWDER

CHILI SAUCE

CHIVES

CORIANDER

CUMIN

CURRY

DILL

GARLIC POWDER

GINGER

HEMP

HORSERADISH

LIVERWORT

MACE

MANDRAKE

MARJORAM

MONKSHOOD

MUSTARD

ONION

OREGANO

PAPRIKA

PEPPERMINT

PIMENTO

POPPY SEED

RELISH

ROSEMARY

SAFFRON

SAGE

SOY SAUCE

SPEARMINT

TARRAGON

TARTAR SAUCE

THYME

TURMERIC

VINEGAR

WINTERGREEN

```
W O H X X L F N K I R N D J D U M E W N
S D G C T T A Y T P I Y Y O T N E M I P
W V R C I A S A F F R O N O R E G A N O
U Y L E A R P M E L I M O M A H C W T B
G R I U K R E S H C H I L I S A U C E M
N A V J L A A M R L U Q V I N E G A R A
O M E P W G R W R E B A E G J B C M G Y
V E R M E O M D A U D A S A D H U O R H
Q S W E O N I O N Y T N Y R I F M M E I
D O O H S K N O M A I K A L A E I A E T
D R R D R A T S U M M W I I E T N D N K
A H T N I M R E P P E P H C R A R R K X
K C H I L I P O W D E R I P E O F A O Y
I Y M N C A L L S P I C E O C B C C T S
R R I C A T N I P C B L K W U W A F D A
P O P P Y S E E D H O E L D A G N S X M
A C C U E B R H S I D A R E S R O H I X
P I L M N P P U G V O H I R Y R R U C L
M H D C N G I N G E R M A R O J R A M D
E C A M E M Y H T S R E L I S H S J K P
```

Solution on page 329

Color Coordinated

```
Y O N V I D T S Y V A N U S Z R N V E Y
B K Y Y P S U Z A B C I A C P S C T N A
N E B H D O A S N C B Q S Y S K R H D F
Y C V I N D Q G O B R O W N C A L U E U
Z P B I F A G X E I E B Z A Z U R E J K
Y F C G L C T V Z A V I L N U M I T A L
K R B R H O E D N Y L B G N T Q N B B R
Q E B G C V Z A O P I G M E N T A M J T
P V Z Z P A H N R U B U A I P J J P Y C
A L Y T P Z M Q B N W O G S L C A A X F
I I U J E R U O I T W H E A T Y R L Y O
N S S M U A A B U R G U N D Y Z S E Y Z
W O B H K H L R S F E S T T C G L Z A J
D G C D C U Q E E Y L E A E I L O E R M
G Q R W S U M D T T S A L M O N O L G I
P L I H O A F N P L I S G W E U T P D E
T I M I R A R E B M A H D E G N A R O V
V M S O L Q A V T G F E W T I T W U R R
D E O F C C P A K O R L F A P H A P F A
B N N J H Q N L X Q P L P R K X D F B H
```

AMBER

AQUA

AUBURN

AVOCADO

AZURE

BEIGE

BLACK

BLUSH

BRONZE

BROWN

BURGUNDY

CAMOUFLAGE

CREAM

CRIMSON

CYAN

FUCHSIA

GOLD

GRAY

HUE

LAVENDER

LIME

MAGENTA

MAROON

NAVY

OLIVE

ORANGE

PAINT

PALE

PEACH

PIGMENT

PLUM

PURPLE

RED

SAGE

SALMON

SEASHELL

SIENNA

SILVER

TAN

TEAL

TINT

TURQUOISE

WHEAT

WHITE

YELLOW

Solution on page 329

Happy Birthday

```
L X G J H P V Y Y V H I P G P V H K U G
L W T V F M T R E A T S R W V B J V I K
K I J B U R C K C T R E H V V O Z F F R
T S R W A U G U E B E I P R W W T A E D
F W L P T M W F Z T S D R A C S M I S J
I H H R C S N O I T A T I V N I B T I V
L D S D O O F N L S S N O O L L A B R F
Q Q B K C R G E E Q R P I Y M H Z S P J
T E O Y L S S M H G F T H F J Q D G R L
H K B T T E U A S G A B Y D O O G K U Y
H A E J L T M E T R C P R E S E N T S X
X C O D S W A R O W E S B S R R D R B R
H I N O R X K C F X P K E D E D O A O C
P A C U K O E E A R A S A M M Z N V T B
C T P I P D A C N I I Q Y M A N I O A F
Y B T U N D W I Z N N E I D E G Y R Q F
P B J J T G I M G B T S N R R S E F P C
A V A A U X S R A U I N S D T L I N F M
U R R Y H J H S C A N D Y L S N W O L C
P M R W R A P P I N G P A P E R J L N F
```

AGE

BALLOONS

BANNERS

BORN

BOWS

CAKE

CANDLES

CANDY

CARDS

CLOWN

CONFETTI

COSTUMES

DECORATIONS

FACE PAINTING

FAMILY

FAVORS

FOOD

FRIENDS

GAMES

GIFTS

GOODY BAG

GREETINGS

HATS

ICE CREAM

ICING

INVITATIONS

MAKE A WISH

NOISEMAKERS

PARTY

PRESENTS

PRIZES

PUNCH

SING

STREAMERS

SURPRISE

TOYS

TREATS

WHISTLES

WRAPPING PAPER

Solution on page 329

Parts of a Car

AIR CONDITIONING

AIR FILTER

BALANCING

BEARINGS

BRAKES

BUCKET SEAT

BUMPER

CHASSIS

CLIMATE CONTROL

CLUTCH PLATE

COOLING SYSTEM

CV JOINT

CYLINDER

DEFROSTER

DIFFERENTIAL

DOORS

ELECTRICAL

EMISSIONS

ENGINE PARTS

FUSES

GAS GAUGE

HEADLIGHTS

HEADREST

HEATING

HOSES

HUB CAPS

MUFFLER

ODOMETER

PAINT

PISTONS

RADIATOR

SALVAGE

SEAT BELT

SHOCK ABSORBER

STEERING COLUMN

STRUTS

SUSPENSION

TAILLIGHT

TIMING CHAIN

TUNE UP

UPHOLSTERY

VALVES

WIPER MOTOR

WRECKS

```
R E L F F U M R D Y J L A D K T H L S Y
A P S P A C B U H I J X C Y L I N D E R
D I G N I T A E H O D O M E T E R O S E
I S N X W S T R A P E N I G N E Q H U T
A T I O K T C H C O S E A T B E L T F S
T O R H N H L O D I F F E R E N T I A L
O N A T O G I S N R O T O M R E P I W O
R S E I I I M E T S Y S G N I L O O C H
A A B M S L A S B M B C V J O I N T Z P
S L A I N D T R G A S G A U G E P A N U
I V L N E A E K K P L A C I R T C E L E
S A A G P E C C U E M I S S I O N S R K
S G N C S H O E B T A I L L I G H T E T
A E C H U H N M U L O C G N I R E E T S
H S I A S U T I I Z E R E P M U B K L E
C R N I T N R E T S O R F E D E R C I R
D O G N I N O I T I D N O C R I A U F D
D O Y A L C L U T C H P L A T E K B R A
A D P D O O S Z G U H S V A L V E S I E
I R K U J S W R E C K S T R U T S S A H
```

Solution on page 329

Weight Loss

```
R F Z I R C A R B O H Y D R A T E S M I
E Z A F O O D P Y R A M I D T E U W F N
T G F M U I D O S P I C F G G B M V G T
A L L G I P W E I G H T W A T C H E R A
W I O U L N O I T A V R A T S D W I A K
T V R K B U E G R D H T V N Q T G K I E
M T E V D E C D T J T A F W O L I N N E
F U T D S S S O J L S R F D Y F C N S E
O W S V Z I T O S S H C E C A H Y O G V
D R E C M C E F M E E R E D E H V R O M
Z E L M L R C T N S D R D S U A E I A F
F G O J L E E S G I I I Y R C P G U L C
E N H S R X Q A Q D E L T D R P E O S Q
S U C E E E L F E T T T O H W E T M T W
N H A P B R A T S U G V O B E T A X A N
T L R I G J V H I B U R F R A I B D F O
S S C C N I K I T I R P J Q P T L K B G
A A D E K N G N N C U B I N G E E E G V
E P T R G F Z A H G S N I K T A S M I R
F S L L I P O U N D S U G A R E C A K T
```

APPETITE

ATKINS

BINGE

BULGE

CARBOHYDRATES

CEREALS

CHOLESTEROL

DIET GURUS

EXERCISE

FAD DIETS

FAMINE

FAST FOOD

FASTING

FATS

FEAST

FOOD PYRAMID

GLUCOSE

GOALS

GRAINS

HUNGER

INCHES

INTAKE

IRON

LOW FAT

METABOLISM

MUSCLE

OBESE

PILLS

POUNDS

PRITIKIN

PROTEIN

RECIPES

RICHARD SIMMONS

SERVINGS

SHED

SODIUM

STARVATION

SUGAR

THIN

TRIGLYCERIDE

VEGETABLES

WATER

WEIGHT WATCHER

Solution on page 330

Visiting the Dentist

ANTERIORS

BRIDGE

CAVITIES

CHAIR

CHEW

CROWN

CUSPIDS

DENTAL HYGIENIST

DRILL

ENAMEL

EXAM

EYETEETH

FANGS

FILLING

FLOSS

FLUORIDE

GINGIVITIS

GLOVES

GUMS

INCISORS

MOLARS

MOUTHWASH

```
T J V O E C A E S D I P S U C Z S S U F
B K L S V S A G R I A H C M J T Z M E O
T X G E Z E N V O S A V I L A S R X U G
K Y X V P I R I I C S I T I V I G N I G
D A G O L Z O H R T V K W L V N W N J X
M Q N L A K O M E L I H S U L E I K A T
T H I G Q O T G T A X E S U N I F K O F
X F N N U U C A N T D H S A T G R O I S
M T E O E D A E A N F L M S W Y T D N Z
A G T V C Z N Q T O N E I U W H I F C M
B P I O R I A B X D L Z H G F L T L I C
E Z H C O R L D R O I S C A H A P U S J
V U W A W T L X E I U I I R Y T D O O S
H C G I N Z H Y A R D R S F X N L R R M
W V P N C Z E P B E Y G X R R E A I S I
Q I Y L O T E H A P M R E E A D F D W L
W S R C E T T T J S I N K E Y L L E C E
V W S E W O B W A I T I N G R O O M H Z
U K T O O T H P I C K E R U U D S M E F
S H U T F S E J H T E E T M O D S I W M
```

NOVOCAIN

OVERHEAD LIGHT

PERIODONTAL

PLAQUE

RINSE

ROOT CANAL

SALIVA

SINK

SMILE

SUGAR FREE GUM

TONGUE

TOOTH FAIRY

TOOTHBRUSH

TOOTHPASTE

TOOTHPICK

TUSKS

WAITING ROOM

WHITENING

WISDOM TEETH

X RAY

Solution on page 330

Look at the Art Museum

ABSTRACT

ACRYLIC

ANCIENT

ARABESQUE

ARTIFACTS

ARTIST

BRUSH

CANVAS

CHARCOAL

COMPOSITION

CUBISM

DESIGN

```
F X P O S T E R E L I G I O U S Y H K N
L B X I M J M W C H A R C O A L E S A E
B T S L E S T E P A I N T I N G I S E D
E C A S T E T T E L A P D N I F K G R Q
F I V O R Y C A R V I N G S E R U G I F
Y L N K O H M S I B U C C S C I A S O M
G Y A U P P X X O N A R T I F A C T S Z
L R C R O A F A U W E F E R E M P K M A
E C B K L R Z R R C F D E A S N N E J C
T A X A I G S A H O I P G I L A T S S Z
S Y F H T O S B C M A H N L I I Z T C P
A N N R A T G E T P Y O T N A H S E U J
P R Z N N O N S E O I A O O F S G M L P
U E T O M H I Q K S N S L M G U S P P R
K D I I U P W U S I H F A P Z R Z E T H
S O B D S Z A E M T C A R T S B A R U N
W M I U E T R Z I I E R U T C I P A R B
J D H T U P D M P O T T E R Y Q D F E O
S G X S M I S P E N G R A V I N G S L N
G S E I R T S E P A T P P M U S B G Q L
```

DISPLAY	MODERN	REALISM
DRAWINGS	MOSAICS	RELIGIOUS
EASEL	OILS	SCULPTURE
ENGRAVINGS	PAINTING	SKETCH
EXHIBIT	PALETTE	SMITHSONIAN
FIGURES	PAPER	STAINED GLASS
GOTHIC	PASTEL	STUDIO
IMPRESSIONISM	PHOTOGRAPHY	TAPESTRIES
IVORY CARVINGS	PICTURE	TEMPERA
LANDSCAPES	POSTER	
METROPOLITAN MUSEUM	POTTERY	

Solution on page 330

Board Games

```
H Y C S M O D G N I K E L B B A R C S K
Y C R A N I U M A S T E R M I N D G S T
S R E E R A C B A C K G A M M O N I S D
I P L D W O K K N O R A B L I A R T A C
C C X M L P G E A T L A N T I S C E I O
I S P O Y E P R S L C A R R O M H V A G
D T I U S R U P L A I V I R T K I G K E
E O C S O A Y L R N N F E Q C L N N Q T
M C T E P T C U E D Y D E O I E E O C A
R K I T P I D N T Y I M L Z J L S I B R
M T O R I O N K S A Y B A A B G E T A T
U I N A H N A S I R J T O U D Y C C T S
E C A P Y M L S W D I M O B R D H E T A
K K R T R O Y E T O S R A R D E E F L M
P E Y C G N D H N S T S O H G J C R E U
B R A Z N O N C R O S S T R A C K E S R
F B D I U P A R C H E E S I I L E P H A
A W Y E H O C O N N E C T F O U R E I I
W G A X C L Y J Z I U Q R E P U S H P Z
Y M P X L Y O O R A K C U B J U N T A Q
```

ATLANTIS

BACKGAMMON

BATTLESHIP

BLOCKHEAD

BUCKAROO

CANDY LAND

CAREERS

CARROM

CHESS

CHINESE CHECKERS

CIVILIZATION

CONNECT FOUR

CRANIUM

CROSSTRACK

GHOSTS

HUNGRY HIPPOS

JENGA

JUNTA

KERPLUNK

KINGDOMS

LIFE

MASTERMIND

MEDICI

MONOPOLY

MOUSE TRAP

OPERATION

PARCHEESI

PAY DAY

PERFECTION

PICTIONARY

RAIL BARON

RISK

SAMURAI

SCOTLAND YARD

SCRABBLE

SNAKES AND LADDERS

SORRY

STOCK TICKER

STRATEGO

SUPER QUIZ

TAJ MAHAL

TRIVIAL PURSUIT

TROUBLE

TWISTER

Solution on page 330

Home Sweet Home

```
H T Y Y G L T B X Y P W K Y H T S A A R
Q A C S K N I S E Q L K Z C Z J F T Q E
Z H G C T Q I G E N C S U V P V R G I W
C H I M N E Y R H H C O P R E E N S Y E
U R M N O P R K I T C H E N P I R S Y S
B P Q G S N B E J W S M T A L O O G F N
Q B H K K U L L O T M I P I O F Z N L I
U E O O D U L T P A L S E D A H S I N A
T O N C N O A A H A W C O N C R E T E T
B S M O K E D E T E C T O R S U E N G R
I R V I S M L I N I X C B Q V R W I A U
O F E E W I O I N Y O L F Z I F A A R C
S L V D O N X F N A U N U O N U L P A H
A O O I D A R E L E C T R I C A L I G A
L W N R N A A T P F S S N Y T P P C M I
J E A E I S L R M R J H I M M E A T R R
E R V W W I I A S E V O T S G P P U W Q
R S C O Z N Q G N I B M U L P U E R Q Z
D F N H T K H I B A T H R O O M R E A W
T T U S D M R E N I L C E R D F O S J C
```

BATHROOM

BENCH

BLUEPRINTS

BOOKS

BRICK

CARPET

CEILING

CHAIR

CHEST

CHIMNEY

CONCRETE

COUCH

CURTAINS

DOORS

ELECTRICAL

FLOWERS

FURNITURE

GARAGE

HAMMER

INSULATION

INTERIORS

KITCHEN

LADDER

LIGHTS

LOVESEAT

NEWSPAPER

PAINTING

PHONE LINES

PICTURES

PLUMBING

RADIO

RECLINER

RUG

SEWER

SHADES

SHOWER

SINK

SMOKE DETECTORS

SOFA

STEREO

STOVES

VENTILATION

WALLPAPER

WINDOWS

WIRING

Solution on page 330

Television News

ACTION NEWS

ANCHOR

BARBARA WALTERS

BOB WOODRUFF

BREAKING NEWS

BROADCAST JOURNALISM

CABLE NEWS NETWORK

CAMERA

CHARLES GIBSON

CNBC

CONNIE CHUNG

CORRESPONDENT

DAN RATHER

EDITORIAL

ELIZABETH VARGAS

ENTERTAINMENT

EYEWITNESS

FEATURES

FOX NEWS

HARRY REASONER

LIGHTS

LOCAL NEWS

MAKEUP

METEOROLOGIST

MILITARY ADVISOR

MSNBC

NATIONAL NEWS

ON SCENE REPORTER

PETER JENNINGS

SEGMENT

SENSATIONALIZED

SPONSORS

SPORTS

SWEEPS

TEASERS

TIP LINE

TOM BROKAW

WALTER CRONKITE

WEATHER

```
N P S W E N X O F F U R D O O W B O B D
O E N T E R T A I N M E N T E A S E R S
C T S I G O L O R O E T E M B K X C G K
G E C N O S B I G S E L R A H C N B C S
B R O A D C A S T J O U R N A L I S M N
R J N P B P T B S M N B R E H T A E W A
E E N A E L R P A C A F E A T U R E S T
A N I C N N E K B R E H T A R N A D J I
K N E T I T E N A L A I R O T I D E R O
I I C I L U S W E W A K O R B M O T U N
N N H O P M A D K W G S P O N S O R S A
G G U N I L R E N O S A E R Y R R A H L
N S N N T N E M G E S N R A R E M A C N
E N G E S A G R A V H T E B A Z I L E E
W F R W L I G H T S S E N T I W E Y E W
S S I S W E N L A C O L E S W E E P S S
T N E D N O P S E R R O C N R O H C N A
M I L I T A R Y A D V I S O R P R Z F N
D K R W A L T E R C R O N K I T E K Q A
S T R O P S E N S A T I O N A L I Z E D
```

Solution on page 330

Rhymes with Bride

```
F J Z O X C D G H V Q P D K F X B O N O
A I M R R K U X L L T R X C S C R Q F G
U Q H U V N E K M Y F W T H C C I P U Y
X Z Z T Z O F F D D S C F Q V R B A P S
Y P N P N Q Q B W K O P I E K B X Y S S
U E C O J G O E D I R E D E I L P M I B
P H R J D Q G G N O M I D E I L L A D G
W I U X O N G C V K L I A D E I L F E F
Z V O N S G I I I S F B E S I D E Z D S
R S L I Y D D N C N G I E B I D I E H L
X N U N E E J W O E D U O G I D I C D L
T B V I D D D C M B D N I S A R E R E L
N P V A W E I I P C A I E D T B I T I D
U W T B H W Y V L F P R N N E E O Y L E
E D E N I E D E I L P P U S D P M C E I
C E D I L G D D E D O B Q P I M R H R T
F R E P L I E D D A B C M I R G H I P N
B K I X T R L M T K G U E E T Z H D D U
R P R S N W D W R V V K S D S D Y E D E
Z E F K O H L C O I J P P W G H E F D G
```

ALLIED

ASIDE

BESIDE

BONA FIDE

CHIDE

COINCIDE

COLLIDE

COMPLIED

CONFIDE

DECIDE

DENIED

DERIDE

DRIED

DYED

EYED

FLIED

FRIED

GLIDE

GUIDE

IMPLIED

PRESIDE

PRIDE

PROVIDE

RELIED

REPLIED

SIGHED

SLIDE

SNIDE

SPIED

STRIDE

SUBDIVIDE

SUPPLIED

TIDE

UNTIED

UNTRIED

UPSIDE

Solution on page 331

A Trip to South America

ANACONDA

ANDES

ARGENTINA

ASUNCION

ATACAMA DESERT

ATLANTIC OCEAN

BOGOTA

BOLIVIA

BRAZIL

BUENOS AIRES

CARACAS

CAYENNE

```
W W Q U I T O I Y Y Y G Y W D H W O C A
U J Q Q V N A L I L O S O V E U N C I K
R C H I L E V A N D E S Q A O L A P A Z
E F W E X N N C A R A C A S W N N N K W
E D Q O O I M E I N O B I R A M A R A P
J G N E R T T A Z C A A J C Z E E L N A
G I O D I N S R Z U R I O O C A C N I R
C U I I E O O U E A E N U O T T O V T A
M X C V N C C Y P S D L C G O K C S N G
W F N E A L A L A A E I A G H C I U E U
X W U T J M A Y R L F D E R A C T C G A
D B S N E V A O E I C O A M L N N R R Y
Q O A O D C G L C N R I I M R J A E A P
Z L W M O A O A L G N L H O A T L Y R U
H I Z A I J P L E F E E D C I C T D U F
H V S T R A I T O F M A G E L L A N I G
G I N O G P O R I M U R T S O K F T Y E
S A S G N W E C O C B L R O D A V L A S
S E A O N S E R E F L I Z A R B Q B C E
P I V B T R Q N U R E M A N I R U S G U
```

CHICLAYO

CHILE

COLOMBIA

CONTINENT

CUZCO

ECUADOR

FRENCH GUIANA

GEORGETOWN

GUYANA

INCA

LA PAZ

LIMA

LLAMA

MONTEVIDEO

NUEVO SOL

OSTRUM

PACIFIC OCEAN

PARAGUAY

PARAMARIBO

PERU

PESO

QUITO

RAINFOREST

RECIFE

RIO DE JANEIRO

SALVADOR

SANTIAGO

STRAIT OF MAGELLAN

SUCRE

SURINAME

VALPARAISO

VENEZUELA

Solution on page 331

Cowboy Life

```
V D N Q I I Y U T Y L R A B T Y H I D E
X U R U X N N M D C Q D O L K D T U E L
E S O P L A I N S H T R T R R G Q C U F
T T D Y M U Y F T I K I E E A Z P A P I
N Y E K S I H W I S N J H I R A M M I R
N K O U E A M E R H O A A D T R D P E U
S N I E R P X H R O Q P I H Z N A F O S
P U D N U O R T U L J E G R K S O I N T
L E E T O Y O C P M D D G N T L M R N L
A S L D A L L A S T E G U N I S O E F E
S U T S E C N E F R S B E G A H E X H R
S J T Y Z P H S V A P M R Y G R C U O S
O O A U B G M S R I E C C N K R N T Q Z
J A C F J L P A A L R C O J O T O E I E
P D M F I E T R T D A L O P J A Y I P H
I H N B E R A T U S D E E R B I N R X O
X T Y A R G E N A Z O L X Y R R A I W I
Y F O C L S P A S T U R E A B A C A O T
I B O O T S O U R E T S L O H L L R D H
J R F N D E K J N M C C P T Y X R P A D
```

BACON

BOOTS

BREEDS

BUNK

CAMPFIRE

CANYON

CATTLE

CHISHOLM TRAIL

CORRAL

COYOTE

DALLAS

DESPERADO

DUSTY

EQUESTRIANISM

FENCES

FIREARM

FRONTIER

HARNESS

HERD

HIDE

HITCHING POST

HOLSTER

JEANS

JERKY

LAND

LARIAT

LASSO

LONGHORNS

OPEN RANGE

PASTURE

PLAINS

PRAIRIE

REINS

RIFLE

RODEO

ROPE

ROUNDUP

RUSTLERS

SADDLE

SETTLEMENTS

STAMPEDE

STIRRUPS

TERRAIN

WHISKEY

ZANE GRAY

Solution on page 331

Rocket Science

ALIENS

APOLLO

ASTEROID

ASTRONAUT

AURORA

BLAST OFF

CAPE CANAVERAL

CAPSULE

CHALLENGER

COLUMBIA

EAGLE

INTERSTELLAR

JIM LOVELL

JOHN F KENNEDY

JOHN GLENN

LAUNCH TOWER

LIGHT SPEED

LUNAR

MARS

METEOR

MISSION CONTROL

MOON

NASA

NEBULA

NEIL ARMSTRONG

NEPTUNE

NOVA

ORBITER

OXYGEN

PLANET

PLUTO

SATELLITE

SATURN

SHUTTLE

SKYLAB

SOLAR SYSTEM

SPLASH DOWN

STARS

UNIVERSE

URANUS

VACUUM

```
H M C S T G S K M H F E T I L L E T A S
A U R O R A J N J O S U J Y L K U C B U
D U P Q L A V J R R O E T E M A Q J B N
X C O V A U T O N U G N V D N P W L Y A
U A R R U E M S N K T O C O Y O A D U R
L V B E N N L B S O L A R S Y S T E M U
B K I G C U D R I M P T S R T M A E I A
L K T N H T Y H I A S U N O K L T P S Z
G I E E T P W J H A E W F L I V Y S S W
D T R L O E A G L E O F N E U T U T I V
R E E L W N R N Y D E N N E K F N H O J
P N L A E A W S H H E S O O V E I G N L
E A T H R I Z S T L B K O C S E V I C N
F L T C J W A Z G E A L U B E N E L O E
Q P U D X L N N E I L A R M S T R O N G
N L H S P T H O I O Y L U N A R S W T Y
A U S S P O N Z P V K E A W D X E S R X
V T H X J A P A X A S T E R O I D R O O
Q O O J S V C A P E C A N A V E R A L J
R A B A N A C H Y P F A W R P X E M F Y
```

Solution on page 331

Botanist

ALGAE

ANATOMY

BARK

BIENNIAL

CLAY

CLONING

COMPOST

CONIFER

CUTICLE

CUTTING

DICOT

DORMANT

FLOWER

FRUIT

FUNGUS

GENETIC

GERMINATION

GRAFTING

GREGOR MENDEL

HUMUS

LOAM

MONOCOT

NITROGEN

OVULE

PEAT

PERENNIAL

PERLITE

PHLOEM CELLS

PHOSPHOROUS

PISTIL

PLANTLETS

POLLINATION

PROPAGATION

RADICLE

RECEPTACLE

RHIZOME

ROOT STRUCTURE

SCALE LEAVES

SOIL

STIGMA

STOLON

SUCCULENT PLANT

TAXONOMY

TEXTURE

XYLEM CELLS

```
Q X L F U N G U S U M U H A B F R M M J
N S A I U E O C S X E L P E R L I T E D
A V I Y C L L I P L Y B Z D J X O O R O
T I N H U I K U T U E L C A T P E C E R
M Q N E T T S E V A E L E L A C S O F M
U G E U T S S E N O N R D M Y Z S N I A
S N R A I I U A F R U I T F C U T O N N
B O E E N P T C I T D V M M O E O M O T
A I P H G O L P C V E E K R A B L J C Y
E T L E M O Z U R U M S O O E Z O L M Z
E A R Y A F R R J O L H K P I G N O S T
L N I M S T E M Z L P E L A I N N E I B
C I F Y S W O I E S G A N C L O N I N G
I L E T O L H C O N N E G T X E Y K D Z
D L O L S R M H I T D J R A P A L G A E
A O F R C E P T L D R E T U T L S A M M
R P R L O I F E L F H G L S T I A O G W
S A A L W A T S O P M O C T B X O N I C
T Y H Q R S H U L A N I T R O G E N T L
Y P U G R P D N C I T E N E G O E T S L
```

Solution on page 331

European Vacation

AIRPLANE

ALPS

AUTOBAHN

BARCELONA

BEECH

BELGIUM

BOAT

CAFE

CASTLE

CROISSANT

CUISINE

EIFFEL TOWER

ENGLAND

EURO

FERRY

FLORENCE

FRANCE

GERMANY

GREECE

HIKING

HOTEL

ITALY

LONDON

LOUVRE

MEDITERRANEAN

MUSEUM

NIGHTLIFE

OKTOBERFEST

PARIS

PASSPORT

PORTUGAL

RIVIERA

ROME

SCANDINAVIA

SEINE

SKIING

SPAIN

TICKET

TOURIST

TRAIN

VISA

WIMBLEDON

```
M U S E U M G F S N L V M E O Y C O S M
A U H U Z P E P B U F O G E R M A N Y I
R U S C S E A D G K P E R V U O L H K X
X F T A L I F N I G H T L I F E F A C K
N R P S N H A B O T U A G B E P K E T A
I C B Q E Z B A R C E L O N A H V B B C
T K O P C F B F W E E R F O X I O O R E
Y H M Z G L R B I B P A R I S A A T I N
L S I E N O F E M T T N I A R T L F E A
U A G K I R R G B R J L J O N A F P S L
G D K S I E B U L O I H B H G E O C S P
Q N E H K N O Q E P T U K U L G A T T R
L T Z C S C G I D S A K T T R N E N S I
Q O S Y N E C D O S E R O E D K A C I A
U E N G L A N D A O W E I C S J G R J
T H V D S A R I A P E C N I S L M O U O
B C Z T O C T F S R E A T I V T E M O R
N E L V Z N F I X I V Q O S E I N E T O
S E U D A M Z A V I U R X D Y R R E F Q
S B V B F X E R A W C C P O S I N D P I
```

Solution on page 331

Beach Bum

BARBECUE

BEACH BALL

BOATING

DANCING

DRIFTWOOD

FISH

LEISURE

LIFEGUARD

LOUNGE CHAIR

MUSIC

NAPPING

OCEAN

PICNIC

READING

RELAXING

SAND CASTLE

SANDY

SCULPTURES

SEASHELLS

SEAWEED

SNORKELING

SPORTS

SUNBATHING

SUNBURN

SUNSCREEN

SURFBOARD

SURFING

SWIMMING

TOWEL

UMBRELLA

VOLLEYBALL

WADE

WAVES

```
O G Q R P F D E E W A E S U R F I N G Y
I V J R I L M R I J O A S V Q C P V W H
G N O Z C G O G A W S U N S C R E E N J
Y U A U N Q N U P U R D W E W R R H K F
L I L E I I U I N A G Q E P Q S U F S M
W O N Z C D X B L G S E V A W C S F T B
N H K N N O A A B E E D F H Q U I C R O
U V A G N T A B D E K C J I N L E F O A
V D I N H R R O E S D R H S L P L W P T
D W N I F R U E Z A Z B O A K T J P S I
M E N P V D S B A G C D B N I U E P N
G G M P M F R L N D H H O D S R F Y A G
B Y B A C R L I P U I Y B C N E A E S N
J A D N K E M I F M S N X A Y S J K H I
M I R F R M I I U T P U G S L D L G E X
A N W B I C N S S N W K U T L L N T L A
Z Q M W E S I G W J V O L L E Y B A L L
Y U S Y I C H S J V P Z O E W A D E S E
N T V B V S U R F B O A R D O V W D A R
I K M E V L H E Z L S Q U T T P T K X J
```

Solution on page 332

Chess Anyone?

ATTACK

BISHOP

BLACK

BOARD

CASTLE

CHAMPION

CHECKMATE

CLOCK

CLUB

COMBINATION

DEEP BLUE

DEFENSE

DRAW

EN PASSANT

ENDGAME

FISCHER

FLAG

FORK

GAMBIT

GRANDMASTER

HORSE

KARPOV

KASPAROV

KING

KNIGHT

MATCH

MOVE

OPENING

PAWN

PIECES

PLAYERS

QUEEN

RESIGN

ROOK

SACRIFICE

SPASSKY

STALEMATE

STRATEGY

TOURNAMENT

WHITE

```
Y L W K K D W R Y P G W S K E C C B Q U
O O X C O H X H E Y Y D H V Q Q L H S O
P L A A I O B F K S A F O T Y G O E N S
K L E T C Z R S J Y I M H U F R C U L W
B O E T N Z S E A X A G T R S E K C V C
P D G A A A R D S T I E N E I K R L I L
T N O I P M A H C N J V O P R A K U T G
O G V S O T E H K J E A W O G A M B I T
B L K W H S C L I M S F F R S B U K X K
Z J Y G S Q R F A L D E E P B L U E K Q
H C G L I T P E Q T E T A D Q B G E X E
C E E N B P X Q Y C S R T D P A O T M S
B K T W J H F V I A O W N E L T S A C W
Y V A A K C P F M V L L A F X P G M R F
N R R P L I I D W S C P S L I D T K E D
D H T O U R N A M E N T S S N S E C Y N
M Y S B C A H G D Y S L A E Z X C E K Y
E L F A R C Y G N I N E P O M U E H O J
O U S G V E S N O I T A N I B M O C E E
W U K L E I H S E M O N E E U Q G T S R
```

Solution on page 332

Magic Fairyland

BANSHEE

BLUEBEARD

BROWNIES

CHANGELING

CYCLOPS

DRAGON

DWARF

ELF

ENCHANTED

ETHEREAL

FABLE

FAIRY

FLY

FROG KING

GIANT

GOBLIN

GODMOTHER

GREMLIN

HOBBIT

LEGEND

LEPRECHAUN

MAGICAL

MERMAID

NEVERLAND

OGRE

PEGASUS

PETER PAN

SHADOW

SHAPESHIFTING

SPELLS

SPIRIT

SUPERNATURAL

TINKER BELL

TROLLS

WAND

WARLOCK

WITCH

WIZARD

```
M Y F B K U F F H D T D P W I Z A R D N
K A R G M Q V E W D Q F H S A R X S E E
O T G I W T L A E R E H T E V R G N N R
M I L I A A R T E W A U M A U S L G J W
E N O M C F N F M E R M A I D E N O V G
U K D S S A J D A I E R G O G I E D C L
X E F V H U L Y E B G H Z T T N V M N K
M R M C I S S T R O L L S F D W E O D D
X B N Q P Z R A P S C E I N D O R T S R
C E G E D P O A G H K H I P A R L H P A
I L L J K R D F A E S A N Z F B A E I G
T L A R U T A N R E P U S W L C N R R O
S N I L B O G E P O A Q G W Y Q D E I N
T H F B E E W A B H G I F C D N M O T K
N N Z B L I H L C E A K L T E L N S I Q
J J X I F S J E Y N U O I G I C E H W V
S E N N A P R E T E P L E N G B K A I J
Q G G U D P F R O S S L B K G E B D T X
U I F R E M N R S F A K S D X W B O C D
A X R L T M W R O Z U X I I O R J W H A
```

Solution on page 332

Popular Girl Names

ABIGAIL

ALEXIS

AMANDA

ANDREA

ASHLEY

BROOKE

CHLOE

DESTINY

ELIZABETH

EMILY

EMMA

GABRIELLE

```
E T R L B B F Y B W Y B V H F Q V D T F
O N F S O J P H V T F D F Q P O S S N I
G J L F P A I G E L L E H C I M M A R Y
E L I J V Q O M A C K E N Z I E T M Z T
I F R U L I N E R U A L F I D A F A X A
I B Y O R R C N P E T R Q E L J W N P B
V X V Y K R E T A D H Y G I Q E T T O I
N O A O A N O F O D E H E W P F D H S G
Z L C L I Y Z E I R R M A K A Y L A A A
N S I M T E T N H N I O P C S G B G M I
I K S L L D J I E T N A J G H E V C A L
M A L C Y M E I N N E E A Y L I M E N U
J P Z H N A S S A I R B J L E Y S N D U
E A X L E A S C T I R O A K Y K O N A H
P I J O L C I K G I V T L Z A S O Y N K
A Q B E O C C N E N N I J Y I S E O D C
R H X Y C E A L A A U Y L D A L A A R J
S I K T I B L N G W Z E A O A T E R E B
S W X P N E S E H B E M Q H L E M M A P
V L Z D R R M H V B I G X R R V L H G H
```

GRACE	LAUREN	NICOLE
HALEY	LILY	OLIVIA
ISABELLA	MACKENZIE	PAIGE
JASMINE	MADELINE	REBECCA
JENNIFER	MADISON	SAMANTHA
JESSICA	MAKAYLA	SARAH
JORDAN	MARY	TAYLOR
KAITLYN	MEGAN	TRINITY
KATHERINE	MICHELLE	VICTORIA
KAYLEE	NATALIE	ZOE

Solution on page 332

School Supplies

BINDER

BOOKS

CALCULATOR

CALENDAR

CLIPS

CLOTHES

COMPUTER

CRAYONS

DICTIONARY

ERASER

FLASH CARDS

FOLDERS

GLUE STICK

GRAPH PAPER

GYM UNIFORM

HAND SANITIZER

INDEX CARDS

LOCKER

LUNCHBOX

MARKERS

NOTEBOOK

ORGANIZER

PENCIL

PLANNER

PROTRACTOR

RULER

SCISSORS

STAPLER

THESAURUS

TISSUES

```
B W F P M V N T D V D U K S V X C B O M
T S N O Y A R C X H U J Q X A R F S U K
A G C U T R H P A C Z R Y R P E D H O C
F P S I Z L L U N C H B O X U V Z O M O
R B D T S R O R G A N I Z E R C B X L L
K S I H R S G B F L U D Q M R E D N I B
F K T N A I O N L C U R T R T T R F C O
L H Y V D I M R A U Y W D O M E E C N O
P L A N N E R Y S L J R N F Z L O L E K
D E Z C E L X Z H A K X A I W M T O P S
D H R J L R D C C T D E T N P E C T L O
Y M U T A E B X A O E I M U O A Y H L T
D A L S C P K K R R N Q T M M I M E I L
P R E L P A T S D A D E A Y Z D T S C S
Q K R Q A P M S S V R S C G F F S C L R
Y E Z D F H R D I S L J E A U U L B I E
U R K X X P N S N Z L O C K E R C J P D
Q S U R U A S E H T R R E S A R E L S L
A I H A H R O T C A R T O R P D N I X O
C C X K P G L U E S T I C K C N G T V F
```

Solution on page 332

Bankers' Hours

ASSETS

ATM

BANK OF BOSTON

BANKAMERICA

BONDS

BRIDGE LOAN

BUSINESS PLAN

CAPITAL MARKETS

CAPITAL ONE

CAPITALIZATION

CASH FLOW FINANCING

CENTRAL BANK

CHASE MANHATTAN

CHECKING

COIN

COMMERCIAL

COMMUNITY NATIONAL

CONSUMER

EQUITY

FDIC

FIRST FEDERAL

FOREIGN EXCHANGE

INTEREST

```
C C N M K C O M M E R C I A L V A U L T
O N A T T A H N A M E S A H C U G Z V N
N L L S C O I N O T S O B F O K N A B E
S A P O H A L I N E O F C R E D I T L M
U W S C R F P B A N K A M E R I C A A Y
M A S Y E C L I W R I T E O F F N T R A
E R E T F L A O T F I W S O D O A N E P
R D N I I G S P W A O Z R A I F N E D E
I H I N N N S S I F L E T T C F I M E R
N T S U A I E T R T I M A Q K I F E F M
V I U T N K T A A G A N A N B C M R T A
E W B R C C S T N N Y L A R L E I I S R
S S O O E E X E A T A B I N K R R T R K
T T N P M H X I I P L D Z Z C E E E I E
M S D P F C D N I A G M O O A I T R F T
E U S O H I U C R E Q U I T Y T N S Q R
N R B A V M N T L T S E R E T N I G J A
T T N O M I N O T E K R A M Y E N O M T
Y G R O R E A S T N C A P I T A L O N E
E P C P C N Y W I R E T R A N S F E R H
```

INTERIM FINANCING

INVESTMENT

IRA

LINE OF CREDIT

MARKET RATE

MONEY MARKET

OFFICER

OPPORTUNITY COST

PRINCIPAL

PROVIDIAN

REFINANCE

REPAYMENT

RETIREMENT

STATE

SWIFT

TRUSTS

VAULT

WIRE TRANSFER

WITHDRAWAL

WRITE OFF

Solution on page 332

Side Salads

AMBROSIA

APPETIZER

AVOCADO

BOWL

CABBAGE

CAESAR

CHEESE

CHEF SALAD

CHINESE CHICKEN

CILANTRO

COLE SLAW

CROUTONS

CUCUMBER

DRESSING

ENDIVE

FRUIT

GELATIN

GREENS

ICEBERG

LEAF

LETTUCE

MACARONI

MAYONNAISE

OIL

PASTA

POTATO

RADICCHIO

RADISH

RED ONION

ROMAINE

SALAD BAR

SHRIMP

SPINACH

TACO

THREE BEAN

TOMATO

TOSSED

TUNA FISH

VEGETABLE

VINAIGRETTE

VINEGAR

WALDORF

WATERCRESS

```
P O T A T O M A T O D P G I O F O E V E
M D T G R E B M U C U C L E T T U C E Y
S A A E F J I A D V G D R E S S I N G U
G C C G C C U Y J Q I G W F W G E F E C
N O O A E H S O R D P N G U V G S B T G
B V B B R R I N A A P P E T I Z E R A R
A A E B S O V N S L E N L G Q M E V B Z
N R C A N M N A E A K Q A E A R H Z L R
G A R C O A P I A S D I T Y Q R C V E O
N D W E T I A S C F E O I H C C I D A R
D I V A U N S E H E T C N W O N O G A T
L S K M O E T R R H B D H Q A N I B V N
M H J B R Z A O R C D D Z I I L D I W A
D Z T R C O L E S L A W G O C A D I H L
F W B O W L E P Q S B R N P L K F O Z I
F X I S T B I G R E E N S A M C E A R C
F L L I E N U S L T Y D S E V I D N E F
U F U A A E E C T U N A F I S H R I H L
N R N C D S S E R C R E T A W L R H R K
F Y H C N S O H Q W U U D E G J D T S J
```

Solution on page 333

NASCAR

ANDY BELMONT

ANDY HILLENBURG

AUTOMOBILE

BOBBY HAMILTON JR

BOBBY LABONTE

BRENDAN GAUGHAN

CASEY MEARS

CHASSIS

DALE EARNHARDT JR

DRIVER

ELLIOTT SADLER

ENGINE

FINISH LINE

GRANDSTAND

GREEN FLAG

GREG BIFFLE

INFIELD

JEFF GORDON

JEFF GREEN

JEREMY MAYFIELD

JIMMY SPENDER

JOHNNY SAUTER

KASEY KAHNE

KEN SCHRADER

KEVIN HARVICK

KEVIN LEPAGE

MARK MARTIN

MATT KENSETH

MOTOR

OVAL

PASS

PITS

PJ JONES

POLE

RICKY CRAVEN

ROBBY GORDON

RUSTY WALLACE

RYAN NEWMAN

SCOTT RIGGS

SCOTT WIMMER

TERRY LABONTE

TIRES

```
G D L E I F N I V N A M W E N N A Y R E
R J D N H T E S N E K T T A M X Z J F N
E R O O L E C B O B B Y L A B O N T E H
E R E D A R H C S N E K R D I O H X B A
N I G R J R A U A M T K R A T D R R E K
F J A O E Y S X K I M E N L L A E U L Y
L I P G F L S O R A M D I E R N L S I E
A M E Y F A I E R M Y M I E D D D T B S
G M L B G B S T I H A F T A O Y A Y O A
S Y N B O O I W I H Y U N R R B S W M K
C S I O R N T L Y A A G C N I E T A O D
O P V R D T L B M S A P A H C L T L T N
T E E H O E B Y Y U J L S A K M O L U A
T N K C N O M N G J T A E R Y O I A A T
R D S B B E N H O P G V Y D C N L C E S
I E U P R H A N R O T O M T R T L E N D
G R A E O N E E R G F F E J A U E R I N
G S J J R S K E V I N H A R V I C K G A
S T I P E L F F I B G E R G E L O P N R
D R I V E R N E N I L H S I N I F O E G
```

Solution on page 333

Grab It at the Grocery

APPLES

BAGS

BANKING

BATTERIES

BOOKS

CASHIER

CAT FOOD

CHEESE

CHIPS

CLEANERS

DAIRY

DETERGENT

FILM

GUMBALL MACHINE

HOT DOGS

ICE CREAM

JAM

JUICE

MAGAZINES

MEAT

NAPKINS

NEWSPAPER

```
R P H L S A E I R S G G A Y Y G Y C T C
J I B X X S N D K O J T G P G B U R O M
X L C Z E L Q O L O S N A C K S S K N H
L B D E I N O O W A I M H J J A M R T F
R B H H N B V F P K A P O U L T R Y N O
U C A P X I E T N E D W T E R Y V C T X
F F Y G D W H A R X O F D C Y D A K N O
U M J E S O B C K D S S O W H R V O T Y
C G O C E F E A A Y O P G I N I I P V C
D S W R N C X C T M S O S N I K P A N A
M Q U W I Z P A V T L R F E S O S S D M
P M G G Z L N S A H E L S A L A D B A R
R S B I A V O H F N W R A U E O E K B A
O E S S G C O I A E O R I B S S T O W H
D C T E A Q D E P D T T F E M N E Q E P
U I A L M M L R P P R U F A S U R A V W
C P M P X C E B L S E C I U J M G M J C
E S P M C P S B E L P T L S T E E W S B
Z L S A D W B X S J A X M R E M N A Y O
B P B S N E W S P A P E R Y B K T V T W
```

NOODLES

PAPER TOWELS

PASTA

PHARMACY

PLASTIC

POULTRY

PRODUCE

RICE

SALAD BAR

SALE

SAMPLES

SEAFOOD

SNACKS

SODA

SPICES

STAMPS

SWEETS

VIDEOS

WINE

Solution on page 333

On the Silver Screen

A CHRISTMAS STORY

AFRICAN QUEEN

ARSENIC AND OLD LACE

CARRIE

DRACULA

EXORCIST

FINDING NEMO

FOOTLOOSE

FORREST GUMP

HARVEY

HIGH NOON

HIS GIRL FRIDAY

HOME ALONE

HOUSE OF WAX

HUD

LOST WORLD

MAD MAX

NIGHT AT THE OPERA

OLD YELLER

POLAR EXPRESS

PRINCESS BRIDE

```
O E S E L B I D E R C N I E H T A R Z H
L I H D A S O A B D L R O W T S O L K T
D R O I F C M F O R R E S T G U M P H O
Y R O R R H E S T I Y A E H P G I E E H
E A T B I I N H T O E L S O N A G C H T
L C I S C N G E O B V U O M Y R A K O I
L S S S A D N N N R R C O E E L D K U E
E R T E N L I A R A A A L A D A G Q S K
R E H C Q E D N O V H R T L A N N P E I
O H E N U R N D E O C D O O M D I O O L
M C W I E S I O B A I D O N D E T L F E
A R I R E L F A O C N K F E O X S A W M
N A L P N I G H T A T T H E O P E R A O
H E D L N S I A C M A D M A X R H E X S
O S B Z N T T I T S I C R O X E T X E Y
L E U N O O N H G I H O H C Y S P P N G
I H N A R E T H E G O L D R U S H R A T
D T C C S L A N O I S S E F O R P E H T
A C H R I S T M A S S T O R Y L Y S S L
Y Y A D I R F L R I G S I H U D W S I F
```

PSYCHO

RIO BRAVO

ROMAN HOLIDAY

SCHINDLERS LIST

SHANE

SHENANDOAH

SHOOTIST

SOME LIKE IT HOT

SUGARLAND EXPRESS

THE GOLD RUSH

THE GREAT DICTATOR

THE INCREDIBLES

THE PROFESSIONALS

THE SEARCHERS

THE STING

THE WILD BUNCH

TO BE OR NOT TO BE

Solution on page 333

Exploring Science Fiction

```
I N N E R S P A C E N O I T A I D A R O
O S T N A L P M I N I A R B W Z P E E Y
U T R E B R E H K N A R F O X M E N D A
T U G E N N O V T R U K F U B N O E P H
E M U Y D B I F A Y L B I M R O Y R L H
R E J B V A U R O P L V N J E R T G A N
L T M R P C V A E M E O A U T T V Y N E
I S F A N K Z N N I W M L R H N W B E U
M Y I V O T F K I N R I F A G A I E T R
I S C E S O L E H D O S A S I M N A L O
T R E N B T A N C C E A N S F O G M O M
S A P E I H S S A O G C T I R W C E S A
R T I W G E H T M N R A A C A R O N T N
A S R W M F G E E T O A S P T E M I I C
W L A O A U O I M R E S Y A S D M N N E
R X T R I T R N I O G I I R T N A B S R
A P E L L U D D T L X N I K S O N L P R
T Y S D L R O W E H T F O R A W D A A L
S F A L I E N S H N I Q K G L W E C C Q
M Z O M W J A R T H U R C C L A R K E N
```

ALIENS

ARTHUR C CLARKE

BACK TO THE FUTURE

BRAIN IMPLANTS

BRAVE NEW WORLD

ENERGY BEAM

FINAL FANTASY

FLASH GORDON

FRANK HERBERT

FRANKENSTEIN

GEORGE ORWELL

ICE PIRATES

INNERSPACE

ISAAC ASIMOV

JURASSIC PARK

KURT VONNEGUT

LAST STARFIGHTER

LOST IN SPACE

MEN IN BLACK

MIND CONTROL

NEUROMANCER

OUTER LIMITS

RADIATION

RED PLANET

ROBOT

SPACED INVADERS

STAR SYSTEM

STAR WARS

THE TIME MACHINE

TRON

WAR OF THE WORLDS

WILLIAM GIBSON

WING COMMANDER

WONDER WOMAN

X MEN

Solution on page 333

Trace Your Roots

ADOPTION

ARCHIVES

AUNT

BIRTHS

BROTHER

CEMETERY

CENSUS

CHILDREN

CHURCH RECORDS

CONFIRMATION

DAUGHTER

DEATHS

DIARIES

DIPLOMAS

DOCUMENTS

GENEALOGIST

GRANDMOTHER

HERITAGE

HUSBAND

IMMIGRATION

LAND SURVEYS

LETTERS

LIBRARY

LINEAGE

MICROFILM

MILITARY RECORDS

NEPHEW

NIECE

OBITUARIES

ORAL HISTORY

PASSENGER LIST

PEDIGREE CHART

PHOTOGRAPHS

PRIMARY SOURCE

QUERIES

RELATIVES

RESEARCH

REUNION

SON

SPOUSE

SURNAME

TAX RECORD

TREE

UNCLE

WILL

```
W N S L C N B R O T H E R G I K J Z O N
Z O L K T W V P S C E N S U S G P I V E
W I T S P O U S E V I T A L E R E N C P
W N O I T A M R I F N O C J I A D B G H
H U L A N D S U R V E Y S M R N I S S E
U E T T M H U S B A N D A O E D G D A W
L R I A R I Y E E D C R Z G U M R R M E
T I U X O E C I R N Y L S E Q O E O O X
L N N R E U E R A S G N H N C T E C L X
T Y E E Y G S A O C P E T E E H C E P C
O R R C A D A U E F P J R A C E H R I T
H E D O G G R T R L I H I L E R A Y D H
U T L R T C E I I N C L B O I L R R I H
Y E I D E S S B H R A N M G N S T A A C
R M H D D R I O U F E M U I P O T T R R
A E C S E V I H C R A H E S I N N I I A
R C I T A R C X L A D O P T I O N L E E
B L T A T N O I T A R G I M M I K I S S
I E O I H B S H P A R G O T O H P M A E
L C R P S T N E M U C O D A U G H T E R
```

Solution on page 333

Turn On the TV

AMERICAN IDOL

AS THE WORLD TURNS

BARNEY

BIG BROTHER

BOB THE BUILDER

DALLAS

DARK SHADOWS

DAWSONS CREEK

ENCORE

ENTOURAGE

ESPN

FAMILY GUY

FOX

GREYS ANATOMY

GUIDING LIGHT

HBO

HEROES

INSPECTOR GADGET

JACKASS

JUDGE JUDY

LOST

MSNBC

MTV

OUTDOOR CHANNEL

OXYGEN

PAX TV

RUGRATS

SABRINA

SCOOBY DOO

SCRUBS

SMALLVILLE

STARZ

SUNDANCE CHANNEL

SURVIVOR

TBS SUPERSTATION

TECHTV

TELETUBBIES

THE LEARNING CHANNEL

THE SOPRANOS

TNT

TODAY SHOW

TRAVEL CHANNEL

WEATHER CHANNEL

```
Y D S T R A V E L C H A N N E L U H K A
J M W J I N S P E C T O R G A D G E T M
X F O S U G B T K R T G S E O R E H B E
S G D T C D F O H E L R B A R N E Y I R
E S A F A R G Z B E E Z U K M L P U G I
R U H A N N U E J T W R R G E M S N B C
O N S M I P A B J E H O C A R M Y Q R A
C D K I R T B S S U P E R S T A T I O N
N A R L B C O P Y E D N B L N S T V T I
E N A Y A S N T J E I Y V U D O I S H D
N C D G S N R J H N R B S L I T S N E O
T E G U I D I N G L I G H T P L U W R L
O C V Y Q J A C K A S S A L L A D R A B
U H W E A T H E R C H A N N E L X E N D
R A S O N A R P O S E H T I S I O T R S
A N L E N N A H C R O O D T U O F N V T
G N D N N A T O D A Y S H O W L X T S U
E E E L L I V L L A M S U R V I V O R C
L L V T H C E T R Q N E G Y X O L H B G
O O D Y B O O C S E I B B U T E L E T H
```

Solution on page 334

These United States

ALASKA

ARIZONA

ARKANSAS

CALIFORNIA

COLORADO

CONNECTICUT

DELAWARE

FLORIDA

GEORGIA

HAWAII

IDAHO

ILLINOIS

INDIANA

IOWA

KENTUCKY

LOUISIANA

MAINE

MARYLAND

MASSACHUSETTS

MICHIGAN

MINNESOTA

MISSISSIPPI

MONTANA

NEBRASKA

NEVADA

NEW HAMPSHIRE

NEW MEXICO

NEW YORK

NORTH CAROLINA

NORTH DAKOTA

OHIO

OKLAHOMA

OREGON

PENNSYLVANIA

RHODE ISLAND

SOUTH CAROLINA

SOUTH DAKOTA

TENNESSEE

TEXAS

UTAH

VERMONT

WASHINGTON

WEST VIRGINIA

WISCONSIN

WYOMING

```
F L O R I D A N O Z I R A K S A R B E N
Z A Z T M W J O W A S H I N G T O N R G
I S I G C I N J T E N N E S S E E W A V
N M I N N E S O T A S E T E P V Y V W M
D D C P R N T S S O U T H D A K O T A W
I L L I N O I S I P E T V D S S P R L G
A K M R O R F D W S X U A I A S Y B E Y
N N A C I T A I U C S C O X R L X O D L
A A I F H H S H L S Z I E R A G R W A A
A G N L O C C V W A D T P N E G I Q W T
T I E U O A E K W N C C D P I G H N O O
S H G N S R R H A T U E L A I W O N I K
A C S S M O A L P E N N S Y L V A N I A
S I A O Y L S C I L A N A I S I U O L D
N M N W A I L G H G C O L O R A D O N H
A T E S E N J Y P T S C M O N T A N A T
K N K D M A Z Y K C U T N E K U B M U R
R A O N E W M E X I C O A M O H A L K O
A H A W A I I D E R I H S P M A H W E N
R D N F W Y O M I N G B L F V S A I E D
```

Solution on page 334

Perfect Picnic

```
N I Z T S E F B P U W C J Y S X S N U B
D L P C M K W B M B L L O H M O T X F Q
Q M L X K G I Q P E P P E R F M G Z P U
O F P Z Z P A D Q S A L T T N L W S Y X
L C T W Q R P J S T T L B E L B A T U X
Q R N Y W Y U N H E D A B A R B E C U E
R A O L N K I T R T L B B G F F O H M K
L C H I C K E N I L P T V R P L G C G A
G J V M P Z H O L U E O H A A S E K O C
D A C A T C H I J K R O B S R P E O D U
B X N F C O S T S H N F B S K Z L X T P
C O G S C P L A Y G R O U N D I C O O S
L J G F O I B E E R E C L R V C H W H T
B G P N Z M N R N D G P U E U H E R C Q
E F S I D L R C A N R G S L M A E O I Q
T I C F C C X E I U U R B O Y R S O W D
L M F R X K R R H P B I A O P C E D D Y
Z A M K L B L F H T M L R C F O M T N T
P B U X I N T E K N A L B S S A A U A Z
V K M W Q L W H S R H Y I S N L G O S W
```

BARBECUE

BASKETBALL

BEER

BLANKET

BREAD

BUNS

CAKE

CATCH

CHARCOAL

CHEESE

CHICKEN

COKES

COLAS

COOLER

CORN

CUPS

EGGS

FAMILY

FOOTBALL

FRUIT

GAMES

GRASS

GRILL

HAMBURGER

HOTDOG

KIDS

NAPKINS

OLIVES

OUTDOOR

PARK

PEPPER

PICKLES

PICNIC

PLAYGROUND

RECREATION

SALT

SANDWICH

SHELTER

SOFTBALL

TABLE

THERMOS

WATERMELON

Solution on page 334

Common Last Names

```
R X L K Z C V O V R Q Y S B D E G K Z C
Q B L B V Q F X N P I Z C R S L E E W P
N U E P X O Y Z K I R T O B D G U T W P
R O B I N S O N W H P L T X Z G W N M S
K T P O E T V U J Y Y Z T S I X G A B M
O P M X M A L E X A N D E R N Q S Y M F
U W A S H I N G T O N T D E E O E R M B
C T C T Q A W S S O W O D D X L M B L P
H K D B T H R D Y M R W C N I A L M Y J
N G K D I E R A F A A N P A K X W I I T
Z P Z T Y A R G Y R G C B S I I T N M S
D E E M H G A S D T H O M P S O N A B B
J T R C N R D S O I J X G V W K X G A F
A E I J C D T S S N I F F I R G O R K U
J R M I E R E E O E R E L T U B N O E E
M S A G E N R S Z Z H I S P S E H M R S
Y O R B O R K Y W B J G B Z S M A D A B
J N O J O C S I R R O M U K E L L Y W Z
H R N T A L L E N O C U F H L O P E Z N
F Y J J S F R C S S O R U Z L O N G Z H
```

ADAMS		
ALEXANDER		
ALLEN		
BAILEY		
BAKER		
BARNES		
BROOKS		
BRYANT		
BUTLER		
CAMPBELL		
COX		
EDWARDS		
GARCIA	MARTINEZ	RODRIGUEZ
GRAY	MILLER	ROSS
GRIFFIN	MORGAN	RUSSELL
HUGHES	MORRIS	SANDERS
JACKSON	MYERS	SCOTT
JENKINS	PATTERSON	SIMMONS
JONES	PETERSON	TAYLOR
KELLY	RAMIREZ	THOMPSON
KING	RICHARDSON	TORRES
LONG	ROBERTS	WASHINGTON
LOPEZ	ROBINSON	WHITE

Solution on page 334

Famous Poets

ALFRED LORD TENNYSON

ARCHIBALD MACLEISH

BERTHOLD BRECHT

CONRAD AIKEN

DANTE ALIGHIERI

DH LAWRENCE

DYLAN THOMAS

EDGAR ALLAN POE

EE CUMMINGS

EMILY DICKENSON

EMILY DICKINSON

GEOFFREY CHAUCER

GREENLEAF WHITTIER

GWENDOLYN BROOKS

HART CRANE

HENRIK IBSEN

HERMANN HESSE

HOMER

HORACE

JOHN MILTON

LANGSTON HUGHES

LORD BYRON

MAYA ANGELOU

OVID

RALPH WALDO EMERSON

ROBERT PENN WARREN

RUDYARD KIPLING

SHELLY

SIR WALTER SCOTT

THEOCRITUS

VICTOR HUGO

WILLIAM BUTLER YEATS

```
L A N G S T O N H U G H E S O D D R T E
G U E D N H G N A O E N E D K Y Y O A M
N W K A B E U O R L O O C H D L S B L I
I G I N J O H S T E F R U L H A H E F L
L Z A T E C R R C G F Y M A N N E R R Y
P T D E J R O E R N R B M W E T R T E D
I T A A O I T M A A E D I R S H M P D I
K O R L H T C E N A Y R N E B O A E L C
D C N I N U I O E Y C O G N I M N N O K
R S O G M S V D K A H L S C K A N N R E
A R C H I B A L D M A C L E I S H W D N
Y E W I L L I A M B U T L E R Y E A T S
D T L E T K K W D T C Y N W N F S R E O
U L C R O Z K H S H E L L Y E R S R N N
R A I I N F E P H O R A C E H R E E N Z
L W E O P N A L L A R A G D E R E N Y Q
G R E E N L E A F W H I T T I E R M S P
I I E S K O O R B N Y L O D N E W G O R
Q S N B E R T H O L D B R E C H T O N H
Q A N O S N I K C I D Y L I M E D I V O
```

Solution on page 334

Construction Work

ADOBE

ARCHITECT

ASPHALT

BATHTUB

BORDER

BREAKER

BRICK

BROOM

BUDGET

BUILDING CODE

CHALK

CONCRETE

CRANE

DELAYS

DRYWALL

EDGER

ELECTRICIAN

ENGINEERING

ESTIMATING

FIRE CODE

FRAME

HAMMER

HINGE

INSPECTOR

IRON

LADDER

NAILS

PLANNING

PLIERS

PLUMBER

PLYWOOD

PUTTY KNIFE

SAFETY

SANDPAPER

SCHEDULE

SECURITY SYSTEM

SHOVEL

SITE

SKYSCRAPER

STEEL

VENT

WALLPAPER

WIRES

```
R Q J G S P L A R D O Q R L I E O U K P
N O X S Y A L E D J F I R E C O D E N H
W H K N D L P Z G R L C J B L L N R C S
S J Y D S A F E T Y E T M B C G E O C J
T W E I P E S A J Z V S U O I P T H R N
Y R M L U M S D A E O T Q N A K E A K I
E N L E T R W T G T H Y E P B D G M K E
E A R L T W T N I T S E D R U R D M N M
W I E E Y S I F A M R N A L I Y U E Z A
D L B I K H Y B W I A R E J L W B R S R
U S M G N A R S N S C T U H D A F C E F
C E U N I X E G Y H L I I U I L B P E J
S R L I F W G R I T S X R N N L A T B C
Z I P N E W D T B R I C K T G R I R O H
W W I N S P E C T O R R C I C S R N D A
N W B A F C S S N E B X U S O E C L A L
V Y W L T L A H P S A B Y C D R L E W K
A U Z P L Y W O O D F K F R E T N E V V
U H R K H P L I E R S U O T A S K T V J
R H H B Z D L M O O R B E N A R C S X A
```

Solution on page 334

Falling Leaves

ABSCISSION LAYER

ANGIOSPERM

ANTHOCYANINS

AUTUMN

BLOWER

BROWN

CHLOROPHYLL

CHLOROPLAST

COLOR

CONIFEROUS

DECIDUOUS

DROP

EVERGREENS

FOLIAGE

FRONDS

MAPLE

NOVEMBER

OAK

OCTOBER

ORANGE

PHOTOSYNTHESIS

PIGMENTS

PLANTS

RAKING

RED

SEPTEMBER

SHRUBS

STEM

STIPULES

STOMATA

SUNLIGHT

TREES

VEINS

YELLOW

```
S N C V N J K K K C O N I F E R O U S J
A E B M S U U E A P H F S M C U F N A H
T B L S P U R X O C N L E G P Q E U Z T
A X S U O U D I C E D R O U B E P O E N
M B P C P L W O T P Z H E R R H Q N C S
O S T P I I Z I O E N E O G O T Q E M P
T R H D G S T P B V H W R T K P Q R R H
S G Z T M N S S E G N E O A X B L E E N
A B C B E S I I R D V S S T M S B A P W
J Y G Y N V M K O E Y B C S N M Q L S N
L I S I T P A E A N U H W I E M A D O T
G H E D S S P R T R L Z N T J N R V I Z
Y V X T N D L H H O U A P B T K E W G C
G K E G S O E S R W Y E Y S R M W X N O
V M I J J S R O V C S E C E B O O Y A S
O L H P I T P F O L I A G E R S L P N V
H V R S P H I H N B E Y R N P D B O Q L
D H W V Y Q T H G I L N U S A E B R C U
Z H U L H N M U T U A J S E E R T D L M
L X L N A B Y I F S D D Y E L L O W O M
```

Solution on page 335

Pie in the Face

BAKED

BANANA CREAM

BLACKBERRY

BLUEBERRY

BUTTERSCOTCH

CHEESE

CHERRY

CHOCOLATE

COCONUT

CRUST

CUSTARD

DESSERT

DOUGH

FRUIT

GRAHAM CRACKER

HOT

ICE CREAM

KEY LIME

LATTICE

LEMON

MERINGUE

MINCEMEAT

MUD

OVEN

PAN

PEANUT BUTTER

PECAN

PINEAPPLE

PIZZA

PUMPKIN

RAISIN

RASPBERRY

RHUBARB

SHEPHERDS

SHORTENING

STRAWBERRY

TART

VEGETABLE

```
G C M A H K E P Z H H C O J T V H E T A
R Y H B X L X V P U M P K I N G K I J N
A E B E B L A C K B E R R Y U O P D T J
H B C M E L G E T A L O C O H C U E B P
A S E I P S D J N P P C D H X M L H A F
M L J L T R E U O V E N X S E E C L K E
C C G Y W T T A E M E C N I M R P F E R
R H F E L B A T E G E V A O B I R Z D Q
A B C K U T A L K M P M N N N N T Y E E
C M L T G U U D S T A R T E Z G Z G S T
K A T M O Z R N H T N E A B Y U V I S N
E E G B N C A S O H R P R C R E T U E D
R R O O F P S D R C P A C C R A R L R A
H C N U C W P R T L O S W F E C B A T T
J A W V I G B E E J X C Q B B C T U D I
A N Z Y N Q E H N T K Q B D E S I L H U
N A B Z Z W R P I Z T O H G U R H Q Y R
H N O J I V R E N J E U H C L W R T G F
M A R V M P Y H G V T F B L B U R Y T R
I B O B I N I S I A R O I S L N L R W K
```

Solution on page 335

Making Movies

ACTRESS

AGENTS

ART DEPARTMENT

AUDITION

BACKLOT

BEST BOY

CAMERAS

CGI ANIMATORS

CHOREOGRAPHER

CINEMATOGRAPHER

COLOR

COMEDY

COSTUMES

DIGITAL IMAGING

DISTRIBUTION

DOCUMENTARY

DUBBING

EDITOR

ELECTRICIAN

FEATURE

FLICKERING

FRAMES

GENRE

HORROR

LIGHTS

LOOPING

OPTICALS

PARTY

PATRONS

PRODUCTION MANAGER

PROJECTOR

PUBLICITY

PYROTECHNICS

SCREENPLAY

SECURITY

SILENT FILM

SOUND STAGE

STARS

STUNT COORDINATOR

SUBTITLE

TALKIES

THEATER

TICKET

ZOETROPE

```
D F B S T E L E C T R I C I A N Y L T L
N P P A R T Y S D Z O E T R O P E N H J
Y J D R S R P P C Y T I C I L B U P R I
H L W E O R E A N I A D S E I K L A T X
O O S M U D A H R O N G U J M O O H R Y
R P T A N I U T P T I H E B Q Z O E O R
R T G C D G D C S A D T C N B S P R T A
O I E Y S I M G T R R E U E T I I N C T
R C R K T T Z N C I O G P B T S N E E N
O A J S A A R I O X O T O A I O G G J E
L L P C G L B R M I C N A T R R R W O M
O S V R E I A E E S T Y M M A T T Y R U
C E S E T M C K D X N I T A I M M S P C
E M U E I A K C Y I U O D I N N E E I O
I U B N C G L I G H T S R U R A A N N D
W T T P K I O L T O S O E T A U G I I T
G S I L E N T F I L M Y R M A U C E G C
X O T A T G C H O R E O G R A P H E R C
Q C L Y O B T S E B O R A C T R E S S L
Q F E A T U R E T A E H T E L Z F U P I
```

Solution on page 335

Public Library

ARCHIVES

ART

BIBLIOGRAPHY

BIOGRAPHY

BOOK RETURN

CARD CATALOG

CHAIRS

CHECK OUT

CIRCULATING

CLERK

COLLECTION

COMPUTERS

CONFERENCE ROOM

DESKS

DICTIONARY

DUE DATE

ENCYCLOPEDIA

EXHIBITS

FANTASY

HISTORY

INTERNET

JOURNALS

LIBRARY CARD

LITERATURE

LOST AND FOUND

MEDIA

NEWSLETTERS

OFFICE

PAPERBACKS

PATRON

PERIODICALS

POETRY

PRINTS

QUIET

READ

RECORDS

REFERENCE DESK

RESERVED

SCIENCE FICTION

SHELVES

STACKS

STUDY AREA

TAPES

VIDEOS

```
D M C H A I R S H E L V E S M Y W O S N
O U P E L R G P A T R O N R X E J F E K
V I D E O S T A C K S E P A T Y D F A V
P S L A C I D O I R E P Y R O T S I H U
J K L I B R A R Y C A R D M U Q M C A B
O C A D R Y C A R D C A T A L O G E I Q
U A D E S K S W Y H P A R G O I L B I B
R B W P E G N I T A L U C R I C D C R G
N R N O I T C I F E C N E I C S O E S N
A E X L J E I W O L A C L U O L F D R Y
L P C C D I C T I O N A R Y L E S U E H
S A H Y Y U T T C E F O R E R S T E T P
T P E C T Q E G R A P T C E J E U D U A
I R C N R R T E N R E T N I R V D A P R
B E K E A B F T I O I C W K E I Y T M G
I C O T L N A N P O E H O P A H A E O O
H O U L O S T A N D F O U N D C R W C I
X R T C Y S Z D E D B S E N K R E L C B
E D U E N E W S L E T T E R S A A M V M
I S S R P F K D E V R E S E R B H Q B K
```

Solution on page 335

How Does Your Garden Grow?

```
J P P H O P F W A A Y Q P Y Q E G W Z J
Q H Y E G Z P E G K L H O T A T O P W D
N Y E P O R O R C H I D U H Q R S A D G
M E A R O L O C L B L V J L C N L A V T
L R K U O U X U A O T N E E I L K B R W
S R E N P N W C N A T T R K S S U E H Y
Q P F I U J Q W D D T A P M P M L M G T
U L N N M S O Q S U C M M I A L A S H A
A G D G V O R A C S U O L O I N R G E J
S F B U D S N E A P L U V S T E U K D F
H C U L G G A R P Q T L C E P O T R G O
S W A R Y R M O I P I C K P R R A A E X
Y N O C N Z E S N R V M E D N U N K S D
D P P R T I N E G R A P X X F O L E G C
M L O J G U T S N S T C E S N I N X A L
L C E D A H S U P H I D E T O O D B T H
O W H E E L B A R R O W V S T L B D E J
I K Z E J F N I B E N U P S X A F L S L
H Y I E K S A J J T J O S U G X V V O M
U K V Z Y B U T P Y T L T E R R A C E Q
```

BUDS

CABBAGE

CACTUS

COLOR

CORN

CULTIVATION

DROUGHT

FURNITURE

GATES

GREENHOUSE

GROUND COVER

GROUPINGS

GROW

HEDGES

INSECTS

LANDSCAPING

LETTUCE

LILY

MANURE

MULCH

NATURAL

ORCHID

ORNAMENTS

PANSY

PEPPERS

PICK

POTATO

PRUNING

PUMPKINS

RAKE

ROSE

SCARECROW

SHADE

SQUASH

STONES

SUNKEN

TERRACE

TOMATO

TOPSOIL

TRELLIS

TULIPS

WALLS

WHEELBARROW

WOODLAND

Solution on page 335

Cocktail Hour

```
A B G W Z O T I J O M S H E R R Y O I B
P E V A Z S E Z O O B L O O D Y M A R Y
P N I L I N Q Q G R W E N G A P M A H C
L I P D F R U E U Q I L V R C D N Q C J
E H L O N G I S L A N D I C E D T E A X
T S X R I R L Y Y H E W R M Y O N N R Y
I N U F G H A G C R H A D A M Q A G B U
N O E V G S S N C I R E L C O T T G O Y
I O F S O I U E T F N E O N T E I N N Y
S M O M P P N E N O X L J A Q N L D A E
P S I G B C R A I A L A H D G G O R T D
E M A Q A U I H N I C N E E N A P O E V
L J H Z S L S D N D A I R G T A O B D V
U B A S E A E S E M T A R I G U M R B O
J T I W F R P U A R L O R R Z N S O I D
T A K D E A A C L E N A N O U Y O Y T K
N I L S S E H C S B G J L I Q H C G T A
I O A T Y R E V I R D W E R C S D D E B
M H I R I U Q I A D U V S T I N G E R S
C S C O T C H M U R H A S T I R I P S U
```

APPLETINI

BITTERS

BLOODY MARY

BLUE LAGOON

BOOZE

BRANDY ALEXANDER

CARBONATED

CHAMPAGNE

CHASER

CIDER

COSMOPOLITAN

DAIQUIRI

EGGNOG

GIN AND TONIC

GIN FIZZ

GINGER ALE

HURRICANE

LIQUEUR

LONG ISLAND ICED TEA

MANHATTAN

MARGARITA

MIMOSA

MINT JULEP

MOJITO

MOONSHINE

OLD FASHIONED

OUZO

PASTIS

PUNCH

ROB ROY

RUM

RYE

SAZERAC

SCOTCH

SCREWDRIVER

SHERRY

SPIRITS

STINGER

TEQUILA SUNRISE

TOM AND JERRY

TOM COLLINS

VODKA

WALDORF

WHITE RUSSIAN

WINE

Solution on page 335

Found in the Kitchen

```
C R E T N U O C X Z D X J R L J R D V Y
R Y R Q O A N E C I D O E W O V E N D T
E W U T O X V T D N L P O Y W C H L M N
C Z S R P Z W S L S P B Q F O M S R N G
N K A Z S C N A C E G A B R A G A P G I
L B E T A O I T P N V E A H F W W X F T
W R M S E N G N I A Z T Y P R V H H S A
F R U I T D N X O L I C G E E Y S M G O
L H R P E I I B P O E I F D E R I D M E
W P K T E M V A N G P R I V Z T D I W C
J X O I H E R S Q A I S D E E N N S G I
C N O T S N E F P G H R N G R A C P U L
U D B V E T S E E T A B L E S P O O N S
T S E Y I S R R O D D I D T D U T S A A
E P P R K T A W N A G N E A I O L A P U
N A I S O T E E E H S C A B F P O L E C
S T C W O L L R T X U J Q L K O O W K E
I U E R C A B S B A K E O E S E R H A G
L L R Z C K N I F E C U J S X I V K C W
S A W B N D E F M G R I L L A D L E T N
```

BAKE

BREAD

CAKE PAN

CALENDAR

CHOP

CONDIMENTS

COOKIE SHEET

COUNTER

DECORATIONS

DICE

DISH TOWEL

DISHWASHER

DISPOSAL

FAUCET

FLOUR

FOOD

FORK

FREEZER

FRUIT

GARBAGE CAN

GRILL

ISLAND

KNIFE

LADLE

LIGHTS

MEASURE

MIXING BOWL

OVEN

PANTRY

PAPER TOWELS

PEPPER

RECIPE BOOK

REFRIGERATOR

SAUCE

SERVING

SLICE

SPATULA

SPOONS

TABLESPOON

TASTE

TEASPOON

UTENSILS

VEGETABLES

WARM

WOODEN SPOON

Solution on page 336

Snowy

ANGEL

AVALANCHE

BELLS

BLOWING

CAP

COLD

CROSS COUNTRY

DRIFT

DROP

FLAKES

FLURRIES

FORT

FREEZE

FROSTBITE

FROSTY

ICE

LODGE

MELT

MOUNTAIN

PACK

PINE TREES

PLOW

POWDER

SHOVEL

SLALOM

SLEDDING

SLEIGH

SLIDE

SLUSH

SNOW BLOWER

SNOWBALL FIGHT

SNOWBOARD

SNOWFALL

STORM

WEATHER

WET

WHITE

WINTER

```
R Q W H J M B Z Y T S O R F E W C V N R
F C V O S O E P R J N B S J O S Q V E D
J L C V K U Z Q E E O F I S X E T T W G
W B U B D N L L A F W O N S Q T N C V C
Y V M R O T S S J L B O C I L I B A R C
D V O L R A Y L V X A O L O W B E O D S
Q P S S J I J L Z G L B E B B T S R V I
W S E J N N E M P D L B T Z W S A E Q W
G F H P P J H S I X F F L N C O L K S H
D L G O O I C J W Q I F I O B R N I I I
B U S G V R N D D R G F U W W F T S D T
W J O Z H E A E D R H N O U R I L D Q E
S M K J W O L P T C T N U J O E N A H W
T I D R K C A P N R S R F E D B D G E T
F K Y M W L V S Y T E C Z D S S I W D F
T X C P O F A E K H A E I Z L E G D O L
E U C B S L C K T P E N S T L E M R S P
U Y C I L I A A A R G O G S E R T H R Y
P T X T Y K E L F H O K I E B R W H X K
B C X F E W C F S Z I O F G L N S F B S
```

Solution on page 336

Oh, Baby!

BASSINET

BEDTIME

BIRTH

BOO BOO

BOTTLES

BOUNCING

BUNDLE

BURP

CHILD

CRY

CUTE

DAYCARE

DIAPERS

FATHER

FEED

FORMULA

FRIENDS

FUN

GOO GOO

GRANDPA

HAPPY

HOME

HUNGRY

JOY

MATERNITY

MOMMY

NEWBORN

NURSE

ONESIE

PEDIATRICIAN

PREGNANT

RUBBER DUCKY

SAFETY

SHOWER

SLEEP

SPIT UP

STINKY

STORY

STROLLER

SWEET

TEETHING

TODDLER

TWINS

WET

```
Q Y T E F A S A R S B L W Y R R O I Y C
N Q P W G D D T K U A G Y C T B A R B I
B U X P N Q O A R K O B E D T I M E W S
K O G E A D T P Y O J E F U B R A H V N
I A I H D H F R B C L X S E O T T T I I
C R X L C R C L E R A L S P O H E A Z W
F G E Y B G Y K C U D R E B B U R F W T
Z R X J Z Q B G E X U D E R O E N X T T
X X G C B H O J Z N I N G T O T I E T J
O Q P X K D U T N A N G E R P P T F Q I
T Z W J B L N M T N L E O O A H Y L U N
E P J U A I C R Z Y W U P O I N U F E E
E I U X S H I L S S K L M N G O D W D S
O B S T S C N G P H U N G R Y O B P R Y
H O M E I Y G Y M M O M I R O O O E A X
A J R A N P E E L S R W O T R F P N C E
X B N L E O S G E H R T E N S A E U M Q
N E Y O T T F N W F S L P R I M T E G X
G D Z V X M F A C B B U N D L E Z S D R
U K B V U D S M C M U G I D Z X B O X S
```

Solution on page 336

Shakespeare on the Stage

ANTONY AND CLEOPATRA

AS YOU LIKE IT

CORIOLANUS

CYMBELINE

HAMLET

HENRY V

HISTORY

JULIUS CAESAR

KING JOHN

KING LEAR

LOVES LABOURS LOST

MACBETH

MEASURE FOR MEASURE

MERCHANT OF VENICE

OTHELLO

PERICLES

RICHARD III

ROMEO AND JULIET

SONNETS

TAMING OF THE SHREW

THE COMEDY OF ERRORS

THE TEMPEST

THE WINTERS TALE

TIMON OF ATHENS

TITUS ANDRONICUS

TRAGEDY

TROILUS AND CRESSIDA

TWELFTH NIGHT

VENUS AND ADONIS

```
E H A M L E T W E L F T H N I G H T F S
A N Q A N O E N E D I I I D R A H C I R
T I T H E W I N T E R S T A L E T W B U
A M E A W J U E J U L I U S C A E S A R
S J B N W E R H S E H T F O G N I M A T
O A Q E S V G T H E T E M P E S T T W I
N E R U S A E M R O F E R U S A E M Y M
N T R O I L U S A N D C R E S S I D A O
E T I E K I L U O Y S A K I N G J O H N
T R Z S U C I N O R D N A S U T I T C O
S A V H D W W F R A E L G N I K Q L W F
I G Y R O M E O A N D J U L I E T I M A
F E D M E R C H A N T O F V E N I C E T
H D C O R I O L A N U S E L C I R E P H
T Y L O V E S L A B O U R S L O S T E E
E A R T A P O E L C D N A Y N O T N A N
B S I N O D A D N A S U N E V T R V C S
C Y M B E L I N E H I S T O R Y B Z U F
A O L L E H T O B V K H H Z V P W Z E B
M I Z R P G V G U Y P H B C I Q A A G M
```

Solution on page 336

Grammatically Correct

```
M E G S R E I F I D O M R H Y M E A H X
W S N Y R V S U B J E C T J E N X P U A
J N I N O I T A Z I L A T I P A C O R W
S E L T B T G B L A R U L P H G L S N S
I T L A J C Y B I C O K S H R N A T K R
M W E X E E H R N L N R N C A I M R I E
I A P P C J F E T A O A O O S M A O T N
L Y S O T D R V E U I M L M E M T P A I
E Z E S U A A I R S T N O P N A I H L M
L H S S U L G A J E I O C O Y R O E I R
B W E E H E M T E L S I I U R G N N C E
A N H S V X E I C C N T M N A A M U S T
L J T S M I N O T I A S E D L I A O E E
L C N I D C T N I T R E S R U D R N S D
Y E E V O O T I O R T U Q O B G K O P A
S W R E I N H U N A W Q T W A M O R I Z
G L A Q R X Q N O I T A U T C N U P L N
H Y P H E N E G H H F S Y R O G E L L A
Z P R E P O S I T I O N A D V E R B E T
Q J S E N T E N C E L P I C I T R A P S
```

ABBREVIATION

ADJECTIVE

ADVERB

ALLEGORY

APOSTROPHE

ARTICLE

CAPITALIZATION

CLAUSE

COMPOUND

DETERMINERS

DIAGRAMMING

ELLIPSES

EXCLAMATION MARK

FRAGMENT

HYPHEN

INFINITIVES

INTERJECTION

ITALICS

LEXICON

MODIFIER

OBJECT

PARENTHESES

PARTICIPLE

PERIOD

PHRASE

PLURAL

POSSESSIVE

PREPOSITION

PRONOUN

PUNCTUATION

QUESTION MARK

QUOTATION MARKS

RHYME

SEMICOLON

SENTENCE

SIMILE

SPELLING

STANZA

SUBJECT

SYLLABLE

SYNTAX

TENSE

TRANSITION

VOCABULARY

WORD

Solution on page 336

Take a Hike

ACRES

BACKPACK

BINOCULARS

BOOTS

CAMERA

CLIMB

COMPASS

DAY HIKE

DENSE

ECOLOGY

EXERCISE

FIRE

GREEN

HABITAT

HAT

INSECT REPELLENT

JUNGLE

LAND

LOGGING

MAP

MOUNTAIN

NATURE

OVERNIGHT

PATH

PINE

PLANTS

PONCHO

PRESERVE

RAIN GEAR

RAIN JACKET

RANGER

SCENERY

SHOES

SNACKS

SOCKS

SUNSCREEN

TOPOGRAPHY

TRAIL

TREK

UNDERBRUSH

VISTA

WATER

WHISTLE

WILDLIFE

WOOD

```
U C Z S H S D D N A L R Y P Q I H E K Y
V W Q T M I H M R G H R Y R P O N C H O
K A Q S R Y Q E N P A T H S E A M P D E
G V B P S E M I C N R S C I C N A L I A
Z D N X A A G D G E H S U R B R E D N U
K D B A C G P E K O W T E E G A N C T A
S B Z I O B R M E A H S I O L E W D S V
Y G O L O C E S O G I E P E J G L T I D
R Q M O Z T S O I C S O S P K N N S K O
U V T U V K E N Q Z T R A I L I T U S O
B S M G C C R I V F L E X V C A H F J W
L I F A J E V E S N E D K K H R N Y Z I
N E N S V T E B K C A P K C A B E T A L
X S P O T H N F F M O U N T A I N X S D
N D V I C E R I D T D V G O O J H C E L
Y R D Z N U R X W A T E R U T A N L X I
W W L T N E L L E P E R T C E S N I O F
C M T A T I B A H I D S E X L T U M A E
Z S N X S C T G R E E N F O W E A B O R
U L S K C O S U N S C R E E N P V G G V
```

Solution on page 336

Music in the Movies

ALAN SILVESTRI

AS TIME GOES BY

BERNARD HERRMAN

CABARET

CHEEK TO CHEEK

DUKE ELLINGTON

FAME

FOOTLOOSE

GEORGE GERSHWIN

GONNA FLY NOW

HANS ZIMMER

IT HAD TO BE YOU

JAMES NEWTON HOWARD

JERRY GOLDSMITH

LEONARD BERNSTEIN

LET THE RIVER RUN

LUCK BE A LADY

MAX STEINER

MY FAVORITE THINGS

RANDY NEWMAN

RICHARD RODGERS

SOMEWHERE

THE ROSE

THE SOUND OF MUSIC

THE TROLLEY SONG

THE WAY WE WERE

THEME FROM SHAFT

TONIGHT

UNCHAINED MELODY

UP WHERE WE BELONG

WHITE CHRISTMAS

```
D K N K S R E G D O R D R A H C I R K P
B R T W J E R R Y G O L D S M I T H G B
W L A J P G N O L E B E W E R E H W P U
H U L W G O N N A F L Y N O W T E G L O
I C A T O N I G H T B E M N H Y S E T Y
T K N F Y H L I L S S A A E D G O O H E
E B S L G P N Z E O X M W O N N U R E B
C E I U E F E O O S R A L I A A N G M O
H A L Q A T G L T R Y E H R H M D E E T
R L V M B E T E E W M T D E A W O G F D
I A E V M O I H E D E B V S N E F E R A
S D S I O N D W E T E N T O S N M R O H
T Y T F E R E N I R G R S R Z Y U S M T
M S R R A R I R N E I J U E I D S H S I
A T I N E A O S F I V V O H M N I W H P
S S R S H V T C A B A R E T M A C I A I
B E N C A E S O M E W H E R E R J N F D
B B N F I G N O S Y E L L O R T E H T K
O U Y N N O T G N I L L E E K U D I W N
P M C H E E K T O C H E E K R D N C R X
```

Solution on page 337

Happy Thanksgiving

ABRAHAM LINCOLN

AUTUMN

BOUNTY

CHIEF MASSASOIT

CORNUCOPIA

CRANBERRY

DINNER

FALL

FAMILY

FEAST

FOOTBALL

GOBBLE

GRATITUDE

HARVEST

HOLIDAY

INDIANS

JOHN CARVER

MASHED POTATOES

MAYFLOWER

MILES STANDISH

NOVEMBER

PARADES

PILGRIMS

PLYMOUTH ROCK

PUMPKIN

PURITANS

RELIGIOUS FREEDOM

SAMOSET

SETTLERS

SQUASH

STUFFING

SWEET POTATOES

THANKS

THURSDAY

TREATY OF FRIENDSHIP

TURKEY

WAMPANOAG

WILLIAM BRADFORD

YAMS

```
M T U S I L Z E W L F T Z W Y C I B I V
A U T U M N V T W T L K P I L G R I M S
S R H N F A M I L Y S R E L T T E S Z Q
H K A L E T Y O L Y Q M L L M P M S V U
E E N O A H W S L R G A R I O L X N K A
D Y K C S U A A A R F Y E A D Y S A J S
P P S N T R M S B E V F V M E M T T S H
O S C I C S P S T B I L R B E O U I W X
T C T L J D A A O N N O A R R U F R R E
A O S M Y A N M O A D W C A F T F U P T
T R E A T Y O F F R I E N D S H I P K T
O N V H N H A E L C A R H F U R N P R M
E U R A U O G I M A N K O O O O G A E S
S C A R O F S H V J S Y J R I C G R B J
A O H B B T B C R E N N I D G K V A M O
M P Y A D I L O H B G R A T I T U D E P
O I Q H H S I D N A T S S E L I M E V W
S A P S W E E T P O T A T O E S J S O I
E L B B O G S D Z L Y S G A R K Q O N F
T M T T V E G W P U M P K I N F P Z C P
```

Solution on page 337

Biology 101

ADAPTATION

ANAPHASE

BACTERIA

BLOOD

BONE

BOTANY

CARCINOGEN

CELL

CHROMOSOME

CLASS

DECAY

DISSECT

ECOLOGY

EGG

ENVIRONMENT

EVOLUTION

EXPERIMENT

FAMILY

FERTILIZED

FUNGI

GENUS

HOMEOSTASIS

HYPOTHESIS

INTERPHASE

KINGDOM

LIFE

MARSUPIAL

METABOLISM

METAPHASE

MITOSIS

MUTATION

NATURAL

NUCLEIC ACID

ORDER

ORGANISMS

PHYLUM

PLASMA

PROTISTA

REPRODUCTION

SCIENTIFIC METHOD

SPECIES

TAXONOMY

TELOPHASE

TISSUE

```
S K N E A A Y R P I L B O O V S M Q V T
A U D S B X Z L Q B I X R R T D D A J C
M E T A P H A S E N F D O O L B A V D E
D E G H T S A H O M E O S T A S I S W S
V P T P M I N T E R P H A S E I C E P S
S H K A G W S E N O I T A T P A D A F I
I Y I N B N N S E J F E R T I L I Z E D
S L N A T O D N U N Y M O N O X A T V N
E U G M B I L O W E V C Y G F X P T O A
H M D A T T D I C A C I E L C U N P L T
T O O R E A S T S C G F R D I E N N U U
O Z M S L T Q C W M T I F O M M E G T R
P L L U O U Y U N G R T A I N G A U I A
Y L I P P M G D T R G N R D O M H F O L
H E W I H I O O J H D E V N B K E V N E
A C S A A T L R I V P I I B O T A N Y K
W V L L S O O P H X W C P R O T I S T A
G A F A E S C E E C R S M S I N A G R O
G E N U S I E R K A I R E T C A B J B X
H N Z G V S D E C A Y S G P A A V R V Y
```

Solution on page 337

Titanic

BEST PICTURE

BILL PAXTON

BILLY ZANE

BROCK LOVETT

DANNY NUCCI

DIAMOND

DRAWING

ENGAGEMENT

ENGLAND

FORBIDDEN LOVE

FRANCES FISHER

GLORIA STUART

HEART

ICEBERG

JACK DAWSON

KATE WINSLET

LEONARDO DICAPRIO

LIFEBOAT

LUXURY

MARRIAGE

OFFICER

OPULENCE

PASSENGERS

ROSE

SINK

SOS

STEERAGE

STEWARD

TREASURE

WATER

WHITE STAR

```
C M B Q G T F C G P Y J S I X I I W C P
F M Z U X A D R A W I N G U S O F F X A
E T C B C O E S D B O V H O G K J K O Z
G R G Q B B S K J I C C U N Y N N A D E
A E Z W E E V O L N E D D I B R O F N S
R A A C N F S V E Z O N O N E I T M A U
E S I G G I Y T O R O S E Y R U X U L D
E U E P G L Y O P M R P P P E I A S G I
T R V E K L P Y A I C E A U H T P N N L
S E A T A U O I K N C C C Y S W L Y E W
G G A T L T D R O A I T S I I X L M O J
B U P E S G S S I D T J U O F T I M S Z
X I N V A E W H O A H E E R S F B A A Q
H C L O B A T D E I S R W P E D O R H G
E I G L D D R I Y A R T E I C V S R M T
N F Y K Y A A K H O R O U T N G T I Z S
O I C C N Z D R A W E T S A A S M A N E
T A T O T Q A E C M D V A H R W L G G K
J E E R F O W N O H Q V X U F T E E W L
D L A B T N E M E G A G N E A P N J T L
```

Solution on page 337

Baseball Names

ABNER DOUBLEDAY

BARRY BONDS

BIG MAC

BILLY MARTIN

BILLY WILLIAMS

BLEACHER BUMS

BRONX BOMBERS

BROOKS ROBINSON

CAL RIPKEN

CASEY STENGEL

DON DRYSDALE

ERNIE BANKS

GASHOUSE GANG

GAYLORD PERRY

GOOSE

HACK WILSON

HAMMERING HANK

HONUS WAGNER

JACKIE ROBINSON

JOLTIN JOE

JOSE CANSECO

```
W S A N D Y K O U F A X P E T E R O S E
K M R H R J Y E F F I R G N E K B Y T J
D A R B L E A C H E R B U M S Q V H Q C
R I E A A S G C J O S E C A N S E C O L
E L B R B R O O K S R O B I N S O N A S
V L I R N E O J B I L L Y M A R T I N K
A I G Y E G S V I F E S J Y E K G L C N
E W O B R N E Y L M J R H R X N A S A A
S D Y O D I C R L I S E O E E A S U S B
M E H N O F E R Y C Y B N B G H H L E E
O T A D U E R E W K A M E O I G O T Y I
T J C S B I I P I E M O K T A N U A S N
E O K B L L W D L Y E B P C P I S N T R
K L W I E L G R L M I X I O L R E O E E
C T I G D O C O I A L N R R E E G F N E
O I L M A R M L A N L O L M H M A S G W
R N S A Y R K Y M T I R A P C M N W E E
E J O C C Z R A S L W B C X T A G A L E
H O N U S W A G N E R S T I A H L T K P
T E B E I L M Y D O N D R Y S D A L E N
```

KEN GRIFFEY JR	SATCHEL PAIGE	
MARK MCGWIRE	SULTAN OF SWAT	
MICKEY MANTLE	TED WILLIAMS	
MR CUB	THE ROCKET	
MR OCTOBER	THE SAY HEY KID	
PEEWEE	TOM SEAVER	
PETE ROSE	WILLIE MAYS	
ROLLIE FINGERS	YAZ	
SANDY KOUFAX	YOGI BERRA	

Solution on page 337

It's Greek to Me

ACCENTS

ALPHABET

BETA

CHI

DELTA

DIACRITICS

EPSILON

FRATERNITIES

GAMMA

LAMBDA

LOTA

OMEGA

OMICRON

PHI

QOPPA

RHO

ROMAN

SAMPI

SAN

SCRIPT

SIGMA

SORORITIES

SYMBOLS

TAU

THETA

UPSILON

VOWEL

WRITING

ZETA

```
J F J I V G Z J L S F M D Z S L W P A K
Q V O O H C G O G S D E T E B A H P L A
N W D A L S T I S P J H I G S J G D X Q
F C L C X K D O Z C A T I E U D C E F R
B X J W S B T N X J I S I G M A K L M V
S N I K L V R F S R R T S O C C P T L O
A X J F K W D F O D I V I L A M M A G X
Y J U B F W X R X N Z B V R O A M J N N
W G B M M L O V R N J E M T C B O E O I
Q W T E I S E E P I X Y T C D A M L L I
R U G L T O T W J Z O H E A P O I Y I V
D O O Z W A P P O Q B N N R Z S C D S S
H L C M R P I H C V T S A M P I R E P O
A P P F I V R S Z S C C S E A T O L U C
W N X H T S C Z E E O H R O M A N Y E X
S X U A I N S P T E L T F L K X T W G G
N C U B N W B P Z F K C D Y L A Z E T P
T J E G G D X G X S B X H D U K D D H S
Z I H Y W Z B C K G N Y W N Y Q R I G T
C T J X S G B M K J A T N U Q Y O Z K W
```

Solution on page 337

Psych-Out

ABNORMAL

ANALYSIS

BEHAVIOR

BF SKINNER

BRAIN

COGNITION

COUNSELING

DELIRIUM

DEPRESSION

DEVELOPMENTAL

DISORDERS

DREAMING

```
M T O N Z X D E L I R I U M T E C Y U B
C T N E I T A P T R A N S F E R E N C E
U R G U J X E J P S F E C N E I C S I H
A N L R T E M R E S I L O H S O I U N A
O O A O L J O X I A A A U I N S L O E V
N I I S X C U S B C N T G S Y A I I R I
C T C I E A O N I O D M C L T T K C H O
O O O S L N O G I E U I A N A A D S P R
U M S I P R O T P N O N E T D E N N O T
N E T Y M L P R D U A M N P R O O O Z H
S Y H A O E E F S L P E D E E G I C I E
E Z L R C S R G A O M A U R A E S B H R
L J U R S E E N L I W Z A S M G S U C A
I E E I U M I E R P D P L O I D E S S P
N P O D P M V E B F S K I N N E R N C Y
G N N A I E P S Y C H E S A G L P Y N Y
M I T L D X H T L A E H M L S W E D M G
M H B R E L A T I O N S H I P O R U B P
Y U J C O G N I T I O N D T R N I A R B
S R E D R O S I D E G Z E Y B K O I J S
```

DUALISM

EGO

EMOTION

EMPATHY

EXPERIMENTATION

HEALTH

HYPNOSIS

KNOWLEDGE

MIND

NEUROLOGICAL

NEUROSIS

OEDIPUS COMPLEX

PATIENT

PERCEPTION

PERSONALITY

PROCESSES

PSYCHE

RELATIONSHIP

REPRESSION

SCHIZOPHRENIC

SCIENCE

SEXUALITY

SIGMUND FREUD

SLEEP

SOCIAL

SUBCONSCIOUS

SUBLIMINAL

THERAPY

TRANSFERENCE

UNCONSCIOUS

Solution on page 338

That's Rich

```
S E O T G O Y E G G B M S C A D E O E F
I N L F H L E K C N N O A X R B O F F O
H O Y C P E F F C C I I O M G A L O R E
D U K V F X Y C K U C V M M P Y L U G K
Z G N I H S I R U O L F I E I L C Z V F
W H R B D O W N M L S U O R E N E G V T
E D E C E N T F P P U U I W H T G Q O Y
L P P K G T O J O R B X C V O T M W L F
L R Z L A R T B P R O D U C T I V E U L
H I Z C T E Y E B S T F E R E F Q L M S
E V Q A N T N F R U L U I Y I S L Z I C
E I B P A A P S A O U U I T E A S Q N I
L L T B V U H C Q R F S F T A N N F O F
E E N N D Q G O E E T F E I O B O T U I
D G A J A E L P P P I S L L T U L M S L
A E P K Y D A I X S U C I O I N S E X O
M D M G R A N O F O R T U N A T E M Y R
Y M A R E P M U B R F L U S H D R L L P
J D R N M B C S B P R O F U S E E E P F
O E R W D E R O V A F L E F B P Q D F I
```

ABUNDANT

ADEQUATE

ADVANTAGED

AMPLE

BETTER OFF

BOFFO

BOOMING

BUMPER

COMFORTABLE

COPIOUS

DECENT

ENOUGH

FAVORED

FERTILE

FLOURISHING

FLUSH

FORTUITOUS

FORTUNATE

FRUITFUL

FULL

GALORE

GENEROUS

GOOD

LOADED

LUCKY

LUXURIANT

MADE

MONEYED

PLENTIFUL

PRIVILEGED

PRODUCTIVE

PROFITABLE

PROFUSE

PROLIFIC

PROSPEROUS

RAMPANT

RIFE

SUCCESSFUL

TEEMING

THRIVING

VOLUMINOUS

WELL HEELED

WELL OFF

Solution on page 338

It's All Good

ADEPT

AMAZING

ASTONISHING

ASTOUNDING

AVID

AWESOME

BANG UP

BENEFICIAL

BREATHTAKING

DANDY

DEAR

DEPENDABLE

EAGER

EFFECTIVE

ESTIMABLE

EXCELLENT

EXPERT

FANTABULOUS

FIRST CLASS

FULL

GREAT

GROOVY

HONORABLE

JUST

KEEN

NIFTY

OUTSTANDING

PEACHY

PRACTICED

PROFICIENT

RESPECTABLE

RIPE

SAFE

SALUTARY

SECURE

SERIOUS

SKILLFUL

SMASHING

SOUND

SWELL

UNSPOILED

UPRIGHT

ZEALOUS

```
U Z H V E S T I M A B L E D P C T B S Y
V E S C I U N S P O I L E D T J R A D R
N A O J A W E S O M E U E E U Z S N O V
A L U F L L I K S A C C X S P T A G F B
A O N X M E C F Q P I P T U O D F U L O
U U D H K A I U I T E P M N I L E P N I
Z S W E L L F K C R E V I T C E F F E I
Z F E F O F O A T D S S E C U R E S L Q
P N T T D B R E A T H T A K I N G P B W
R E G A E P P V D I G E C E U O P E A F
O T Y P P E F A N T A B U L O U S N R H
X E Y H E X H G Y H S R U B A T X L O Z
V D S D N C Z R A G T S N A M S C T N K
T U W I D E Y O R I O A R T A T S Z O J
I F F V A L H O C R U L O C Z A E X H W
H T H A B L C V W P N U F E I N R A E D
Y Z Y L L E A Y E U D T U P N D I X P T
R Q V B E N E F I C I A L S G I O P I A
B G R E A T P O S P N R L E K N U E R Z
N F Z S M A S H I N G Y H R Y G S V S F
```

Solution on page 338

World Wide Web

APACHE

APPLET

ASCII

BANDWIDTH

BLOG

BROADBAND

BROWSER

COOKIE

CYBERSPACE

DNS

DOMAIN NAME

DOWNLOAD

DSL

EMAIL

EXPLORER

FIREFOX

FTP

HOMEPAGE

HTTP

HYPERTEXT

INTERNET

IP ADDRESS

```
M Y Z G I O T D K D F D X K E T F D I G
W F P T B G I W T V Z T S A C D O P I S
X T A X Q U P L O A D E V L B C N S I K
Z N R E E M A N N I A M O D Y V N W M X
B K O T Q U D I U R L W E B P A G E T I
U A T R I Y D B C E T T E U Q I T E N N
K B A E B M R H P U O R G S W E N Z N E
A R G P L P E W E B S I T E L P P A H R
P Z I Y O N S W E P A W D U D R A C E R
J J V H G B S B A N D W I D T H A S S U
T G A I B J P C M R Y W N L H P W Z T E
A T N P X P E O E D N A B D A O R B D B
T E H A A X D F E X S E A W R D D V E X
R N M S Y E O A F M P E R B S C U G R I
Y R S S M Y R F O B A L R C C I A S O M
T E P W O V R Z E L E I O V O P T T H W
Y T D O G E I R B R N Z L R E O Z H W B
F N R R V L F W E C I W O M E R K H N J
Y I T D L Y E S V J T F O S O R C I M Z
S A F A R I I C S A S H P D N S F V E L
```

JEFF BEZOS

JERRY YANG

MICROSOFT

MODEM

MOSAIC

MOZILLA

NAVIGATOR

NETIQUETTE

NEWSGROUP

PASSWORD

PODCAST

SAFARI

SEARCH ENGINE

SERVER

TIME WARNER

UPLOAD

URL

WEB PAGE

WEBSITE

WWW

Solution on page 338

The Land Down Under

ABORIGINES

AYERS ROCK

BLUE MOUNTAINS

BRISBANE

BROLGA

BUSH

CANBERRA

COMMONWEALTH

CONTINENT

CORAL SEA

CRICKET

DARWIN

DERWENT RIVER

EMU

EUCALYPTUS TREE

GOLD COAST

GREAT BARRIER REEF

GREEN ISLAND

GULF OF CARPENTARIA

INDIGENOUS

JAMES COOK

JELLYFISH

KAKADU

KANGAROO

KOALA

KOOKABURRA

MELBOURNE

NEW SOUTH WALES

NULLABOR PLAIN

OPERA HOUSE

OUTBACK

PENAL COLONY

PERTH

PLATYPUS

PORT ARTHUR

SOUTH AUSTRALIA

SWIMMING

SYDNEY

TANAMI DESERT

TASMANIA

TORRES STRAIT

ULURU

WALLABY

WOMBAT

```
A I N A M S A T G F W O M B A T K T Y B
B I C O M M O N W E A L T H T R E P E A
O U R U L U G R E E N I S L A N D N N G
R H U A U U O P E R A H O U S E A U D L
I T H E T T A Y E R S R O C K M R L Y O
G N T S I N J A M E S C O O K U W L S R
I E R L A E E B R I S B A N E R I A Y B
N N A A R W P P C R I C K E T R N B T L
E I T R T S S A R R U B A K O O K O R U
S T R O S O E U C A L Y P T U S T R E E
U N O C S U H S U B C A L A O K U P S M
O O P A E T O O S T O F L P K E E L E O
N C L N R H P E N A L C O L O N Y A D U
E K A B R W Z C J E L L Y F I S H I I N
G A T E O A U W W R Y B A L L A W N M T
I K Y R T L K A N G A R O O U U B C A A
D A P R R E V I R T N E W R E D G N N I
N D U A V S O U T H A U S T R A L I A N
I U S W I M M I N G G O L D C O A S T S
F N W X E N R U O B L E M O U T B A C K
```

Solution on page 338

National Capitals

AMSTERDAM

ANKARA

BAGHDAD

BRUSSELS

BUCHAREST

BUDAPEST

BUENOS AIRES

BUJUMBURA

CAIRO

CAPE TOWN

COPENHAGEN

DAMASCUS

DUBLIN

FREETOWN

GABORONE

GEORGETOWN

GIBRALTAR

HAVANA

HELSINKI

ISLAMABAD

JAKARTA

JERUSALEM

KATMANDU

KUALA LUMPUR

LA PAZ

LIMA

LISBON

LONDON

MADRID

MANAMA

MAPUTO

MEXICO CITY

MOSCOW

NAIROBI

NASSAU

NIAMEY

NICOSIA

OSLO

OTTAWA

PARIS

PHNOM PENH

ROME

SAN JOSE

TIRANA

```
N N W S E K J A D Z J O O I A N A R I T
I F B A M A N A M M A D R I D A T W H N
A R H L K O R T L G L P Y Z U S I R A P
M E A A G A M S T E R D A M A S C U S C
E E R I K K N I C O S I A L C A I R O D
Y T L N D Y O P E R A R U B M U J U B K
A O A A F W T Q S G T U U I A J E R I I
N W Q K S T B I K E T E N M N M U R K A
A N N U U C B C T N D X E O S A C N J
V C O O A A R O S O Z X N R S K E L I J
A R Y T B I L E S W C O T E H Y S W S N
H A K D T S R A J N R I L S N W O B L I
P T M W V A I O L O I S X S E E J A E L
R L A O H R W L B U X J C E P P N G H B
X A P C E T W A W I M H U N M E A H N U
E R U S N E G A H N E P O C O F S D R D
F B T O X K A T M A N D U S N D J A U N
M I O M J D T L D L X M L R H B N D P B
U G L E D R B S J L R O C A P E T O W N
U H H U A J W W K N W I K W C A M I L Y
```

Solution on page 338

School Rules

ADVISOR

ALGEBRA

BASEBALL

CAFETERIA

CAP

CELEBRATE

CHORALE

COLLEGE

COLOR GUARD

COMPOSITION

CRAM

CUSTODIANS

DEGREE

DETENTION

DOCTORATE

EXAM

FAIL

FIELD TRIP

FOOTBALL

FOREIGN LANGUAGE

GEOGRAPHY

GPA

GRADUATION

HEALTH

JUNIOR HIGH

LEARN

LITERATURE

MIDTERM

MINOR

NOTEBOOK

ORCHESTRA

PASS

PEP RALLY

PREREQUISITE

PRINCIPAL

PROCESSION

READING

RECESS

ROBE

SENIOR

SHOP

TEACHERS

VALEDICTORIAN

```
P E P R A L L Y J K B I Y V K G C O A W
K N E L A R O H C O L L E G E E R G E D
F A H I C O T W E T A R B E L E C E C L
I O Y A S B A S E B A L L V G Z M A J B
A W A F G C A F E T E R I A Y F C E P S
L L V H H T L A E H V P U L I Q T H N R
J U N I O R H I G H C G Z E K I U A W E
V N O V V R L E A R N R L D S F I E I H
N O I T N E T E D A C D O I D D T L M C
L T T P O J W D L R T O U C O A I A G A
Q E I Y I M I N O R G Q L T R T R R S E
T B S H S X G H I N E A S O E C A B S T
V O O P S I S P I R P U T R R D R E S D
V O P A E L S D E I C C A I U G B G E M
F K M R C J A R C F O T A A T O U L C R
V B O G O E P N E D U F T N R I R A E E
U F C O R I I A W R K I A D V I S O R T
U C C E P R N C E F O O T B A L L M G D
V H N G P Y N E I N E Z E Y D N M Z P I
I G G H Q P O H S A Y G Y O Q X E X A M
```

Solution on page 339

All Sewed Up

```
H E E T Z K A J F V O L L I P N Y N A P
L T P G T W V B O I H E H M U S L I N I
D M H P R I A P R U O T N O C T M E P V
Y I A R D E N A Q N W T A C K I N G K O
U T B E E F S T A B I L I Z E R M E G T
E E O S S A N C E C I D O B R E B M U I
J R B H K T D H M R W R Y K I H E B C N
Z Z B R C D U W F M F O S H N T A R A G
W K I I A O X O A X R A N C G A D O N N
X H N N T R S R C E H E C T F G I I D I
H P O K K O F K M T E Z C I D F N D L R
K H T I C D Z B O D B H R T N I G E E U
Z E C N A W O L L A M A E S L G T R W T
U M H G B S C E S E E Y W R M S U Y I U
K M E P S Y P T N L V I E E A W C C C S
V I S I R O I D B R C T L D E U K V K U
I N N R I N W M E W N W W N S I I N G J
S G E N G B I N D I N G O U N H N O V N
B T T B V H P H H Q D Q R G I E G U A G
S V C Z T V Q B S M O C K I N G A L G N
```

BACK TACK

BASTING

BEADING

BINDING

BOBBIN

BODICE

CANDLEWICK

CONTOUR

CREWELWORK

EMBOSSING

EMBROIDERY

GATHER

GAUGE

HEMMING

INSEAM

INTERFACING

INTERLINING

MEND

MITER

MUSLIN

NAP

NEEDLEPOINT

NOTCHES

OUTSEAM

PATCHWORK

PILL

PIVOTING

PRESHRINKING

PUCKERING

SEAM ALLOWANCE

SERGE

SMOCKING

STABILIZER

SUTURING

TACKING

TERRY CLOTH

THIMBLE

THREAD

TICKING

TUCKING

UNDER STITCH

Solution on page 339

It's a Jungle Out There

AFRICA

AMAZON

ANACONDA

ANIMALS

ANTEATER

BANYAN

BIG CATS

BOA CONSTRICTOR

CLIMATE

CONCRETE JUNGLE

DENSE

ECOSYSTEM

ENVIRONMENT

EQUATOR

FERNS

FROGS

GIBBON

HOT

HUMID

IMPENETRABLE

LEMUR

LEOPARD

LIZARDS

MONKEY

MONSOON

NATURAL

NEW GUINEA

PLANTS

PYTHON

RAINFALL

RAINFOREST

RIVERS

SLASH AND BURN

SLOTH

SNAKES

SOUTH AMERICA

SPECIES

TARZAN

TERMITES

THUNDERSTORMS

TIGER

TOUCAN

TREES

TROPICAL

VEGETATION

```
H K U B G L P A J Q B I G C A T S M U H
W Y O F S R E V I R U M E L N O H T Y P
H P W E S M R O T S R E D N U H T I K K
C I P R R J E T P J G N G T H C Q G M P
T T L N O A Y T G A O O H K O E Z E O L
C T B S V T I Z S B R A R N T N S R N A
N Q P R S E C N B Y M D C F Q V P T K N
N O O H O X G I F E S R S E T I M R E T
S S Z Z O T G E R O E O I T M R S O Y S
O L O A O E A I T T R A C P A O L P S E
K F A Y M F C U E A S E E E D N A I E B
Q K R M B A R J Q R T N S F N M S C E N
X H U M I D U S A E E I O T O E H A R B
D S E K A N S D F T Z U O C C N A L T A
O F L T G C A R R A Q G X N A T N S A N
S Q B L J Q G A I E V W H J N O D L R Y
I D E N S E B Z C T M E N N A X B O Z A
E T A M I L C I A N V N I L A R U T A N
S E I C E P S L L A F N I A R H R H N Z
I N H U R F W T O U C A N O O S N O M U
```

Solution on page 339

Trick or Treat

```
X D I Y W X P F P C V W W E B S H K F P
Q G S R E D I P S L U O H G V D C L N H
S T N O I T O P I F Y P E E R C O A C I
T L I I N V I S I B L E M A N W B T R T
P L L R B I U L G X K H C F E C A N D Y
T A B E I B G P H O O U Y R E P N I R C
S F O A P P O H R L L R E I W T S V Y P
H W G K P S S B T A E W F G O P H O K C
H S E S U O H D E T N U A H L Y E B I N
O K D I A I Y L E L L K G T L R E Y T S
T E A H R I B M E L P I R E A C N E X I
V L R S C D E R M W R P O N H H O T F Z
F E E E A C T O O E B B A I Y O T Q V A
Y T U R U D O R B O L J N N K C S A G J
Z O Q I L N C O N A M E I G O O B W B O
U N S P D E T E C E M S I S O L M Y L K
Q O A M R C S K A I P N T X P A O D N M
S S M A O L C O F F I N A I S T T B U I
C B C V N A H S E M U T S O C E B E S H
R S R E T S N O M U M M Y I M K L T Q J
```

APPLE BOBBING

BANSHEE

BAT

BLACK CAT

BONES

BOOGIE MAN

BROOMSTICK

CANDY

CAULDRON

CEMETERY

CHOCOLATE

COFFIN

COSTUMES

CREEPY

CRYPT

DRACULA

FALL

FRIGHTENING

FULL MOON

GHOULS

GOBLINS

GROAN

HALLOWEEN

HAUNTED HOUSES

INVISIBLE MAN

MASQUERADE

MOAN

MONSTERS

MUMMY

NIGHT

OCTOBER

PATCH

POTION

PRANK

SCARECROW

SCARY

SKELETON

SPELLS

SPIDERS

SPIRIT

SPOOKY

TOMBSTONE

VAMPIRES

WEIRD

WEREWOLF

Solution on page 339

Rhymes with Pine

ASSIGN

BENIGN

BRINE

COMBINE

CONSIGN

DECLINE

DEFINE

DESIGN

DINE

DIVINE

ENSHRINE

ENTWINE

INCLINE

MALIGN

MINE

NINE

OPINE

REFINE

RESIGN

RHINE

SHINE

SINE

SPINE

STEIN

SUPINE

SWINE

THINE

TINE

TRINE

WHINE

```
G Y L T E L X Q M K Q W D S S P F L N T
P P P A P N F M G G A S F P L D R K R H
R D X K M U I E S E Q E L H X N B I R U
F M U P H S V N N I N K W E A F N I O W
P Z U N W E F I E I L I L I G E R O Z I
S Y T P Z X W M D Q Q Y V M N Y M E Y W
J U N F E S I H I T X F O I R C B N O H
C L D R L C A P Z U A H F E D G L G J I
D C F Q U M C L P U W E M K M A L I G N
X W X R A C N L M I D G N P A V G S N E
G U D M K D G T N I E T S I J I Z S I E
L T T D B W I F P G E R B J H B U A N T
A N B T P N S H V N I E B E L R C T H T
M M S C E R E N I R H S N E N W W I Y X
R O J W S N D B I E W B N O P I N E N Z
K B Z Q I U M T U F R U B O N E G G N X
P V P H T O R R U I P C D E C L I N E E
B D S O C A Q C N N E N I P U S P I N E
B G Y T P Y W E N E K B E C E K V I G I
U E X X Y I K N R E O B T R Z P S C K G
```

Solution on page 339

Winter Wonderland

BLIZZARD

BOOTS

CHRISTMAS

DECEMBER

DOG SLED

DORMANT

FEBRUARY

FREEZING

GLOVES

HAT

HIBERNATE

HOCKEY

HOT CHOCOLATE

ICE SCULPTURES

ICE SKATING

IGLOO

JANUARY

MELT

MITTENS

OLYMPICS

OVERCOATS

POWDER

ROCK SALT

SCARF

SLEIGH

SLIPPERY

SLUSH

SNOW BLOWER

SNOW CAVE

SNOW FLAKES

SNOW TUBE

SNOWBALL

SNOWBOARDING

SNOWDRIFT

SNOWFALL

SNOWMOBILES

SNOWPLOW

STORM

TREES

TUBING

WHITE OUT

WIND CHILL

WINTER

WOODS

```
S D A S N O W F A L L S S I R O C C S U
K E R T N A M R O D P L C C J V V T I O
O Z K A U O V T A S E E R T A E O U Y L
D D Y T Z B W Y R T S I F E B R U A R Y
M N H J A Z I T A C D G K X M C F W A M
G E C K O P I N U O P H Y E W O L U U P
H V L H S S R L G B R O C K S A L T N I
F A H T O E P S B R E D W O P T A F A C
I C T T B T L L I H C D N I W S B I J S
S W S I U E C I W H S Y X B N E W R W N
D O H R D L O H B N S A K O G K O D Q O
O N E O J M I L O O N U W O N A N W L W
O S W X I T I W M C M B L T I L S O Y P
W I N T E R B T D K O W A S T F E N C L
K X O O D L Y G T A O L O S A W V S E O
M D U J O E I N R E S E A N K O O F Z W
Z T D W K R E D Q K N J U T S N L R F T
L B E C H R I S T M A S J G E S G M M J
E R O E G N I Z E E R F D E C E M B E R
N H J I G L O O N S W Z S L I P P E R Y
```

Solution on page 339

X Words

XANTHAN

XANTHATE

XANTHENE

XANTHOPHYLL

XANTHOUS

XEBEC

XENOBIOTIC

XENOGAMY

XENOGENY

XENOGRAFT

XENOLITH

XENOPHOBIC

XENOTROPIC

XERARCH

XEROGRAPHY

XEROPHTHALMIA

XEROPHYTIC

XEROTHERMIC

XEROTIC

XERUS

XIPHISTERNA

XIPHOID

XYLENE

XYLIDINE

XYLITOL

XYLOCARP

XYLOGRAPH

XYLOPHAGOUS

XYLOPHONIST

XYLOTOMY

XYSTERS

XYSTUS

```
J F E T A H T N A X A N T H O U S A L Q
W W S F Q E S E Z B H K S K A P K Z Q T
N M A A X A Y R J C I T O R E X B M T W
Z X N R K G S U R E X X Y S T E R S R A
F Y R G X C Y A N C I B X X L X W H A N
D L E O U E R J H P I Y E N Y B P T R L
T O T N B E N Y H P C T R L U H E I B O
A C S E X S U O G A H P O L Y X N L R T
M A I X C Y I T G Y X G T I J E E O A I
L R H B A D L F M E R B H P B R H N I L
W P P B O N D O R A N X E S N O T E S Y
X O I L C H T O P V N Y R F K G N X L X
O J X E R O P H T H A L M I A R A E A Y
Y C B X L H W O O Z O E I E Q A X N X S
F E J Y Y C S U N P H N C G N P T O K T
X M X T W J Y I P E H E I U P H W G Z U
Q C I P O R T O N E X Y O S A Y A A J S
I C D O J L Z Q W V P S L N T E B M L Q
J I G Z Y J Q R E N I D I L Y X L Y P Q
R L S Y V Q H H Y Z U A O Z T K H H H A
```

Solution on page 340

What Time Is It?

ATOMIC

AUGUST

BIG BEN

CALENDAR YEAR

CUCKOO

DAY

DECADE

ELECTRIC

FALL

FINANCIAL YEAR

GENERATION

GRANDFATHER

HOURS

JANUARY

JULY

JUNE

MARCH

MAY

MICROSECOND

MILLISECOND

MINUTES

MONTH

NOVEMBER

OCTOBER

PICOSECOND

POCKET WATCH

PRECISION

QUARTZ

SCORE

SEPTEMBER

SOLAR YEAR

STOPWATCH

STRIKE

SUMMER

SUNDIAL

TIME CLOCK

TIMER

TOWER

WALL

WEEK

WINTER

WRISTWATCH

```
E V K T O I P X E R B Y T A H C R A M V
Z Z L F U Y R A U N A J O R C O W Z P W
R S E X F W E N Z D T O A S T C U R W A
J J S A I A C P O C K E T W A T C H C V
M F I N N L I K E C Y R Z W W O M C O P
W Y T R A L S B U R I F R A T B L L A N
Z E Y Q N D I C A K H E Z S S E A V K D
R B L Y C D O D E T H B U T I R I H C Q
X Z K L I L N E N T I M I L R Q D Y O X
B F P C A E W O A G M K A G W A N T L N
F S R V L F M F C E E S O U B C U B C O
Y O N A Y R D J R E B M E T P E S Q E V
L K C L E N P I C O S E C O N D N E M E
R U U W A Y P R C D N O C E S I L L I M
Q J O R R A R N O I T A R E N E G E T B
Z T G Q H C T A W P O T S C T U Y C S E
Y A L O U L M O L S E T U N I M J T U R
X Q U X M K D W M O D I P G M M A R G V
E R O C S R A X K I S K V E E A F I U R
S I Y Q J X Q N D E C A D E R Y L C A K
```

Solution on page 340

In the Park

AMPHITHEATRE

ARTISTS

BASEBALL DIAMOND

BASKETBALL COURT

BIKERS

BLANKET

CHILDREN

CLOWNS

DODGE BALL

DRINKING FOUNTAIN

FERRIS WHEEL

FIREPLACE

FLOWERS

GAMES

GARDEN

GAZEBO

GRILL

ICE CREAM

JUGGLERS

KITE

LANDSCAPE

LAWN

LEMONADE

MERRY GO ROUND

OBSTACLE COURSE

PADDLE BOATS

PAVILION

PLANTS

POLICE OFFICERS

POND

POOL

ROLLER BLADES

ROSES

SEESAW

SHADE

SHELTER

SKATEBOARD

SLIDE

SOCCER FIELD

SWIMMING

TABLES

TENNIS COURTS

TETHERBALL

TRASH CAN

```
N Z I C F X A P O V K G A A E E T S T X
E U P O N D L L A B E G D O D H I E G D
D N U O R O G Y R R E M B I P B G S N R
R A Q N L E T A B L E S L D I T T O I I
A C Q E A I X W E W T S S K E R M R M N
G H T R U O C L L A B T E K S A B S M K
A S T D C I M E C H N R N G I F T D I I
M A T L L S A L O A S A R D E R M L W N
E R E I E H E F L F L D L R U F S E S G
S T T H M C R P Y B F L R O H R R I D F
W S H C O J C Q X P A I C L E T H F R O
F S E U N P E N A B S S C L A V E R A U
I T R S A O C V E W I L G E X W P E O N
R S B R D O I S H N O G H R R A A C B T
E I A E E L A E N W U T G B G S C C E A
P T L W I B E E N J I S R L A E S O T I
L R L O N L T S R H O H I A Z E D S A N
A A N L W I L A P N W A L D E S N F K J
C P S F K F Q M P A D D L E B O A T S C
E D Q N B W A R E T L E H S O K L S J K
```

Solution on page 340

A Sporting Chance

BACKGAMMON

BADMINTON

BASEBALL

BIKING

BILLIARDS

BOATING

BOBSLEDDING

BOWLING

BOXING

BULL RIDING

CRICKET

CROQUET

CURLING

DISCUS

DIVING

DOWNHILL SKIING

FENCING

FIGURE SKATING

FOOTBALL

GYMNASTICS

HAMMER THROWING

HANDBALL

HORSE RACING

HURDLING

ICE SKATING

JAVELIN

LACROSSE

MOUNTAIN CLIMBING

PING PONG

POLO

POOL

RUNNING

SHOOTING

SOCCER

SOFTBALL

SPEED SKATING

SQUASH

STICKBALL

SURFING

SWIMMING

TABLE TENNIS

TRACK AND FIELD

VOLLEYBALL

WATER SKIING

```
Z H A N D B A L L A C R O S S E N I S R
M B D O H D O W A T E R S K I I N G U U
I G S M G J O A S G N I L W O B S N C N
B N C M N F H W T I W N O V V A D I S N
G I I A I X E G N I N D O M I S R B I I
N L T G T L F N R H N N P W R E A M D N
I D S K A L G I C B I G E L I B I I C G
T R A C K A N D F I E L D T C A L L R N
O U N A S B I D W K N K L R E L L C I I
O H M B D Y T E V I X G O S S L I N C C
H D Y A E E A L V N M Q S Q K L B I K A
S I G D E L K S U G U Q I R A I K A E R
U V N M P L S B R E C C O S T M I T T E
R I O I S O E O T B U L L R I D I N G S
F N P N L V R B S W I M M I N G R U G R
I G G T B C U R L I N G U B G O L O P O
N W N O Q B G N I W O R H T R E M M A H
G O I N S T I C K B A L L A B T O O F V
X Q P D S O F T B A L L N I L E V A J W
G N I X O B S Q U A S H L D S E D T W Z
```

Solution on page 340

Talk to a Lawyer

```
B S P W B W P L L I A B I L I T Y L H S
N U W G X X N Q N C E T A C O V D A C N
D M L R X R X O O S T S U R T J M S C H
U M T I O A R E I M A O L C R J T E O Q
Z O P N T N B G T T X N F N T I Q T U C
E N Z P E I G M C O U M T B V W S A N O
K G G N R M G F A R A C C I D E N T S P
T V U I H O E A U T N O E L T P I S E Y
Q C X E A Q B L T L S M J S E R E E L R
E C R H L R A O T I D P E E O N U X O I
P Y I E H A R C N T O E T C T R Q S R G
X R R T Y N W A Q O E N A I N N P X T H
W F T E E W B S D U G S W T B E N C H T
P I E Y T P A D C T I A J C H P D O Z K
D L L D S A H L J H C T R A B E D I S A
U E S L J T I K E M O I I R B K S O V S
A C C U S E C N X U C O R P O R A T E E
S U D E N N R A E W S N L L T R I A L S
J G E T C T D J G R I E V A N C E E F A
E F S P C P P M S Q C R I M I N A L F C
```

ACCIDENTS

ACCUSE

ACQUIT

ACTION

ADVOCATE

ANTITRUST

ARRAIGN

ATTORNEY

BARRISTER

BENCH

BRIEF

CASES

CITE

CLIENTS

COMPENSATION

COPYRIGHT

CORPORATE

COUNSELOR

CRIMINAL

ESTATES

EVIDENCE

FEES

FILE

GRIEVANCE

JUDGE

LAW SCHOOL

LAWYER

LIABILITY

LITIGATION

MALPRACTICE

PATENT

PRO BONO

PROSECUTION

RETAINER

SETTLEMENT

SIDEBAR

SUMMON

SWEAR

TAX

TORT

TRIAL

TRUSTS

WILLS

WITNESS

WRONGFUL DEATH

Solution on page 340

Tennis Anyone?

```
O E G D U B N O D R E K C E B S I R O B
K D Y J A O N E D L I T L L I B C G A A
Y J S O Q B J H C T A M N T Y M R L Z C
B N E H K B T U X U I S I W A E L O I K
D J L N E Y L W S F E A P L B B L S C C
C X A M N R U N E T L D S D O I Q L Y O
I N D C R I A N H U I D E Y O F E J A U
C R S E O G F S R O N N O C Y M M I J R
P V Y N S G F E O A A S E L B U O D X T
N Y R R E S G V R F A R T H U R A S H E
E E D O W S L G E C T R E V E S I R H C
N L F E A Q Y T X B A C K H A N D G W S
I L F T L K S E R V E P B M B V I Q W I
L O I K L I S S A G A E R D N A O N T N
E V L A E M A R T I N A H I N G I S E G
S M C E V E N U S W I L L I A M S U K L
A P P R O A C H T R U O C R E T N E C E
B A D B L B S R E T S J I L C M I K A S
C H P A S S I N G S H O T E L O A C R Z
H S A M S A R P M A S E T E P Z E G S A
```

ACE

ALLEY

ANDRE AGASSI

APPROACH

ARTHUR ASHE

BACK COURT

BACKHAND

BALL BOY

BASELINE

BILL TILDEN

BOBBY RIGGS

BORIS BECKER

BREAK

CENTER COURT

CHRIS EVERT

CLIFF DRYSDALE

DEUCE

DON BUDGE

DOUBLES

FAULT

GAME

GRAND SLAM

JENNIFER CAPRIATI

JIMMY CONNORS

JOHN MCENROE

JUSTINE HENIN

KEN ROSEWALL

KIM CLIJSTERS

LET

LOVE

MARTINA HINGIS

MATCH

NET

PASSING SHOT

PETE SAMPRAS

RACKET

SERVE

SET

SINGLES

SMASH

SPIN

STEFAN EDBERG

VENUS WILLIAMS

VITAS GERULAITIS

VOLLEY

Solution on page 340

I Am Amused

BEAMING

BUOYANT

CHEERY

CHUCKLE

DANCE

DELIGHTED

ECSTATIC

ELATED

ENLIVEN

ENTERTAIN

EUPHORIC

EXHILARATED

FESTIVE

FROLIC

GAY

GIGGLE

GLAD

GLEEFUL

GRIN

HAPPY

JAUNTY

JOLLY

JOVIAL

JOYOUS

JUBILANT

LAUGHING

LIGHTHEARTED

MERRY

MIRTHFUL

OVERJOYED

PLAY

PLEASED

REVEL

SATISFIED

SMILING

SMIRK

SMUG

SNICKER

TITTER

TREAT

TWINKLY

UPLIFTED

```
Q H V G G L I Y K W D A W M C P P X C U
D S M F U L T D Z F E B T W I N K L Y E
E E N N U N E L E Y T F A N T M M V A J
X A S L U K S E W T A W E L A T E D M Y
U P H A P P Y M F T R E O D T Y U R X K
M X J I E S S C I U A A N E S Z O H R L
I E V V U L H F G L L A E T C J R U Q Y
W F V O E U P H O R I C C H E H O V B N
C J Y J C O E I J U H N J G T R E L S W
L O U K Z Z P G Y L X Y G I I H T E L R
J S L H E C N A D J E D F L Z E G A R Y
R E V E L N G D E Y O J R E V O U I I Y
H D L U F H T R I M F U U D S G R L L N
G I G G L E D P F U P R V B H T A E R T
G N K M B A Q R S L R L O I I N I R G E
O A I C R E N L I V E N N L S L I V R V
O G U M S J H F T T T G Y H I M A F E Z
C C G L A D T P A M T X R E K C I N S O
N J J H Y E Z L S F I O G O P D X R T X
P X X Y D A B W D N T Z L U K L N S K O
```

Solution on page 341

Rock Hound

AGATE

ALUM

AMBER

ANDALUSITE

AQUAMARINE

ASBESTOS

AXINITE

BAUXITE

BERYL

BIXBITE

CALCITE

CASSITERITE

CHALK

CLINOHUMITE

COLOR

CORUNDUM

CRYSTAL

DIAMOND

EMERALD

FLUORITE

GALENA

GARNET

GEMSTONE

GYPSUM

JADE

JASPER

LAPIDARY

LIGNITE

LUSTER

MAGNESIA

MAGNETITE

MALACHITE

MICA

MINERALS

OPAL

OXIDE

PRECIOUS

PROSPECTING

PYRITE

QUARTZ

RUBY

SALT

SAPPHIRE

TALC

TURQUOISE

```
S Z A D V B K Z L E G C Q C H D O R F B
P A C A L C I T E M U S P Y G R E L A L
Y W L L B H B E R Y L J A D E B A U R T
M E E T I H C A L A M O H O M T X E C A
V T T T I N Y E R I H P P A S I S T C E
B I N I A O O E K L A H C Y T I S I P D
Z R N M N G N H Q Q Q A R E O P M S Q Z
Y Y J A M I A H U Q C C J U N R U U D O
E P O G M Q X A U M E T Q K E O L L D A
L S C N M Q M A E T I R E T I S S A C C
O U O E X A R W I Z U T A L C P A D P F
S O R S R T G B D T P Z E J J E E N A O
O I U I Z H X N H H C O N M I C M A K J
L C N A U I O V E F L U O R I T E N S N
O E D G B M W S O T S E B S A I R B L O
Y R U B A T Q L A P I D A R Y N A L U M
K P M I L R L I G N I T E O F G L O T S
W J D X U Z N G N Z A N E L A G D X J D
V Q N B L F R E P S A J N O X I D E E F
J D Y V V Z R E T S U L R C I L M N H F
```

Solution on page 341

Nuts!

ALDER

ALMOND

BEECH

BRAZIL NUT

BUCKEYE

CANDLENUTS

CASHEW

CHESTNUT

COCONUT

COLOCYNTH

FILBERT

FRUIT

HAZELNUT

HICKORY

IRVINGIA

KOLA

KUKUI NUT

MACADAMIAS

MONGONGO

OAK

OGBONO

PEANUT

PECAN

PILI

PINENUT

PISTACHIO

PODOCARP

SEED

SESAME

SHELL

SNACK FOOD

SUNFLOWER

WALNUT

WINGNUT

```
G W T Z R B G N Q E J B U W S B B S K U
G A E U Y T O L J V J O S Y A P E I D P
X L V H N C R O S S K E B H E S L E S C
T D N K S L I V T O E X P C A I H S C L
P E B R S A I M A D A C A M P R B E N H
T R P K F W C Z J C X N E F A V F Z L G
T M E P U I S N A C K F O O D I Z P R L
W U M W Y W L N E R M O N G O N G O Q Q
Y X N N O R D B Y J B Q E F F G P D C Q
T H Y L S L O P E A N U T Q W I T O P W
Y I T I E S F K K R H F S V S A T C V M
E T J N S Z H N C Y T C L T D U Z A B S
E D U T Y T A M U I T H A Q N N U R O Y
U T L N P C M H B S H C N T O C A P G F
S Q K H I X O T A R H G S A M G T H D O
U C S H N U D L Y I J E G S L P B M D X
F R R X E Z K A O Z H M N B A O V O O A
K C W I N G N U T C O C O N U T K D N J
I W T I U R F T K B G Q M P C I H M V O
Y W I O T U N L A W Y U E W Y F F M Y M
```

Solution on page 341

Music and Words

ANDANTE

BAROQUE

BASS

BEAT

BLUEGRASS

BLUES

CHAMBER

CHORUS

CLEF

COMPOSITION

CONCERT MASTER

CONDUCTOR

COUNTRY

DUET

ENCORE

ETUDE

FLAT

FORTE

FUGUE

HIP HOP

HYMN

JAZZ

LARGO

LYRICS

MELODY

MOVEMENT

NATURAL

NOTE

OCTAVE

POP

PRESTO

QUINTET

RAGTIME

RAP

SCORE

SHARP

SOUND

TEMPO

TIME SIGNATURE

TREBLE

UNISON

VOCAL

VOICE

```
V P E Y F D Z U S Q Y L S V O C A L R F
H L U K D G U D O C D P B E T U D E P N
J C Q T T N J Y N A O L B Q S W N V G Y
E E W E G S U Z V E L F N A E U M M M Y
Y Y R T W C S O L V E N C O R E Y H D R
X Q I R K E U A S A M M O R P O H P I H
N T T O A N R H B T S T E Q O Z Q P G T
I M E F N G A U L C C T J X F D G U E Q
I Z U M O R T T T O S P A N D A N T E D
Y W D V P J T I U A D Y Z F B O N Y S S
R W A N M O O N M R N T Z S I I Q C S N
E S F H F G T T T E A G F T U N I A A M
L Z U C B R R R R E S L I Q N R R P O O
V E N Z Y E E O B U A S D S Y G O V U W
Q F I S C B C B D T O E V L E P E H V K
L E S N L S N P M P W U U U O M T O C I
H L O E U O L Z M A Z L L G E G I J E B
Y C N Y F F W O K R H B D N U C E T O N
O Y D R O T C U D N O C T I E F T O O O
H I H D O U K G O B P G N C H L C E Z B
```

Solution on page 341

Behave Yourself

```
C C Z N R Q Q A K R O T A Q B O E E Y B
E W K C O I H W B F A M I L I A R C S S
W D S V O S N U B N R J Q C H U L W I O
G U U A I U O A O S T I M J M S A L S N
H O N R E Y R I P S V E G E A S E Q A A
B S O B X J S T E P T N D H H N M R G G
V O O D E I U D E A R N N B T M H G F I
B F H S R C O L D S H O U L D E R Z K L
R T A E T M O I N C Y C P I H E N R B E
U S D B M W M M W U K S S R S R X I C W
S A T I R I C C I L X R R S I M E N N D
Q B Y I T U A O I N E I I E U A E I J G
U A D N M S P N R S G O N R P R T F Z I
E I I D L L G T P R N N O S E O V E N R
C I V I L C R E S P E C T F U L R F H O
S T G G X U C M R F E C E T I L O P M I
J H R N C T I P G D R D T D A R T F M A
T M U I E M M T N O R F F A M O C K G I
Y R F T P X C Z H D R G M A N N E R S Q
X S F Y L L U B J M T E L T N E G Q E Q
```

ABRUPT

AFFRONT

AGGRESSION

BOHEMIAN

BOORISH

BRUSQUE

BULLY

CIVIL

COLD SHOULDER

CONTEMPT

CORRECT

COURTESY

CURT

DECORUM

DEFERENCE

DEMURE

DERISION

DISRESPECT

FAMILIAR

FRESH

FRIGHTENING

GALL

GENTLE

GOOD

GRUFF

IMMODEST

IMPOLITE

IMPROPER

INAPPROPRIATE

INDIGNITY

INFORMAL

INSULT

INTIMIDATE

LEWD

MANNERS

MOCK

NICE

RESPECTFUL

RUDE

SILENT

SLIGHT

SNUB

SOFT

SWASHBUCKLING

UNBECOMING

Solution on page 341

Look at the Universe

ALIENS

APOLLO

ASTEROID

ASTRONAUT

BLACK HOLE

COPERNICUS

EMPTINESS

GALAXY

GALILEO

GRAVITY

HUBBLE

INTERSTELLAR

JUPITER

KEPLER

LIGHT SPEED

LUNAR

MARS

METEOR

MILKY WAY

NASA

NEPTUNE

NOVA

OBSERVATORY

PLANETARIUM

PLUTO

PULSAR

QUASAR

REFLECTOR

REFRACTOR

ROCKET

SATELLITE

SHIP

SHUTTLE

SOLAR FLARES

SOLAR WIND

STARS

SUN SPOTS

UFO

VACUUM

VENUS

VIEWFINDER

WHITE DWARF

```
J B L O R N N K I D I E H O T S C U Q C
R U F E S A T E L L I T E G E H G V N R
M E P L X S L P V J W U V I S I C A O I
F V F I R A E L S U C I N R E P O C S S
S U G L T A J E E E W S A S T C K U F O
A U Q A E E N R R T P M T X G E M U Q Z
V U N G M C R U A L S L D F T G H M O N
O S D S W U T C L A F R A W D E T I H W
N B S I P O I O F L V I E W F I N D E R
B M S E O O T R R M P W D T I Q S S O Y
Z B E E N R T U A L M E Q S N Z N T Z X
M Z L Z R I E S L T E Y P C O I C W Y A
Y Q B A F V T T O P E L A C Q A F A X L
G N B S C R A P S M D N I W R A L O S A
R E U U O K H T M A M S A F Y I P H P G
A P H N L K H E O E C L E L E K U O X Z
V T A E A G T O J R Q R P N P T L P U T
I U Y V I E J Z L L Y Q S X T L S I R B
T N W L O A Z Q T E V C F L O V A A M R
Y E P R A S A U Q O N D E D Z S R A T S
```

Solution on page 341

The Earl of Sandwich

```
C N E C H W B U R G E R O P E N F A C E
P N S H W S R Q R Y X O E X K J T G R D
X L E D P I M A R T S A P E S T R Q F K
A O E K A H C B P R N S E N O C A B R X
J L H M C E W A O U V T E J C O M M A J
Q T C J R I R G T Y V B X F A L A F E L
Y Y D S N J H B S I U E E G G S A L A D
W V E M F L U C I E P E C E S N L J R P
X U L O Q T I L R W B F U N G Y T A X E
Y N L K T Z F V C D Z Q C I X O T L B I
K Q I E K S O Y E I K J U R X S D L V G
D Y R D S X P N T R G K M A U O N T K A
O B G S O I R R N G W K B M Q Q U M O O
N T O A A O A L O V I U E B K N E K E H
U U A L C U R N M U U M R U A A A L C R
U R H M O E S E N V T V A S T E C L U B
C K X O O G F A H O H S A L T M E O T O
A E Y N H T N Z G H Y L O S A I S R T L
C Y N O H B J A X E A A U M P S B T E W
K Y A U P H G B O D F M M E A T B A L L
```

BACON

BLT

BOLOGNA

BREAD

BURGER

CHICKEN

CLUB

CORNED BEEF

CUCUMBER

EGG SALAD

FALAFEL

GRILLED CHEESE

HAM	MEATLOAF	SALAMI
HERO	MONTE CRISTO	SAUSAGE
HOAGIE	MUSTARD	SMOKED SALMON
HOT DOG	OPEN FACE	SPROUTS
JAM	PASTRAMI	STEAK
JELLY	PEANUT BUTTER	SUBMARINE
LETTUCE	PITA	TOMATO
LIVERWURST	REUBEN	TUNA SALAD
MAYONNAISE	ROAST BEEF	TURKEY
MEATBALL	ROLL	WRAP

Solution on page 342

A Day at the Races

```
C D D K C Y A W D E E P S B B G X N Q F
C O N C E S S I O N S V W K O L P Q A R
F F D A Y T O N A T T A G E R S I X U T
F E T Z K E I N D I A N A P O L I S Q S
D F I I Y D S E L R S N O H T A R A M F
G G O H U E A R Z O T T D L U W I W G M
E A R O C C K S O R E X U C A R C A M O
T G L E T W R C H H E U I R W W D L N L
X H A F E R E I O Z P P A R N V R L S A
J Q O R D N A R C J L C E Y P P U B E L
Q A Q R A E F C C Y E N V E I D N Y R S
T N S E O G R L K C C V M L T J N L I S
V F P V R U X E A H H G A L C Q E A T L
A N R I T U G P K G A P Q O R C R O R S
P O I R I D Q H U C S L G W E A C W P G
J R N D P B K S B O E N H F W K D O S C
X H T O O B S S E R P H F L C S N I C J
S Z S B E S R U O C E L C A T S B O O O
T R A J R J N W R H F D R G O Q J F L C
V J D N V L K K K H R D E R B Y A L E R
```

AIR WRENCH

CAR CAM

CHECKERED FLAG

CIRCUIT

CONCESSIONS

CREW CHIEF

DASH

DAYTONA

DERBY

DRIVER

FOOT

GARAGE

GRAND PRIX

GREEN FLAG

HORSE

HURDLES

INDIANAPOLIS

JOCKEY

LAPS

MARATHON

OBSTACLE COURSE

PACE CAR

PIT CREW

PIT ROAD

PRESS BOOTH

RADIO

REGATTA

RELAY

RUNNER

SLALOM

SPEEDWAY

SPONSOR

SPRINT

STEEPLECHASE

STOCK CAR

THOROUGHBRED

TIRES

TRACK

TURN

WALL

WINNERS CIRCLE

YELLOW FLAG

Solution on page 342

Skeleton Crew

```
P A C M S A L L U K S T A P E S O R Y E
G O Z U M K W S C N G K L I D A S N Z B
K C X I P A T E L L A N U F N G F Q X G
X R I H T W Z G L M P U B O A B R M Z Z
E Z A C O X A N E R H D I O H P A C S H
K H C S A H S A G O C Y F T T N B M G G
N S U I Y R R L A F Z L O S D R M U Z N
H G U M X B O A A I H S A I B U U N A O
L R E W E N D H L S D S B V D I L R W E
B L I T A R Q P T I R L A C I V R E C S
F R R T A T U W D P E A H A S C U T U I
H E Z W R T R S R Q W P T C E S L S B N
V H M S B A I I Z Y T R S A K T N E O C
B G U U A L P P Q B O A U L T D A O I U
C C I L R U A E A U V C I C U E G M D S
B Z L A E P H L Z C E A D A C N M K A R
T W I T C A E L U I Y T A N I J A C L H
F S X Y C C O C B C U E R E Y B R T Z E
Y O L O C S U E L L A M B U P U I Z E D
N U P O K E K P C W E B Z S M N C T P X
```

BACULA

CALCANEUS

CAPITATE

CERVICAL

CLAVICLE

COCCYX

COXA

CUBOIDAL

FEMUR

FIBULA

FOOT

HAMATE

HAND

HUMERUS

HYOID

ILIUM

INCUS

ISCHIUM

LEG

LUMBAR

LUNATE

MALLEUS

MANDIBLE

METACARPALS

METATARSALS

PATELLA

PHALANGES

PISIFORM

RADIUS

RIBS

SACRUM

SCAPHOID

SCAPULA

SKULL

STAPES

STERNUM

TALUS

THORACIC

TIBIA

TRAPEZIUM

TRIQUETRUM

ULNA

VERTEBRAE

Solution on page 342

Poet and Don't Know It

ABSTRACT

ACCENT

ALLITERATION

BALLAD

CHORAL

COMMUNICATION

CONSONANCE

COUPLET

DACTYL

DOGGEREL

ELEGY

EMOTION

EPIGRAM

EPOS

EXPRESSIVE

GENRE

HAIKU

HEROIC

HEXAMETER

HYMN

IAMBIC

JINGLE

LANGUAGE

LIMERICK

LITERARY

LYRIC

METAPHOR

METRIFY

MONODY

NARRATIVE

OCTAMETER

ODE

ONOMATOPOEIA

POESY

REFRAIN

RHYME

SIMILE

SONNET

SPONDAIZE

STANZA

STYLE

TETRAMETER

VERSE

WRITING

```
W L S D Y C W C P G S N E I O Z S L K M
D R I C T Q W P L H A L K M A R G I P E
X X I T O D A C T Y L C E E Y O V M S T
C R E T E M A X E H Y U C F A H D B U R
P I C L I R M L J I N G L E Z P R V P I
M D O I E N A U L C O N S O N A N C E F
R S U R R G G R N A E O B A Q T Y N O Y
L S P E E Y Y U Y I B I E R N E G K C P
L P L S W H L Q W X C T I X B M E C T I
P S E R E Y D O N O M A T O P O E I A M
V P T E T R A M E T E R T S U F M R M T
Z B E V I S S E R P X E C I D L O E E O
O D F I M G R I O B Z T A M O A T M T N
C T O T F E A E Y I K I R I G N I I E R
J H K A F S S I A L A L T L G G O L R S
B X O R N Y S D S M P L S E E U N Y O T
S M A R S M N T B A U A B L R A M N D A
I I I A A O Y I Z U K I A H E G N H E N
N K T N P L C H E C H G E R L E P O S Z
X B M S E D M A U D I R T P T Y V L Q A
```

Solution on page 342

A Trip Around the World

ANGEL FALLS

ASIA

ATHENS

ATLANTIC OCEAN

AYERS ROCK

BARCELONA

BERMUDA

BUCKINGHAM PALACE

CALGARY

CANCUN

EIFFEL TOWER

GREAT BARRIER REEF

GREAT LAKES

GREAT WALL OF CHINA

HONG KONG

JERUSALEM

KARACHI

KATMANDU

KILIMANJARO

LAKE PLACID

LOUVRE

MADRID

MARRAKESH

MECCA

MOUNT EVEREST

NEW DELHI

NIAGARA FALLS

NORTH AMERICA

PYRAMIDS

ROME

SEOUL

SIBERIA

SOUTH AMERICA

SPHINX

ST LOUIS

SYDNEY OPERA HOUSE

THAMES

THE HAGUE

VENICE

VERSAILLES

VICTORIA FALLS

VOLGA RIVER

YELLOWSTONE

```
O H S E K A R R A M E L A S U R E J H L
U T H A M E S L L A F L E G N A C C E M
S T L O U I S L L A F A I R O T C I V O
T R I V S Z V H J E I F F E L T O W E R
N O B U C K I N G H A M P A L A C E O A
O M N V S L E U G A H E H T W D Z X N J
R E V I R A G L O V Z S I B E R I A A N
T N R S Y D N E Y O P E R A H O U S E A
H E I V T R S G K C O R S R E Y A E C M
A O N A U S A O S D I M A R Y P N K O I
M H L O G O E G U M A D R I D G O A C L
E S O A T A L R L T A T H E N S L L I I
R P V N K S R C E A H X Q R M F E T T K
I H E D G E W A G V C A B R D M C A N A
C I N D L K P O F D E Y M E Z I R E A T
A N I H C F O L L A W T A E R G A R L M
A X C A N C U N A L L B N F R M B G T A
I S E O U L B L G C E L P U T I U E A N
S E L L I A S R E V I Y S S O U C D Y D
A K A R A C H I H L E D W E N M Q A A U
```

Solution on page 342

Starbucks

BARISTAS

CAPPUCCINO

CARAMEL

CHAIN

COFFEE BEAN

COFFEEHOUSE

CREMES

CUPS

DECAFFEINATED

DULCE DE LECHE

ESPRESSO

FAIR TRADE

FLAVORED SYRUPS

FRAPPUCCINO

GINGERBREAD

GRANDE

HALF CAF

HOT CHOCOLATE

HOT DRINKS

HOWARD SCHULTZ

```
S M U H S T F S K M P T Y P H U B B W M
E O Z M T J G H L E M A R A C R E M E S
A D V T L Q B U I S V C P R T F S B E S
T E A D L D P U M P K I N S P I C E D O
T F H N E U G P M U C O F F E E B E A N
L E O G O T H M I R E V D H V E N T I I
E S T I U M A C K Y A E C I U J O W O C
F B D N Y P E N S S F E S A Y S T E N C
Y A R G L Q N L I D L I T L S A G S I U
Y E I E U A I V Y E R W A N T T N P C P
S T N R J O A E D R F A U L O S I R C P
P O K B T V H E I O R F W U H I H E U A
H Z S R L R C F A V G E A O S R S S P R
Y A A E T L A Q M A I S B C H A A S P F
T T U A U C M D R L C P X W E B W O A K
T A X D F F D K E F E U K G A D C W C P
E T F L S T E A M E D C I D E R T G K E
G R A N D E W E T A L O C O H C T O H D
Y H K L O D F Q C O F F E E H O U S E U
H H P Y L N U E N D K D G D X Y L W U J
```

ICED

JUICE

MAPLE

MERMAID

NONFAT

PASSION TEA

PUMPKIN SPICE

SEATTLE

SHOTS

SKIM MILK

STEAMED CIDER

STRAWBERRY LEMONADE

TALL

TAZO TEA

VENTI

WASHINGTON

Solution on page 342

Telephones

```
X T R C C A L L E R I D Q P R M S A V X
E I G S M I S R E T E K R A M E L E T O
L C F S N U L N C R E B M U N E N O H P
I Y A E F Q L O I X Q O M I M D Z F E E
J D S L R Y A I O M D U H U Y L S D N R
P H A D L P C T V E B C Y L N R E I O A
T S L R L W L A M C A R S B K G A F H T
H P E O O H A C I M E M O R Y Q N T P O
E R S C U T N I G E X C H A N G E O O R
N E V S D Q O N T W I S T E D P A I R R
I C P N S L I U D I G I T A L B Y I C W
H O L E P R T M H A N D S E T B A V I I
C R E T E R A M Q Z A G Y Q W R A N M R
A D A W A E N O H P R A L U L L E C D E
M I S O K C R C O U N T R Y C O D E B L
X N E R E E E D O C A E R A N U X E E
A G H K R I T L O N G D I S T A N C E S
F R O E G V N E N O T L A I D Z E Z P S
R E L A Y E I T R A N S F E R S L L E B
G I D S T R A N S M I T C E L L O C R D
```

ANSWERING MACHINE

AREA CODE

BEEPER

BELL

BROADBAND

CABLE

CALL WAITING

CALLER ID

CELLULAR PHONE

COLLECT

CORDLESS

COUNTRY CODE

DIAL TONE

DIGITAL

DSL

EXCHANGE

FAX MACHINE

FLASH

HANDSET

INTERNATIONAL CALLS

ISDN

LINE

LONG DISTANCE

LOUDSPEAKER

MEMORY

MICROPHONE

MODEM

NETWORK

OPERATOR

PHONE NUMBER

PLEASE HOLD

PREFIX

RECEIVER

RECORDING

RELAY

ROTARY

SALES

TELECOMMUNICATION

TELEMARKETERS

TRANSFER

TRANSMIT

TWISTED PAIR

VOICE

WIRELESS

WRONG NUMBER

Solution on page 343

Breakfast Time

BAGELS

BANANAS

BISCUITS AND GRAVY

BREAKFAST PIZZA

BUTTER

COFFEECAKE

COLD CEREAL

CREAM CHEESE

DOUGHNUTS

EGGS

FRENCH TOAST

FRESH FRUIT

GRANOLA

GRAPEFRUIT

GRITS

HASH BROWNS

HUEVOS RANCHEROS

JAM

JELLY

MILK

```
A P C G B C Z V Y S C S Q G D I X I O D
S B O M F T J U P D N K R E S C Y B I G
S E I R R E B P S A R I J H G X H A U S
I L N S R H S H H Z C H F J G U B N T P
K F J O C I P W M Z C O F F E E C A K E
F H R B C U D A K I R U L V U Z T N H G
S U C E L S I G S P M E O D E M H A N A
C V Q R N N W T E T O S T A C B N S L S
Q R D G E C L A S S R M Y T I E T F J U
Q H O C R A H J F A E Y E W U K R R Q A
E V U H V A M T N F N K C L J B U E H S
M X G S B L P C O K L D A A E K G S A S
H Z H F T A H E H A G E G C G T O H S L
Z J N S Y E Q U F E S R S R N N Y F H E
B S U U R M A O F R E T A Y A A O R B G
Q B T O S T J K J B U S W N R V P U R A
O D S T R A W B E R R I E S O U Y I O B
X G B I M O R O L L S S T Q R L Y T W V
O B J Q V S H F L V N W I Y B A A J N C
U H K I Q E A X Y M Z Y S G G R I T S A
```

MUFFINS

OATMEAL

OMELET

ORANGE JUICE

PANCAKES

PASTRY

PORRIDGE

RASPBERRIES

ROLLS

SAUSAGE

SCONES

STEAK

STRAWBERRIES

SYRUP

WAFFLES

YOGURT

Solution on page 343

Berry Delicious

```
K R Y Y O T U S P I C E B E R R Y C L A
U T J R R Y R R E B X O B H A R V E S T
O X S A R R K C I P Y K M U S R C B Z Y
X A T P M E E L S S V A L D P W A A C R
X A Y Q J Q B B E U R O E B B V W N R P
X V S R D E D N W I G E I L E I P E A R
M M Y Y R E B H O A S A Y U R K W B N E
U K V R R E W N N G R L R E R E V E B S
L F Y H R R B B Y N N T N B Y S B R E E
B N R R Y E E D E R Z I S E E D Q R R R
E W Y G R R B B A R R K L R L R V Y R V
R L J R R E C R K H R E T R V I R U Y E
R M Y Y E Y H Y E C S Y B Y C K Y Y S S
Y R R E B W O C O K A E S E K A C N A P
D S A S K A T O O N C H B V L W B F F U
G P Q U C G O O S E B E R R Y T R W R R
C U R R A N T S J Z R H H S W O R F E Y
Q J E L L Y W P F R U I T C Z V N O S S
Y R R E B A E T Y R R E B E N U J J H C
X A E Q C B B R X J V E N I W Q J Q W W
```

BANEBERRY

BILBERRY

BLACKBERRY

BLUEBERRY

BOXBERRY

BOYSENBERRY

CHECKERBERRY

CHERRY

COWBERRY

CRANBERRY

CURRANTS

DEWBERRY

FRESH

FROZEN

FRUIT

GOOSEBERRY

HACKBERRY

HARVEST

JAM

JELLY

JUNEBERRY

LINGONBERRY

LOGANBERRY

MARIONBERRY

MULBERRY

PANCAKES

PICK

PIE

PRESERVES

RASPBERRY

SASKATOON

SEEDS

SERVICEBERRY

SHADBERRY

SPICEBERRY

STRAWBERRY

SUGARBERRY

SYRUP

TART

TEABERRY

WHORTLEBERRY

WINE

Solution on page 343

Wonderful Writers

```
U H O L M E S H A K E S P E A R E K G U
R C O N R A D L A R E G Z T I F L O O W
M U Y L T O L S T O Y Q R E L D N A H C
C H E K H O V E S D O S T O Y E V S K Y
H U E L L I V L E M C S W I F T C L N N
A K F A K U F N L N O S N I K C I D N W
U B S Q R G B A L Z A C R E N K L U A F
C S Y N H E E Q I M K E D C W C Y Y M W
E T T I I N T R O L I G R I V K T H H M
R E S O L R P H T N A M T I H W T L A W
U P O S L O T H O R N T O N W I L D E R
S H R E E H W S A M U E L C L E M E N S
H E F L R T O L S A N D B U R G V L E N
D N T C M W L E W O L L E F G N O L T E
I C R O A L K H E M E R S O N X E S K
E R E H N H E K C E B N I E T S I W U C
I A B P O Z B S E M A J Y R N E H R A I
W N O O A M X P R O U S T D E Q I O Q D
N E R S N N E S B I E E C U M M I N G S
W R S Q I Q L R U V K L P X K X N N X F
```

AUSTEN

BALZAC

BELLOW

CHANDLER

CHAUCER

CHEKHOV

CONRAD

DICKENS

DICKINSON

DOSTOYEVSKY

EDGAR ALLAN POE

EE CUMMINGS

EMERSON	LONGFELLOW	STEINBECK
FAULKNER	MANN	STEPHEN CRANE
FITZGERALD	MELVILLE	SWIFT
GERTRUDE STEIN	ORWELL	THOMAS WOLFE
HAWTHORNE	PROUST	THORNTON WILDER
HENRY JAMES	ROBERT FROST	TOLSTOY
HILLERMAN	RUSHDIE	TS ELLIOT
HOLMES	SAMUEL CLEMENS	VIRGIL
HOMER	SANDBURG	WALT WHITMAN
IBSEN	SHAKESPEARE	WOOLF
KAFKA	SOPHOCLES	

Solution on page 343

THE EVERYTHING GIANT BOOK OF WORD SEARCHES • 143

Shakespeare's Characters

```
T G A O L E R O Z S F M Q I M S J A G A
O N A I T A R G G D B E L A R I U S L T
I O U S T R A N I O I T N E C U L K I T
L M R O B E R T F A L C O N B R I D G E
O E I U L R L D O N A L B A I N U U A N
V L F T A B E F Z C A H P Y G N S C R E
L I P H L P S M L V H A E H R E C H I U
A H D W L B E E I A N L E R D A A E U Q
M P E E E I O N M T N N B I O R E S S A
H L M L B P I L H A R J N P R D S S U J
H A E L A A E I T Y J O Y O S N A O E K
E D T T L T N S T P M R M P R A R F G O
L Y R B O O N H H I A E I Y Y S N G E N
I A I H D H E I S M O T V S D S L L D A
C N U Q O S L U U Y C R E P S A M O H T
A N S J I A L S U I L E N R O C L S V N
N E R X R A R A S E A C S U I V A T C O
U I T I C F F U D C A M A R G A R E T M
S H O S N A H G U A V S A M O H T R I S
L L E O N T E S I H P A C F A B I A N E
```

BELARIUS

CAPHIS

CASSANDRA

CLEOPATRA

CORNELIUS

DEMETRIUS

DOLABELLA

DONALBAIN

DUCHESS OF GLOSTER

EGEUS

ESCALUS

FABIAN

GAOLER

GRATIANO

HAMLET

HELICANUS

HERO

JAQUENETTA

JULIUS CAESAR

KING HENRY THE SIXTH

LADY ANNE

LADY MORTIMER

LAVINIA

LEONTES

LIGARIUS

LUCENTIO

MACDUFF

MALVOLIO

MARGARET

MONTANO

OCTAVIUS CAESAR

PANTHINO

PHILARIO

PHILEMON

PYRAMUS

ROBERT FALCONBRIDGE

ROMEO

SIMONIDES

SIR JAMES BLOUNT

SIR JOHN STANLEY

SIR THOMAS VAUGHAN

SOUTHWELL

THOMAS PERCY

TRANIO

Solution on page 343

Child's Play

```
S L Z E M W E S U O M D N A T A C X R W
K S B O H O T P O T A T O M A R B L E S
C R L O E L H I D E A N D S E E K E D R
A I I B K O K N U C K L E B O N E S R E
J A N A I P G T U W T E I I T C L K O K
Y H D K N O Z H W V H A V N C G D N V C
A C M E G C J E I N G P E G A S A I E E
X L A E O R A B Y T I F M O T D R W R H
Y A N P F A I O A Y F R A Y C U C Y X C
X C S O T M L T M F W O G L I C S L S Q
D I B L H U B T R I O G D O T K T D N I
P S L L E B R L E V L X R P P D A D I U
A U U A H G E E H M L F A O R U C I K J
R M F B I G A A T N I U O N P C M T I U
C M F E L J K T O H P L B O D K N B L M
H F D G L F A G M A E Z M M G G R O L P
E G P D K P O S T O F F I C E O E P I R
E S R O H Z H C T U D E L B U O D E P O
S R E D D A L D N A S E K A N S L E S P
I G H C T O C S P O H Q G K G E Q P H E
```

BINGO

BLINDMANS BLUFF

BOARD GAME

BOPEEP

CAPTURE THE FLAG

CAT AND MOUSE

CATS CRADLE

CHECKERS

DODGE BALL

DOUBLE DUTCH

DUCK DUCK GOOSE

FOX AND GEESE

HIDE AND SEEK

HOPSCOTCH

HORSE

HOT POTATO

JACKS

JAIL BREAK

JUMP ROPE

KING OF THE HILL

KNUCKLEBONES

LEAPFROG

LIMBO

MARBLES

MARCO POLO

MONOPOLY

MOTHER MAY I

MUSICAL CHAIRS

PARCHEESI

PEEKABOO

PILLOW FIGHT

POST OFFICE

RED ROVER

SNAKES AND LADDERS

SPILLIKINS

SPIN THE BOTTLE

TAG

TIC TAC TOE

TIDDLYWINKS

Solution on page 343

Wedding Ceremony

BOUQUET

BOUTONNIERE

BOW TIE

BRIDAL PROCESSION

BRIDESMAIDS

CAKE

CATER

CEREMONY

CHAPEL

CHURCH

CORSAGE

COUPLE

CUMMERBUND

DANCE

DINNER

ENGAGEMENT

FAVORS

FIANCE

FLOWER GIRL

GIFTS

GOWN

GROOM

GUEST LIST

HONEYMOON

HONOR ATTENDANTS

INVITATION

JUSTICE OF THE PEACE

MARRIAGE

MINISTER

ORGAN

PHOTOGRAPHER

PICTURES

PROPOSAL

RECEPTION

REHEARSAL

RICE

RING BEARER

SHOWER

TUXEDO

USHER

VOWS

WEDDING PARTY

WEDDING SONG

```
G Q N G C P H D A N C E M A R R I A G E
T C F O R E R O N O I T P E C E R I E C
Y L O G I E R O N U N F A V O R S T P A
I Y D R B S H E P E B O U Q U E T I H E
H N E E S O S S M O Y R G N P W F N O P
Z Z X E D A W E U O S M E D L O I V T E
C P U R Z A G T C H N A O M E H G I O H
X R T K E A O E I O P Y L O M S O T G T
H E I T G N M S K E R B M Y N U V A R F
R H I N N O N D L Q G P V T O C C T A O
E E F I O E D I T P U Z L R H J F I P E
R A E R S T N A D N E T T A R O N O H C
A R G M G J A M F I S G P P D Z S N E I
E S L R N N G S I D T E S G C I E Y R T
B A T W I G R E A N L R J N A H R U E S
G L O I D B O D N S I O K I T G U B K U
N G S I D F L I C C S S I D E I T R A J
I N V R E M N R E J T F T D R E C J C X
R W V O W S Y B D F L O W E R G I R L H
E G I E Q V B W V K X P K W R Q P R U H
```

Solution on page 344

U.S. Vice Presidents

AARON BURR

ADLAI E STEVENSON

AL GORE

ALBEN W BARKLEY

CHARLES CURTIS

CHARLES W FAIRBANKS

CHESTER A ARTHUR

DAN QUAYLE

DANIEL D TOMPKINS

DICK CHENEY

GARRET A HOBART

GEORGE BUSH SR

GEORGE M DALLAS

JOHN ADAMS

JOHN C BRECKINRIDGE

LEVI P MORTON

LYNDON B JOHNSON

MARTIN VAN BUREN

MILLARD FILLMORE

NELSON A ROCKEFELLER

RICHARD M JOHNSON

THEODORE ROOSEVELT

THOMAS HENDRICKS

THOMAS R MARSHALL

WALTER F MONDALE

WILLIAM A WHEELER

WILLIAM R D KING

```
C C T A G N I K D R M A I L L I W E T L
T H O M A S H E N D R I C K S I G H L C
Y E L K R A B W N E B L A G L D E L H S
M S T N O T R O M P I V E L I O A A D D
A T J O H N A D A M S O I R D H R J A M
R E L L E F E K C O R A N O S L E N N I
T R W X R P P I A G M I R R E L I O I L
I A R P T P L A E A K E A S A E S S Y L
N A C C E R R M W C R M W D L N I N G A
V R M G G O D H E O R F N D H T D E E R
A T Z G N A E R O S A O T O R O L V O D
N H F B L E B S A I M O J U N Y I E R F
B U U L L C E M R F M M C B A G S T G I
U R A E N V O B R P D S J U L K C S E L
R S R H E H A E K R E O Q E G S S E B L
E A O L T N T I A L H N P S O R X I U M
N J T K K L N H R N A P O T R C R A S O
I A C S A S C A S D B D B A E Z L L H R
V D C W Y I H O Y E N E H C K C I D S E
P A S W R C N G A R R E T A H O B A R T
```

Solution on page 344

Fun at the Pool

```
S Z Z I O R D Z Q D N F A B D V L U O R
H H B S S Y E X S J N I A R D I G L O R
D J O A L X T F P V N E P I F O S E Z J
N I Z W L I K R L R P O V E G N H W J E
E S V O E L D D A P E I G G O D A O Q M
P N R I L R E E S P N U L S B T O T S E
E O W E N O D R H G A E S U E B J N Y B
E R A K H G P N B R S E M R L R W O S U
D K D W D T R O D M L N W C L E R I U T
Z E I J R B A I C G U I I R Y A G T N T
W L N D M R L B N R N J W F F S V O S O
K B G D D B I I N G A C U T L T Q L C H
X A P R S I M P S U S M I M O S K O R I
I A O P W M E E L T S I H W P T I P E G
W U O L I F E P R E S E R V E R E R E H
A F L W M I X V O W S H A L L O W E N D
V W S H S C A N N O N B A L L K T T L I
E L C S U M O V C H L O R I N E W A C V
F B I K I N I W J A I S R R Z J P W B E
D A E R T R U N K S U J N H A S G Y D Z
```

BELLY FLOP

BIKINI

BREASTSTROKE

CANNONBALL

CHLORINE

DEEP END

DIVING BOARD

DIVING RINGS

DOGGIE PADDLE

DRAIN

FINS

GOGGLES

HIGH DIVE

HOT TUB

JUMP

KIDDIE POOL

LAPS

LIFE GUARD

LIFE PRESERVER

LOTION

MARCO POLO

MUSCLE

PARTY

RAFT

SHALLOW END

SHOWER

SLIDE

SNORKEL

SPLASH

SUN BATHERS

SUN SCREEN

SWIM SUIT

SWIMMING LESSONS

TAN

TOWEL

TREAD

TRUNKS

TUBE

UMBRELLA

WADING POOL

WATER POLO

WATER WINGS

WAVE

WET

WHISTLE

Solution on page 344

Pleasant Pastimes

```
A G N I T T O P S N I A R T B I K I N G
Y U N G N I B M I L C G N I T T I N K F
P G T I T T K Y G N I W E R B E M O H W
J I O O T S V A O I D A R R U E T A M A
G V S L G C C G Y M O N O R T S A V Q T
N N B S A R E U N A P L M G T R C K X E
I G I O A E A L L I K Z N Q E E G E V R
W N G K O L N P L P H I U T R A N L U S
E I N I A K G E H O T C N D F D I E Y P
S D I T G M C D G C C U T G L I L C R O
K L D E N A L O E U O P R A Y N E T E R
O I E F I X M L L N C L M E W G V R D T
O U E L V Z L E O L I R L A A D A O I S
B B F Y A O O G S D E A O E T A R N O G
C L D I C G N I P M A C T C C S T I R N
I E R N S N O W S P O R T S H T L C B I
M D I G A R D E N I N G I I I E I S M K
O O B O S C R A P B O O K I N G T N E L
C M Y B W O O D C A R V I N G G V E G A
C O O K I N G N I K R O W D O O W W C W
```

AMATEUR RADIO

ASTRONOMY

AUTOGRAPH COLLECTING

BIKING

BIRD FEEDING

BIRD WATCHING

BOOK COLLECTING

BUTTERFLY WATCHING

CAMPING

CAVING

CLIMBING

COIN COLLECTING

COMIC BOOKS

COOKING

CROCHET

DOLL MAKING

ELECTRONICS

EMBROIDERY

GAMES

GARDENING

GENEALOGY

HOME BREWING

KAYAKING

KITE FLYING

KNITTING

MODEL BUILDING

READING

SCRAPBOOKING

SCULPTURE

SEWING

SNOW SPORTS

STAINED GLASS

STAMP COLLECTING

TRAIN SPOTTING

TRAVELING

WALKING

WATER SPORTS

WOOD CARVING

WOODWORKING

Solution on page 344

Jazzy

```
J T O B M E K R G D G N I W S D B W U C
K U D A L L A B Y L E K A L B T R A F E
R N W B T M I L T J A C K S O N Y O U L
L E S T E R Y O U N G O R A B X R L H A
E S K E B B K E N N Y C L A R K E O E C
W R D R U N O R E E S N P C S M I E H S
Y N E U A L O P I R L A H I Y O R N O S
N O L T K P B I P F I H R N N D N A S F
T I L D E E E M S V F E A O C U A R E V
O T A C N M E I E S J I S M O L M T G O
N A F H O I K L L C E B I R P A D L N K
M S I I T T M E L R N R N A A T O O A D
A I T C N E U S I I A E G H T I O C H K
R V Z K E L T D G F N H D O E O G N C L
S O G C K B A A Y E G G C A R N Y H K D
A R E O N U T V Z G W S T L C P N O V L
L P R R A O T I Z D M E L O D Y N J B M
I M A E T D R S I I K S T A N G E T Z E
S I L A S R A M D R O F N A R B B A S S
A P D A V E B R U B E C K N E E B U K P
```

ART BLAKELY

ART TATUM

BALLAD

BASS

BEBOP

BENNY GOODMAN

BLUES

BRANFORD MARSALIS

BRIDGE

CADENCE

CHANGES

CHARLIE PARKER

CHICK COREA

CHORD

DAVE BRUBECK

DIZZY GILLESPIE

DOUBLE TIME

DUKE ELLINGTON

ELLA FITZGERALD

HARMONIC

HERBIE HANCOCK

HORN

IMPROVISATION

JOHN COLTRANE

KENNY CLARKE

LESTER YOUNG

LIONEL HAMPTON

MELODY

METER

MILES DAVIS

MILT JACKSON

MODULATION

PHRASING

PROGRESSION

RIFF

SCALE

STAN GETZ

STAN KENTON

STYLE

SWING

SYNCOPATE

TONE

TUNES

WYNTON MARSALIS

Solution on page 344

Hubble Sightings

ASTROPHYSICS

ATMOSPHERE

AURORAS

BIG BANG

BLACK HOLES

CELESTIAL

COMET

DARK ENERGY

EDWIN

GALAXIES

GAMMA RAYS

GYROSCOPE

IMAGING

INFRARED

LIGHT

MARS

MIRROR

NASA

NEBULA

ORBIT

ORION

OZONE LAYER

PLANETS

QUASARS

SOLAR SYSTEM

SPACE

STARS

TELESCOPE

TRANSMISSION

ULTRAVIOLET

UNIVERSE

```
J C G B Q D X L G S F R I N F R A R E D
A H W Q V Q K B A M J S O I E L K B R K
M S R C J O T G L B N I R V U B A S E N
T E M O C P C N A P R M N B L C C T H I
A P W Q V Z Z I X O X O E A Y I Q E P U
S O K J Q Z Z G I I I N C X S M S L S P
A C O W A G M A E S T K W Y Y S H O O P
R S S M E F S M S E H G H L F Z R I M P
O E Q N A N Y I V O P P K J I B K V T D
R L N P S V M L L F O O V Z I G R A A S
U E G G A S U E Y R P Y C T I H H R Z T
A T Y N N L S T T U C I S S F L K T V Q
H Z J A P M A S N S O T Q O O E G L A C
A S R B L Z A I A R Y U U M N R D U W A
C T J G M E V Q T Q A S S E B X Y W O R
I A B I I E N G W S Y A R A M M A G I A
E R Y B R S R O A L E G R A J F T A E N
X S N S R W X R Z S Y L B P L A N E T S
T Z E A O X S N M O L F E J E O Y F G P
H Q M Y R P L E E W E N E C A P S N C C
```

Solution on page 344

Children's Television

```
L M B P N W O R B E I L R A H C P S Y R
I Y U U F I P E U M R M A G O O E N W N
S U L D R N B N G U M B Y B R L A O B C
A K L O E N U N S A W V A K A P O D A Z
S C W R D I L U B Y W T Y T M D O T R R
I U I A F E C R U G M P N O Y N A C N R
M D N T L T E D N A I O C W A C R A E H
P Y K H I H S A N G G C O L E E M P Y B
S F L E N E U O Y A I O D H C T S T R O
O F E E T P O R R R D D T A R A T A U Y
N A S X S O M D T P U X R A C F H I B M
T D U P T O Y C E C I D C A L V I N B E
R J O L O H E C K L E A N D J E C K L E
E T M O N L K G E E Y E P O P W B A E T
B W Y R E E C F P L O O N E Y T U N E S
L E T E R M I S T E R R O G E R S G M W
A E H R N A M O W R E D N O W O X A S O
T T G B W O B N I A R G N I D A E R F R
A Y I T Q Z V H O M E R S I M P S O N L
F I M S N O O P Y R R E J D N A M O T D
```

ALVIN

BARNEY RUBBLE

BATMAN

BOY MEETS WORLD

BUGS BUNNY

BULLWINKLE

CAPTAIN KANGAROO

CARTMAN

CASPER

CHARLIE BROWN

DAFFY DUCK

DONALD DUCK

DORA THE EXPLORER

DRAGON TALES

FAT ALBERT

FELIX THE CAT

FRED FLINTSTONE

GUMBY

HECKLE AND JECKLE

HOMER SIMPSON

LISA SIMPSON

LOONEY TUNES

MICKEY MOUSE CLUB

MIGHTY MOUSE

MISTER ROGERS

MR MAGOO

POPEYE

PORKY PIG

READING RAINBOW

ROAD RUNNER

SNOOPY

SPEED RACER

THE ELECTRIC COMPANY

TOM AND JERRY

TWEETY

WINNIE THE POOH

WONDER WOMAN

WOODY WOODPECKER

Solution on page 345

Warm-Blooded Animals

AARDVARK

ANTEATER

APE

BAT

BEAVER

CAMEL

CAT

CHEETAH

CHINCHILLA

COUGAR

DEER

DOGS

DOLPHIN

DUCK BILLED PLATYPUS

ELEPHANT

FERRET

GAZELLE

GIRAFFE

GOAT

GORILLA

GUINEA PIG

HAMSTER

HEDGEHOG

HIPPOPOTAMUS

HORSE

HYENA

LEMUR

LEOPARD

LION

LLAMA

MARMOSET

OTTER

PORCUPINE

PORPOISE

RACCOON

RAT

RHINOCEROS

SEAL

SKUNK

SLOTH

TIGER

WEASEL

WHALE

WOLF

```
R C Z F I H M C Q H G O A T K D A R E W
E W H D Y C L H G W A Z R P W U D W F H
S P D A T A N L M Z Z D D Z W C N Q L P
H R J E P T N A H P E L E S H K Z C O H
V J A Q H O Y H M N L A O E V B H I W W
Y K U C F W R H I R L R A N O I L J H G
W D T R C E Z P N P E K N W N L T V A N
H U A A V O U M O C P M I C H L E Y L M
T C M A C C O G O I G O H V L E S A E W
O E E Q R G O N O M S I P D W D O L P S
L B T O G D I U H R L E L O P P M C G H
S T P A I H V P G L I X O G T L R L K C
B T E R R E F A A A R L D S M A A E N Q
M A S E A I S T R E R E L R H T M M U L
Q B U E F O I E T K N D T A A Y D U K L
N N D D F G T A F N V I T T Z P M R S A
O Y T F E S E H O R S E U N O U O E N M
K V Z R M T H E D G E H O G R S A E U A
K L A A N X P F T H U L Z Z C L Y P L K
C T H A Z I T G C F J W N E T H Z Q E D
```

Solution on page 345

Architectural Details

ACOUSTICS

AESTHETIC

ARCH

ART NOUVEAU

BALCONY

BAY

BEAD MOLDING

BEAM

BOW

BRACKET

BUILDING CODE

CANTILEVER

CASEMENT WINDOW

COLUMN

CUPOLA

DESIGN

DIMENSION

EAVES

ENGINEERING

FACING

FORM

FOYER

FRENCH DOOR

FRIEZE

FUNCTION

GALLERY

GAMBREL ROOF

GARGOYLE

GAZEBO

MANTELPIECE

MODERNISM

PEDESTAL

PENTHOUSE

PREFABRICATION

SKYSCRAPER

SOFFIT

STRUCTURE

STUCCO

STUDS

THATCH

TRANSOM

TRIM

TRUSS

TURRET

WALL

```
K S T U C C O G N G I S E D I G I H V S
C T V Z Y B N A S C O L U M N U G T J V
N E E Z E I R F E R Y D I M E N S I O N
L M Z Z C C T S S O F F I T A T C U A M
U L A A H R U J G R U Y Q H R B I D U A
K G F E U O P R E F A B R I C A T I O N
M A R S H Q A V E B O Y M A I B S A N T
P L S T Q G E C D M N O S W E R U C D E
X L N H A L D T O O E E R A U E O N P L
E E P E I W H D C N M D D L A P C M E P
P R U T N A E L G E R M C L E A A N D I
M Y N I T R A I N N O O Q A V R M S E E
M A H C N B N T I L O S N B U C B M S C
C J H I E E W S D T D N E R O S O M T E
B C S A E I G I L U H A Q A N Y W O A B
M M M R N A N F I R C R W C T K Y V L G
G F I D R G H O U R N T D K R S T U D S
Y N O U R T H Y B E E W A E A L O P U C
G W O R E A V E S T R U C T U R E W E T
Z S V M M R O R V T F U N C T I O N D Q
```

Solution on page 345

Aye, Matey!

ATTACK

BATTLE

BLACKBEARD

BRIGAND

CAPTAIN

CELEBRATION

CREW

DEATH

DIAMOND

FIERCE

FIGHTER

GOLD

INTERNATIONAL LAW

LOOT

MONSTER

MURDER

MUSKET

MUTINY

NASTY

PARROT

PEG LEG

PETER PAN

POOP DECK

```
U U G Y N I T U M U S K E T G Q K T G S
I N H O Q E D U H G C K H L S F B D L A
N T F O K N P E T E R P A N T P M E D Q
T P H R S U O I L L E B E R E T S N O M
E G N F I D F E F V Y F M G V S A J O X
R T G I O E B D I L V K L A E Y W B W P
N Q L G V R N G R A N E W V I H D Q O O
A K Z H A D E D T A G B T D I A M O N D
T G X T G E C P L H E E R S E E P P E U
I T I E N A R P O Y I B K Z C D R R L C
O O Z R O T E X C R M E K E E R U A F R
N R W D R H D V T E Y T F C B S T I I W
A R S J T B R T O B H J K O A T V D R Y
L A D K S G U O O B O B Y E A L R E F W
L P L B U O M O H O C Y R C R K B R I Y
A A X B Y L I L S R T T K I S U R S E V
W Z S Y N D L E E S I H T Q G P Z K R R
X Y W Y D N I W A M K P Y Q E A N I C U
V C J T B K D N E J C A P T A I N L E C
N T Y L O I Z R A K A A T M S R E D P S
```

RAIDERS

REBELLIOUS

RIFLE

ROBBERY

ROPE

SCURVY

SEIZURE

SHOOT

SINK

SKULL

STRONG

THIEF

TIMER

TOOTHY

TREASURE

UNFRIENDLY

VESSELS

WALK THE PLANK

WHISKEY

WIND

WOOD

Solution on page 345

Shutterbug

```
S D D B S N A P S H O T N I R P B C M Y
U F E E Q J I B A L A N C E G A T N O M
C E M I E C M P F A B S I P M U M Z O E
O C R J T P E H E T T E U O H L I S Z T
F V J U P R S J Q D I G I T A L N T E T
L E R P T D I O R A L O P R Z K C I I C
A E A U N A M T S A E E G R O E G L X R
S V R E E E R X R I Z E L G N A R L A E
H E R S X D L E I F F O H T P E D L V T
D J O O P I O D P O X P E A T C V I O T
O F T L O L R O R M H Q M E O Y T F K U
T J C C S S C M E O E A M N M A K E G H
O D E I U X A M T G R T T H G W O M H S
H A J M R T M O N O H R R E G R A L N E
P R O C E S S I N G A B N O I D U T S J
E K R T K H N A I S M A D A L E S N A W
L R P A O R P L T E G N I P P O R C Q W
E O D P U O G E T I H W D N A K C A L B
T O I B Y M H C H M G N I G D O D W G R
K M A T T E L S N E L V S X V M O F Q Q
```

ANGLE

ANSEL ADAMS

APERTURE

BALANCE

BLACK AND WHITE

BURNING

CLOSE UP

COLOR TEMPERATURE

CONTRAST

CROPPING

DARKROOM

DEPTH OF FIELD

DIGITAL

DODGING

ENLARGER

EXPOSURE

FLASH

FOCUS

GEORGE EASTMAN

ISO SPEED

KODAK

LARGE FORMAT

LENS

LIGHT METER

MACRO

MATTE

MODE

MONTAGE

NEGATIVE

PANORAMA

PHOTOSHOP

PICTURES

POLAROID

PRINT

PROCESSING

PROJECTOR

SHOOT

SHUTTER

SILHOUETTE

SLIDE

SNAPSHOT

STILL LIFE

STUDIO

TELEPHOTO

ZOOM

Solution on page 345

Volcanoes

ACTIVE

ASH

AVALANCHE

BLACK SMOKERS

CALDERA

CINDER CONE

COMPOSITE VOLCANO

CONICAL

CRATER

CRUST

DORMANT

ERUPTION

EXTINCT

FUMAROLE FIELDS

GASES

HOT SPOTS

LASSEN PEAK

LAVA DOME

LAVA FLOW

LAVA TUBES

LOIHI

MAGMA

MANTLE

MAUNA LOA

MOLTEN ROCK

MONT PELEE

MOUNT PINATUBO

MOUNT RAINIER

MOUNT ST HELENS

MOUNT VESUVIUS

PLUME

PYROCLASTIC FLOWS

RING OF FIRE

RUPTURE

SCORIA CONE

SHIELD VOLCANO

STRATOVOLCANO

TECTONIC PLATES

TEPHRA

VENT

```
Q H O A W M D H U K C O R N E T L O M E
A C T I V E N O C A I R O C S J A N V T
R M O U N T P I N A T U B O P Z V A E N
H R I N G O F F I R E M S M R U A C N A
P H E Y N M A U N A L O A P M M T L O M
E V M S P L U M E D V Z S O O O U O C R
T M O U N T R A I N I E R S N U B V R O
G R D I X K U R Z X S R N I T N E D E D
Q L A V S A P O I A I U C T P T S L D U
L P V U R E T L G V I P A E E S C E N F
Z D A S E P U E J M L T L V L T R I I F
J W L E K N R F H A Z I D O E H U H C F
D T O V O E E I T O S O E L E E S S R X
W K I T M S V E N R T N R C E L T N A M
V T H N S S L L C X S A A Q E H X T A
O C I U K A B D W V H X P N P N D Z E G
P Y R O C L A S T I C F L O W S C F R M
C V R M A V A L A N C H E X T I N C T A
O N A C L O V O T A R T S E A S H W Q F
Z W U P B C O N I C A L A V A F L O W P
```

Solution on page 345

Funny Pages

```
N O D U E K U D A M R A M P Y H E B S C
E N S U C R I C Y L I M A F T Y L E H A
L T A H Y S W E B Q Z R L L N M B T E O
B H L U E T K H L P D O L L U B I T R R
B E L F L U R A O O B E A Z O A R Y M T
A B Y F I N A M N P I C R H C R R B A G
R O F E A A Z M D E G A D I M N O O N Z
D R O J B E Y O I Y N N F A O E H O S G
I N R D E P K M E E A E I N O Y E P L H
L L T N L M A F B N T M L D L G H E A H
B O H A T I T K I H E E L L B O T D G J
E S N T E X E V E S S H M O S O R I O J
R E Y T E O L A I K K T O I P G A C O H
T R G U B A T V Z I T S R S I L G K N C
K H G M C H K G A R F I E L D E A T N E
P R I N C E V A L I E N T D E P H R A E
E T Z L F U N K Y W I N K E R B E A N G
X D I F O D R A Z I W E H T M T N C C N
D F Y R U B S E N O O D I C A T H Y Y Y
F O X T R O T V O V S A N A N O B E Q C
```

BARNEY GOOGLE

BEETLE BAILEY

BETTY BOOP

BIG NATE

BLONDIE

BLOOM COUNTY

BO NANAS

CALVIN AND HOBBES

CATHY

DENNIS THE MENACE

DICK TRACY

DILBERT

DOONESBURY

DRABBLE

FAMILY CIRCUS

FOXTROT

FUNKY WINKERBEAN

GARFIELD

GEECH

HAGAR THE HORRIBLE

HEATHCLIFF

HI AND LOIS

KRAZY KAT

LUANN

MALLARD FILLMORE

MARMADUKE

MOMMA

MUTT AND JEFF

NANCY

PARDON MY PLANET

PEANUTS

POPEYE

PRINCE VALIENT

SALLY FORTH

SHERMANS LAGOON

SPIDERMAN

THE BORN LOSER

THE WIZARD OF ID

ZIGGY

ZITS

Solution on page 346

Mountain Adventure

ASPENS

AVALANCHE

BACKPACKING

BEARS

CAMPING

CANYON

CAVES

CHAIN

CLIFFS

CLIMB

COUGARS

DEER

ELEVATION

ELK

FIRS

FRESH AIR

GLACIER

HILLS

HUNTING

ICE

LAKES

LODGE

LUMBERJACK

MEADOWS

MOOSE

MUD SLIDE

PEAKS

RANGE

RECREATION

RIDGES

ROCKS

SCALE

SCENERY

SKIING

SNOWMELT

SUMMIT

TOP

TRAILS

TRAM

TREES

VALLEYS

VIEWS

VISTAS

VOLCANO

WILDLIFE

```
L S Z H B T F B Z W A P L L J H O S S B
P A D Q K W F A X G Z C U J P K S O G N
Y Y C D J S R E B S A W B S I T B M E W
B G Y F E O F W Y V P T E R G M U T O P
Z T Q O I D A F E Z W Q A Z I X R S P A
H E R N S R A S I T Q N K L E A I S W B
M I H A O O S C P L G N C A M P I N G Q
E J L C I Q E R R E C R E A T I O N R Y
E V K L N L Y Z R A N M U D S L I D E S
S S D O S A S I N D F S T R T K W K I I
R N O V T S L Y E L A C S I C M I S C U
A R O O I Y O A P N O I T A V E L E A Q
G B W W M N P D V G S D P H A A D G L P
U Z L U M B E R J A C K G S L D L D G U
O Z V L U E O W T Q C Q C E L O I I N V
C Z T Z S W L S O A S E V R E W F R I Q
I R V B G A I T B K N E I F Y S E U T Y
U I E O K V S R A E B O E G S K I I N G
H C C E F I P E R B O P W R N V D C U Z
V W S O D G P Y Y R F X S T T N I A H C
```

Solution on page 346

Irish

CELTIC MUSIC

CLOVER

CONNACHT

CORK

DEMOCRACY

DRUID

DUBLIN

EIRE

EMERALD ISLE

FAMINE

GAELIC GAMES

GALWAY

GREEN

HERO TALES

HURLING

IRISH

ISLAND

JAMES JOYCE

JIGS

JONATHAN SWIFT

KILLARNEY

LEINSTER

LEPRECHAUN

```
W T R Y I J W A H S S O C C E R E G O C
V Q H B R W I E S I N N F E I N R N Y H
A X Y B G U R G A L W A Y Y K S I H W L
O D D X H O O L S W G S D K L A E M P N
U F N S T B N L A I R G S C R W I E A D
G C I A T T E K C E B L E U M A S G A F
C R L A L W R C J S F O H L X E K U D R
I E E O I S D I O Z E C Y O J S E M A J
S P L E V A I R N T K M U N S T E R Y O
E Y N T N E U E A I N U A H C E R P E L
O Z E I I O R M T Z T R G G I P I O A A
T C T N L C D I H I O Y D N C F G U T A
A O O F R B M L A U C M C E I I M N S G
T R U N D A U U N M B Q O O U L L D X Y
O K R K N Z L D S E L S I D L A R E M E
P C I G S A E L W I N D T U F L E U A D
U L S T E R C I I Y C A R C O M E D H G
J M M W S V N H F K C O R M A H S G G U
V L D R O F R E T A W T R E T S N I E L
W S T Z Y M Y G K E P U J W C V L R Y A
```

LIMERICK

LUCK

MUNSTER

PEAT BOGS

POTATOES

POUND

RAIN

ROUNDERS

RUGBY

SAMUEL BECKETT

SHAMROCK

SHAW

SINN FEIN

SOCCER

TOURISM

TRINITY COLLEGE

ULSTER

WATERFORD

WHISKY

WIND

YEATS

Solution on page 346

Makes a Meal

BANQUET

BARBEQUE

BITE

BRUNCH

BUFFET

BURGOO

BUSINESS LUNCH

CLAMBAKE

COFFEE BREAK

COLLATION

COOKOUT

CORNMEAL

DINNER

FARINA

FEAST

FISH FRY

INDIAN MEAL

KIBBLE

LAST SUPPER

LUNCHEON

MATZO MEAL

MESS

NOSH

OATMEAL

PASSOVER SUPPER

PICNIC

PINOLE

POTLUCK

POWER BREAKFAST

REFECTION

REFRESHMENT

ROLLED OATS

SEDER

SMORGASBORD

SNACK

SPREAD

SQUARE MEAL

TIFFIN

WEENIE ROAST

```
O N U N Q C T A N K A C F O C O M R R P
M J O G R M R P I C N I C C B N Q P R Y
L S F T S Y C B E D I Q S E D E R O X L
H P I M O N L R E F R E S H M E N T E B
P R S A A L A E M T A O Q X P I K L R F
I E H T N Y M C S J F J Y P N A O U H Y
Q A F Z H T B C K P N B U D E N N C L W
K D R O B S A G R O M S I R I C N K A B
P Z Y M N A K C I O R A B P H U G Q S N
L P X E Q E E T D E N E I T L W I T T I
A A I A Y F A V V M E K S S B J A S S F
E G E L N L R O E F N T S A S H T A U F
M O R M L T S A F K A E R B R E W O P I
N D O O E S L O M O N B H Z V L M R P T
R P C G A R C E D I E T K I B B L E E E
O P S P R P A E S Q R E N N I D G I R U
C D S Y K U L U U R E F E C T I O N P Q
H C Z Z K L B E Q P T F L U N C H E O N
T U O K O O C L L S I U R E M A W E W A
J T J R W N G Y V W B B Y M D Y C W U B
```

Solution on page 346

Two Wheeler

ACCESSORIES

AXLE

CABLES

CALIPERS

CARRIERS

CHAIN

CRANK

CROSS BAR

DERAILLEUR

FENDER

FORKS

FRAME

GEARSHIFT

GRIPS

HANDLEBARS

HEADLIGHT

HELMET

HORN

INNER TUBE

KICKSTAND

LIGHTS

LOCK

MOUNTAIN

MUDGUARDS

PEDALS

PULLEY

PUMP

RACING

REFLECTORS

RIDE

RIMS

ROAD

SADDLE

SCOOTER

SEAT

SHIFTERS

SPEEDOMETER

SPOKES

TAILLIGHT

TANDEM

TIRES

TOE CLIPS

TRICYCLE

UNICYCLE

WHEEL

```
D X X G T T F E U Q S M I R S E A T N Q
X Y T Z Q L X O M P C P Z M F R A M E H
H E N T R Q Y H O E J R I D E N L U T F
B Y F H U M S M U D G U A R D S D K J K
V S J G E M C C N A N V T E G R R V N H
N K Y I L K O R T L I L M O S O D A O R
O A Q L L N O O A S C K G Y E T R T G L
I S K D I U T S I P A I E W L C L U P I
S A P A A S E S N O R C A F B E L N M G
W D U E R S R B A K K K R D A L E I U H
I D N H E Y K A N E A S S R C F E C P T
K L C R D D E R B S C T H N K E H Y Y S
T E I H O C O L O E A A I O B R W C W R
A T M A W H O M L F L N F U K C O L W E
K I T P S F C I E U I D T T E M L E H T
S T H G I L L I A T P R N O R E D N E F
Q H A S E I R O S S E C C A V Z B K W I
Q S X M Q V V I T N R R P C H A I N D H
A A L K L J Z Y N K S R E I R R A C I S
J O E L C Y C I R T X B Z D O Q C O W T
```

Solution on page 346

Buy a Car

ACCORD

ASTON MARTIN

BMW

BUICK

CAMRY

CHRYSLER

COLOR

CONVERTIBLE

CORVETTE

DEALER

DODGE

ESCORT

EXPLORER

FORD

FOUR WHEEL DRIVE

FUEL ECONOMY

HIDDEN FEES

HONDA

HUMMER

IMPALA

INTEREST RATE

LAMBORGHINI

LESABRE

```
G H J F O N E U I E J E L Y Z U L H B T
R J B U I C K T Y D R I B R E D N U H T
K E K E V I R D L E E H W R U O F M I E
A F S L D E N W O E R P N O A M U M D Y
N J O E L B I T R E V N O C M E F E D R
S K U C A X S H E W W O L G Y R Z R E U
T U N O M R G F A R S V G N R B N G N X
P H O N D A C R A P E A Q I D A I P F U
L Z G O B N R H S E S S S T V S E S E L
K E A M I A E F C T X T T A T E D E E P
M T W Y N I K Q O T I Z Q R P L A D S R
C A P T I M A N E E Q C A Y A T R A R I
R I Y H H P M X V V B T K T N T T N E V
Q T A W G A P P U R I N L E Z K E A L A
Z O H L R L E S C O R T M F R J U V S T
D G K T O A E E N C B Y O A E P C I Y E
P E I R B D R O C C A R C S B G R N R S
P N E B M A Z D A P D Y R M A C C I H A
R R E G A E L I M A U G N A T S U M C L
C D E A L E R O L O C J F V E D O D G E
```

LUXURY

MAKE

MAZDA

MILEAGE

MINIVAN

MUSTANG

NEGOTIATE

NOVA

PAYMENT

PRE OWNED

PRIVATE SALE

REBATE

REGISTRATION

RESEARCH

SAFETY RATING

SEDAN

STICKER PRICE

THUNDERBIRD

TRADE IN

USED

WAGON

WARRANTY

Solution on page 346

Airports

AIRCRAFT

AIRFARE

AIRLINES

AIRPLANES

ATTENDANTS

BOS

CABIN

CAPTAIN

CARRY ON

COFFEE SHOP

CONCOURSE

ELEVATORS

FUSELAGE

GATE

GIFT SHOP

HOTEL SHUTTLES

HOU

JET

KITTY HAWK

LANDING

LAX

LONG TERM PARKING

LUGGAGE

MAGAZINE STAND

MECHANICS

METAL DETECTOR

NAVIGATORS

NYC

OVERHEAD

PHL

POLICE

RADAR

RUDDER

RUNWAY

SHORT TERM PARKING

SKYCAPS

TAXI

TICKET

TOURIST CENTER

TRAVEL

VISITOR INFORMATION

WALKWAY

WHITE ZONE

X RAY MACHINE

```
L L U G G A G E I E W Z D J S P F N U T
K A Y Y M N P N F L F V K M E U O H I U
A N Z H I N U N U H R G X A L I G X W V
I I X D G I Y K S P A N R G T H A R A S
R B N P N C E W E O D I O A T T T U L K
P A P N I O L A L H A K M Z U R E D K Y
L C K X K F E H A S R R N I H U R D W C
A T E R R F V Y G T O A E N S N A E A A
N I A A A E A T E F T P P E L W F R Y P
E S I Y P E T T N I C M H S E A R Y A S
S V R M M S O I O G E R A T T Y I D T I
R C L A R H R K Z G T E I A O C A A T F
O A I C E O S P E H E T R N H O T E E J
T P N H T P L O T X D G C D Z N K H N G
A T E I T G E L I D L N R S S C S R D Y
G A S N R X V I H N A O A A I O V E A F
I I H E O A A C W G T L F T S U B V N L
V N B G H S R E T N E C T S I R U O T A
A H O O S W T E J A M V X C E S K G S B
N N B C N I G P S C I N A H C E M Q I U
```

Solution on page 347

Easy Does It

ABUNDANT

ACCESSIBLE

ACQUIRABLE

CASUAL

CHILDLIKE

COMFORTABLE

COZY

CUSHY

DELIGHTFUL

DISARMING

EASYGOING

EFFORTLESS

ELEMENTARY

FABULOUS

FACILE

FORTHCOMING

GENTLE

GOOD

LEISURELY

LENIENT

LOOSE

MELLOW

MERE

```
L  J  B  W  L  K  T  L  K  T  Y  B  M  H  C  I  R  A  K  Y
S  U  X  O  R  E  A  S  Y  G  O  I  N  G  M  R  E  A  D  Y
S  T  N  L  Y  E  K  Q  L  L  M  B  F  A  C  I  L  E  V  X
R  O  J  L  E  I  S  U  R  E  L  Y  T  N  A  S  A  E  L  P
L  S  F  E  E  L  U  S  S  E  L  N  I  A  P  C  X  S  C  L
B  J  V  M  M  I  B  I  W  D  L  Q  R  Z  I  P  E  O  H  U
B  D  I  S  A  R  M  I  N  G  U  B  O  T  X  N  D  O  I  F
Q  J  F  G  R  P  K  L  S  S  N  A  A  G  W  F  A  L  L  I
D  A  M  A  L  A  K  T  J  S  D  M  N  T  A  R  N  B  D  T
U  E  C  E  B  K  Y  L  D  N  E  I  R  F  R  E  S  U  L  N
S  Z  L  Q  R  U  A  C  G  L  M  C  G  W  M  O  L  D  I  E
T  S  V  I  U  N  L  N  B  O  A  D  C  U  H  M  F  D  K  L
E  N  E  E  G  I  I  O  C  O  N  L  E  A  E  V  E  M  E  P
N  S  A  L  R  H  R  H  U  V  D  E  H  I  A  C  C  E  O  Q
D  E  M  D  T  P  T  A  F  S  I  N  P  S  R  V  A  R  O  C
E  S  O  O  N  R  C  F  B  Y  N  I  W  O  T  R  S  E  N  O
R  O  O  U  O  U  O  I  U  L  G  E  F  Q  E  A  U  T  H  Z
G  S  V  F  S  T  B  F  K  L  E  N  D  F  D  E  A  H  A  Y
S  M  A  H  T  T  H  A  F  T  U  T  G  E  N  T  L  E  N  S
X  F  Y  A  G  E  L  E  M  E  N  T  A  R  Y  O  I  L  D  U
```

OBTAINABLE

ON HAND

PAINLESS

PLEASANT

PLENTIFUL

READY

RELAXED

RICH

SIMPLE

SMOOTH

SOFT

SOOTHING

SWEET

TENDER

UNDEMANDING

UNFORCED

UNHURRIED

UNPROBLEMATIC

USER FRIENDLY

WARMHEARTED

Solution on page 347

Beautiful Lawns

```
Y A W P R A F C T Z I P X S Z Z X T W K
D V D Y T M W L K N W U U W B S B N J S
Q A C Z H L E I O E V E S N G N W N R L
A Q R Z D T E P P W P O E P D O T I M W
X V A T H E D P A E E D V D S I V T N M
T S X L C N K I H C R R S P E T F R M G
E U P L T N I N N A S R S O D A P O U K
Y N C I A I L G G S E D N O E V T G C D
Z J I F H S L S H L E E N L E A L E A R
I Z S T T C E P K G W C D A S C D N R P
B P M S S O R N J C A A T N L X D H E L
F H K X A U I A T Z O C W S N E O O B A
T V M H N R G F D R T R E L L I S S A N
S G A I P T G U B E A G N I H C N E R T
Y B N S K X O B A E C S O P B D T Q B S
P G U I E S E P A T N N H B R A I L E T
V K R R W S J H S R S C E C R B R U C O
O R E R G O O R Z O C K H E A I Z E U N
B I S Q H M M R Y P I G A S K N C M E E
S R X Y Z F A O L Y L L I R G E Z K H U
```

AERATE

BARBECUE

BENCH

BRICK

BROADLEAF

CEDAR CHIPS

CLIPPING

CRABGRASS

CURB

DANDELIONS

DECK

EXCAVATION

FILL

FLOWERS

GARDEN

GRILL

GRUBS

HOSE

INSECTS

LANDSCAPE

MANURE

MOWING

NITROGEN

PLANTS

POOL

PRUNING

RAIL

ROCKS

ROSES

SEED

SOD

SPRINKLERS

ST AUGUSTINE

STONE

SWING

TENNIS COURT

THATCH

TOPSOIL

TRASH CAN

TRELLIS

TRENCHING

WEED EATER

WEED KILLER

Solution on page 347

'60s Flashback

```
T S Y O B H C A E B E H T I E D Y E R N
W R I O U A A N Q L L O R D N A K C O R
I A F S B O C S I C N A R F N A S X B V
G W F C I X I R D N E H I M I J I Z E U
G I K A R R N O O M E H T N O N A M R S
Y T N R T S C E B A Y O F P I G S C T E
O N I R H N C E A R Q C F S N A B O K X
B A A O C I I B L T D N Z E O L R U E U
W U L B O L L E C I N U F E T T E N N A
O S R E N P E R I N S E E K S A Z T N L
C T E R T O D L S L T S M N I M H E E R
T I B T R J E I U U S E I O L O N R D E
H N M S O S H N M T E I N M Y N E C Y V
G P A O L I C W K H T P I E N T V U D O
I O H N P N Y A L E O P S H N A J L O L
N W C U I A S L O R R I M T O D B T M U
D E T B L J P L F K P H M D S J R U K T
I R L T L X C I V I L R I G H T S R C I
M S I L A T N E M N O R I V N E R E O O
J K W A G C H A I G H T A S H B U R Y N
```

ALTAMONT

ANNETTE FUNICELLO

ANTIWAR

AUSTIN POWERS

BAY OF PIGS

BERLIN WALL

BIRTH CONTROL PILL

BREZHNEV

CIVIL RIGHTS

COUNTERCULTURE

CUBAN MISSILE CRISIS

ENVIRONMENTALISM

FEMINISM

FOLK MUSIC

HAIGHT ASHBURY

HIPPIES

JANIS JOPLIN

JIMI HENDRIX

LBJ

MAN ON THE MOON

MARTIN LUTHER KING

MIDNIGHT COWBOY

MOD

NIXON

OSCAR ROBERTSON

PROTESTS

PSYCHEDELIC

ROBERT KENNEDY

ROCK AND ROLL

SAN FRANCISCO

SEXUAL REVOLUTION

SONNY LISTON

THE BEACH BOYS

THE MONKEES

TIE DYE

TWIGGY

WILT CHAMBERLAIN

Solution on page 347

Vacuum Cleaners

AC POWER

AIR FILTER

APPLIANCE

ATTACHMENTS

BAGLESS

BEATER BRUSH

BELT

CANISTER

CARPET

CORDLESS

CYCLONE

DUSTBIN

DYSON

ELECTRIC MOP

FAN

FLOOR BRUSH

HAND HELD

HANDLE

HARDWOOD

HEPA FILTER

HOOVER

HOSE

HOUSING

INTAKE TUBE

MOTOR

NOZZLE

PORTABLE

RECHARGEABLE

ROOMBA

RUG

STEAM

SUCTION

TILE

UPRIGHT

WET VAC

WHIRLWIND

```
A A F V N M W R J C N C I U G N Y L C I
R A Z D T E P O R T A B L E S X T A H H
B I V H N S R O B A C Q L B D G N I P W
X R Y Y X O E M W E N B U U C I D O E G
Z F V Q T H W B C O A D S D S G M T H C
S I K O U X O A I E Q T U T A C V S O P
A L M G K A P T G C B D E Z I A U D U B
V T L E B N C R E I N R L R C R O Y S Z
F E T I G U A L N I A F T Y B O R Y I R
Z R C A S H D M W G U C C R W R E N N C
Z L R N C N I L M R E L O D A B U S G A
A G J E A H R R U L O O R C M M I S D R
M I R H T I M E E N L A D C M O X E H P
X B S D H L L E E F H O L A Q T I L E E
J Z Z W B Z I P N D O N E U P R I G H T
B Q S Z Z Y O F P T E T S Y N X J A U A
Y F J O X P M P A A S S S P F O A B W X
A Z N A G L S G R P G R H O A J S E Q Q
W J B E I U E B U T E K A T N I B Y W J
K M H P S O R E V O O H A N D H E L D G
```

Solution on page 347

Across the Oregon Trail

```
L S C H W L G F L V G W E A I G J H X K
C I F O R T B O I S E M I G R A N T S S
S N O G A W Y R O T I R R E T P W U L R
V D R R C M S E T T L E R S L D S L D S
I R T Y H I J G J B C H O L E R A A E N
B E H R I S C O T T S B L U F F L F E I
I D A E M S O N O C A B V A N L Z I R A
U B L V N O R C X A F S K A A I R B T L
S U L U E U R I E M K S C W N I E S E P
M T J O Y R I T N P A I A D A A V W N T
N T K C R I D Y Q R R L E R R G I E I A
Q E I N O R O O B E L P P R E S R S P E
K S N A C I R E M A E V I T A N T T E R
U R D V K V N A W N U V U N B R N P N G
G E I T C E B T D D E O D W A Q R O O V
Z V A R A R R E E R R C F C A Y U R L H
V I N O P O N Z V S L E E H W L B T O O
C R S F F C S N I A T N U O M Y K C O R
T N O M E R F O R E V I R N E E R G E S
Q A S A S N A K H A R D S H I P T Y W E
```

AMERICAN FALLS

BACON

BEAR RIVER

BURNT RIVER

CAMP

CART

CHIMNEY ROCK

CHOLERA

CORRIDOR

DUNG

EMIGRANTS

FORT BOISE

FORT HALL

FORT VANCOUVER

FORT WALLAWALLA

FREMONT

GREAT PLAINS

GREEN RIVER

HARDSHIP

HORSE

INDEPENDENCE

INDIANS

KANSAS

LEWIS AND CLARK

LONE PINE TREE

MISSOURI RIVER

MULE

NATIVE AMERICANS

NEBRASKA

OREGON CITY

OXEN

PACK

PRAIRIE

RED BUTTES

RIVERS

ROCKY MOUNTAINS

ROUTE

SCOTTS BLUFF

SETTLERS

TERRITORY

WAGONS

WALK

WESTPORT

WHEELS

Solution on page 347

Mushrooms

AMANITA

BLACK TRUMPET

BOLETES

CEPE

CHANTERELLES

CINNAMON CAP

CLAM SHELL

CORAL FUNGI

CORDYCEPS

DESTROYING ANGEL

DRIED

EDIBLE

FALSE MORELS

FOREST

FUNGUS

GANODERMA

GRIFOLA

HEDGEHOG

HEN OF THE WOODS

JACK O LANTERN

LENTINULA

LING ZHI

LITTLE BROWN

MAITAKE

MATSUTAKE

NAMEKO

OYSTER

PIZZA

POISONOUS

POM POM BLANC

PORCINI

PORTOBELLO

REISHI

RUSSULA

SCARLET CUP

SHAGGY MANE

SHIITAKE

SLIPPERY JACK

SPORE

STIPE

SULFUR SHELF

TREMELLA

UMBRELLA

WILD

```
C S H I I T A K E K A T U S T A M A Y X
P O I S O N O U S C X P I Z Z A S L L E
F C R P A C N O M A N N I C I E D O L S
I I H A F R P U U J H F D T L E O F I B
H R M A L R E T S Y O R A B S N O I N Y
S E S O N F Z H R R I K I T W S W R G I
I O D C K T U A G E E D R O U S E G Z J
E O L G A E E N D P E O R L Y T H K H K
R H S L E R M R G P Y B F V N E T S I M
O F L C E H L A E I E U A A C P F P N N
P C E L S B O E N L R G L T T M O E I A
S Z R A H B O G T S L O U I R U N C C B
T U O M A W A T H C K E S N E R E Y R I
I M M S G N I E R C U W S A M T H D O L
P B E H G L L L A O R P U M E K F R P K
E R S E Y F G J D W P Z R A L C U O J J
G E L L M Z N P O M P O M B L A N C T E
R L A L A L U N I T N E L T A L G E W G
A L F F N W C D V S E T E L O B U P A C
G A M R E D O N A G F O R E S T S E I L
```

Solution on page 348

Gymnastics

AMPLITUDE

ARABESQUE

ATTITUDE

AXIS THROW

BARANI

BODY WAVE

CABRIOLE

COSSACK

DEGREE OF DIFFICULTY

DISMOUNT

EXECUTION

EXERCISE

FLIFFIS

FRONTAL PLANE

HEALY

HURDLE

ILLUSION TURN

INWARD TURN

JETE

JUDGES

LATERAL PLANE

LEG CIRCLE

LUNGE

MILL

OPTIONALS

PARALLEL BARS

PIROUETTES

POMMEL HORSE

QUADRIFFIS

RETRO ROLL

RINGS

SCORING

SISSONE

SPIRAL

SPOTTERS

STRADDLE

STUTZ

TUMBLING

UNEVEN BARS

VAULT

WALKOVER

```
T Y E A G N I L B M U T N U O M S I D L
A Q S A T I X H E S R A B N E V E N U X
U W P K Z T U T S X I B K D S M L W P I
M Y O L A R I P S S E O P T I O N A L S
X B T H D J E T E O I R O C U G I R Q F
S O T L G U C D U U F F C M I L L D U I
T D E G R E E O F D I F F I C U L T Y S
R Y R N W A L K O V E R Q I S C U U A E
A W S R A B L E L L A R A P L E S R X T
D A T C L L O R O R T E R U L F I N I T
D V S O T Q P I S P O M M E L H O R S E
L E J S I D R L C J U D G E S E N R T U
E U Q S E B A R A N I C V Y V A T O H O
G B G A A T E D U T I L P M A L U P R R
D E S C O R I N G R N N H F U Y R W O I
L S G K E G T T C E N O S S I S N R W P
U T N B P W P L L A T E R A L P L A N E
N O I T U C E X E U S I F F I R D A U Q
G S R N I B J Z K Z A M M C T O Q Y K B
E A Y Y N G A W Q I Y V Z S M A C O K Y
```

Solution on page 348

Be My Valentine

```
G H M E N I T N E L A V T N I A S L I R
T M U Y S C F J I R V W U U J W A L H B
S W Q Z T X L F O R G E T M E N O T S J
U V H Q K A A C S D R A C E A V I R C M
J L S H B J M T W A P S T B E M I N E K
X W K X D G E E T A N T Y A C J Q N L
F I H O N E Y B E H O H O F K T N B T E
R Q M Q W P Y T T H U G G I N G A S S
B O U S J D A G H M E A A O O G I U D G
Q X S A D L X I E D I S G N O S S P M S
S S V E O H N R A H U S B A N D W P A Q
S Y T C S G K L R M U S I C P E I O D Q
A Z O R S N O F T T A Y R A U R B E F Q
H H H G N I L R A D N Z N N P E R T S J
C X G N I S S I K U G C B D P F V R L Z
W U X T T O G E T H E R X Y Y I E Y F F
G X P R O M A N C E L M O O L W N D M L
T I A I B C Z D N E I R F Y O B U W A V
A E Z Y D A T E X Q C Q P L V N S C F Z
D C P K R J G A V C F J F J E W E L R Y
```

ANGEL

BE MINE

BOY FRIEND

CANDY

CARDS

CHOCOLATE

CUPID

DANCE

DARLING

DATE

DEAR

FEBRUARY

FLAME

FLOWERS

FORGET ME NOT

GIFTS

GIRL FRIEND

GOODIES

HONEY

HUGGING

HUSBAND

I LOVE YOU

JEWELRY

KISSING

LACE

MUSIC

PINK

POETRY

PUPPY LOVE

RED

ROMANCE

ROSES

SAINT VALENTINE

SCENTS

SONGS

SWEET NOTHINGS

SWEETHEART

SWEETS

TEDDY BEAR

TOGETHER

VENUS

WIFE

Solution on page 348

Electronics

ALTERNATING

BATTERIES

BRIDGE

CAPACITOR

CIRCUIT BREAKER

CURRENT

DIODE

DIRECT

ELECTRICITY

ELECTROMAGNET

ELECTRON

FREQUENCY COUNTER

FUNCTION GENERATOR

FUSE

GATES

GROUND

INDUCTOR

LED

MULTIMETER

NEGATIVE

OHMS LAW

OSCILLATOR

OSCILLOSCOPE

POSITIVE

RECTIFIER

RESISTOR

RESONATOR

RHEOSTAT

SEMICONDUCTOR

SILICON

SOLDER

SWITCH

THERMISTOR

TRANSFORMER

VACUUM TUBE

VOLTAGE

WATTAGE

```
Q H S N V G T F R Q K C M B E P W G D F
H C O E G A T L O V J L L J O Q H G I O
H U L G Y F W O C R O T S I S E R F R F
C R D A R T U A O V A C U U M T U B E T
B R E T E M I T L U M U Y Q O N A I C E
K E R I F R A C D S I P R L C E L H T L
N N R V P L E N I W M O C T C O T B N E
T T C E L O W K R R T H I M H H E A T C
R W Q I M O F D A C T O O Y H P R T H T
H R C R F R E Q U E N C Y C O U N T E R
E S E E L O D I G R E E C G S A E R O
O B D I X S N F E N W B S L I A T R M M
S R O Y F O O N S A D O T L E E I I I A
T I I Z C I E N T N L U I I O L N E S G
A D D I S R T T A L A C C H U E G S T N
T G M C A P A C I T O R I T C C E C O E
P E A T Z G H C E N O D T U O T R Q R T
S O O A E E S U F R V R T P A R I I M Y
D R Q E P O S I T I V E Y G H O F W C E
S J U K N B N S K X L G R O U N D Y S X
```

Solution on page 348

Up, Up, and Away

AERODYNAMICS

AILERONS

AIRFLOW

AIRFOILS

AIRFRAME

AIRSPEED

ALTIMETER

ALTITUDE

BIPLANE

CABIN

COCKPIT

CONTROLS

COWLING

DOGFIGHTS

DRAG

ELEVATORS

FLARE

FLYING

FUSELAGE

INSTRUMENTS

LANDING GEAR

LIFT

NAVIGATION

NOSE DIVE

PILOT

PITCH

PROPELLER

RADIAL ENGINE

RETRACTABLE

ROLL

RUDDER

SPOILERS

STABILIZERS

STICK

STRUTS

STUNTS

TAIL FLAPS

TAKEOFFS

THRUST

TRIM TABS

TURBOFAN

WINGS

YAW

YOKE

```
V A K Q S X G B X E D U T I T L A E T R
R R N V H C O N T R O L S C B I W L Y F
P G O C S T U N T S G N I Y L F O E X A
W N T C D U E M A R F R I A C S L V R D
N I T Q R R E T E M I T L A T P F A E X
P L L T M B K Q M N G K A R L U R T L R
Q W A C M O R R V H H R U I S O I O L J
S O N O G F S W E C T T F E L K A R E C
F C D U P A I P A T S O L P C F E S P Q
F Y I F B N F M O E R A L F Q K L T O A
O D N M G W N A V I G A T I O N E A R I
E L G S A L F V T E L N C Y P B E B P R
K R G Y I N S T R U M E N T S Q E I T S
A E E Q Z Q Y S L I O F R I A M N L H P
T D A N O S E D I V E G I S N B A I R E
F D R T I P K C O C A M M E N C L Z U E
I U O I X A I L E R O N S I W Z P E S D
L R L L T O Q A D M E S B A T M I R T T
I E L N E N I G N E L A I D A R B S Q D
I C C X B Q L S T I C K D K P V R Y M L
```

Solution on page 348

Mark It on the Calendar

ALL SAINTS DAY

ARMED FORCES DAY

ASH WEDNESDAY

BASTILLE DAY

BOXING DAY

CHINESE NEW YEAR

CHRISTMAS

CINCO DE MAYO

COLUMBUS DAY

DASARA

EARTH DAY

EASTER

ELECTION DAY

FOURTH OF JULY

GOOD FRIDAY

GRANDPARENTS DAY

GROUNDHOG DAY

GUY FAWKES DAY

INDEPENDENCE DAY

KWANZAA

LABOR DAY

LANTERN FESTIVAL

LINCOLNS BIRTHDAY

LUNAR NEW YEAR

MARDI GRAS

MAY DAY

MOTHERS DAY

NEW YEARS

PEARL HARBOR DAY

PURIM

RAMADAN

ROSH HASHANAH

SADIE HAWKINS DAY

SAINT PATRICKS DAY

TAX DAY

VALENTINES DAY

VETERANS DAY

YOM KIPPUR

```
S P B Y A D S N I K W A H E I D A S J I
E A S T E R A E Y W E N E S E N I H C V
T C U L A V I T S E F N R E T N A L I R
I N D E P E N D E N C E D A Y A D Y A M
Y A D N O I T C E L E S A R G I D R A M
Y O M K I P P U R C O L U M B U S D A Y
K W A N Z A A L U N A R N E W Y E A R S
B C H R I S T M A S H W E D N E S D A Y
Y G V E T E R A N S D A Y F M S H S A A
A R A S A D I F O U R T H O F J U L Y D
D O F L I N C O L N S B I R T H D A Y H
G U Y F A W K E S D A Y U C H H Y B A T
N N Z L A R S C I N C O D E M A Y O D R
I D G R A N D P A R E N T S D A Y R S A
X H D G W B A S T I L L E D A Y L D R E
O O F N M P Y A D R O B R A H L R A E P
B G A L L S A I N T S D A Y L H T Y H U
I D H Y A D S E N I T N E L A V D I T R
H A N A H S A H H S O R A M A D A N O I
A Y A D I R F D O O G T A X D A Y I M M
```

Solution on page 348

Have a Ball

AIR

BALLOON

BASEBALL

BASKETBALL

BOCCI

BOWLING

BOY

CRICKET

CROQUET

CRYSTAL

CURVE

EIGHT

EYE

FOOTBALL

GAME

GLOBE

GOLF

LEATHER

MARBLE

MEAT

MOTHBALL

ODD

ORB

```
I D X W L F L E R R W J F H R I A K P J
D V A Z A Y U X S X K N F U E S G G Z C
P U V C Z T E T H E R J B O V N F U R A
P O D E O K U B L L A B T O O F L I E F
J R V O Z A J F T M E U N P L D C L C V
R E Q T I B F E G R W O G O L K D L C R
S O V U X I Y L L K O N G T E T L A O D
J C R R H E O B D L I S H T Y A X B S M
M P K W U B O R L P A G M T B R O T O Y
C H O L E C J A M M I B N T A T V E Q O
H M U P C C B M O E B I E I L L P K T O
X Q O I C L Q W T V O U T S L L C S E F
Z C S O L O P C H P Q R B A A W R A N G
P B K D R D R G B C O S B N E B O B N H
S Z D S Y Y C N A U Y W E B P M Q B I N
U V Z Z S C H R L E O T T S S Q U A S H
U E R T C C Z E L N B R E H T A E L V J
T B A N U E T W S J O U M B U I T Y A A
M L L A B T F O S P S I A Z S D C M E G
D I O R E H P S S E N P G U F Y Y K J J
```

PING PONG

PLANET

POINT

POLO

POPCORN

RACQUETBALL

ROOM

ROULETTE

RUBBER

SNOWBALL

SOCCER

SOFTBALL

SPHEROID

SPORT

SQUASH

STICK

TENNIS

TETHER

TOY

VOLLEYBALL

WHIFFLE

Solution on page 349

Physical Science

ABSORPTION

ALPHA PARTICLE

AMMETER

AMPLITUDE

ATOMIC MASS

BETA PARTICLE

CATHODE RAY

CIRCUIT

COLLISION

DRIVING FORCE

ELECTRON

ENERGY

FISSION

FLUID

FUSION

GRAVITY

HEAT

INDUCTION

ISOTOPE

LIGHT

MAGNETIC

MATERIAL

MATTER

MECHANICS

MOLECULES

NEUTRON

NUCLEAR

OPTICS

PHOTON

PROBABILITY

PROTON

RELATIVITY

REPULSIVE

RESISTANCE

RESONANCE

SUPERCONDUCTOR

SUPERCOOL

TEMPERATURE

THERMODYNAMICS

VACUUM

VECTOR

VELOCITY

VOLT

WAVE

WEIGHT

```
R O N K S D S E L U C E L O M A T T E R
E P O T O S I C I T E N G A M M E T E R
Y T I R E L A T I V I T Y Z E I X O Y Y
S I S E C L V M W M U U C A V E C T O R
Q C U S N E C G C C A T H O D E R A Y R
A S F O A H N I F I I N D U C T I O N T
F Q L N T T E B T S M L Y Y W E I G H T
T Z U A S S U P E R C O N D U C T O R E
X G I N C T N C T A O T N O S A S N M
P W D C S I R E R A A P L A O M W U O P
B M T E E N O K O B L P A L A T R P T E
V Z A L R A N E F S C W A H I E O E O R
Z O D E E H U D G O M I E R P S N R H A
Q G L C P C C U N R T A R N T L I C P T
H E A T U E L T I P M H T C E I A O Q U
V Z C R L M E I V T W O G E U R C O N R
H B V O S O A L I I C M Z I R I G L W E
P V G N I S R P R O B A B I L I T Y E L
K M Q E V A W M D N O I S S I F A U T E
B V D A E G R A V I T Y Y T I C O L E V
```

Solution on page 349

Enrolling in College

ACADEMIA

ACADEMICS

ALUMNI

ASSIGNMENT

ASSOCIATES DEGREE

BACHELORS DEGREE

BLACKBOARD

CAFETERIA

CHEERLEADERS

CLASS LOAD

COURSE

CRAMMING

DEPARTMENTS

DESK

DORMS

ENGLISH

FAST FOOD

FRATERNITY

FRESHMAN

GPA

GRADES

GYM

HOURS

MAJOR

MASCOT

MATH

MINOR

PAPER

PARTY

PROFESSOR

PUPIL

QUIZ

READING

REPORT CARD

SCHOLAR

SCHOOL COLORS

SOPHOMORE

STUDENT

STUDY

SUBJECT

TEACHER

TEST

TEXT

WRITING

```
A A R N H D O W U K T L J U G I Q E C L
R S L A A L M V R O S S E F O R P B R A
U T S U L M A G N I M M A R C M A T H T
N E R O M O H P O S O D H A W C S D M O
G S O O C N H S R U O H S T H L S T E C
F R L F S I I C E E M W I E Y A I M X S
X U O S R A A D S R W M L R M S G A J A
F O C I E S C T O D F O G N T S N J U M
F C L N D T T A E S R I N I I L M O G T
F D O A A N H I D S C A E T L O E R S F
T U O O E E P R D E D I C Y A A N E O W
V L H S L M Y E O S M E M T X D T I G D
V A C T R T G T O T T I G E R X U K N S
I K S U E R G E F R C U A R D O V R I R
T R C D E A W F T D E S K E E A P Z T E
L E O E H P P A S G J S N H S E C E I A
H I X N C E A C A T B L A C K B O A R D
A D P T I D M P F M U J P A R T Y M W I
H Z I U Q M Y F E G S K H E Y J L W Y N
W S S A P G E F F R Y D U T S D G F A G
```

Solution on page 349

Business as Usual

```
R M E Q U I T Y C N E R R U C I O X H O
D B G P S M T D U Y P X O E Z C S E S P
X A O R C I M A I A T N E M T S E V N I
X R A O I H U T Y S Q E H M D E M A N D
J T S F M D A A T T T V S O P R T G C E
E E U I I X B E N E W R O G S T O C K S
S R P T A L S E S O E G I K N S I D I E
O E P B E S M U L F F R R B P I F O A X
Q C L A A E P F U O R O T R U A N M N A
O E Y L G E H N T D W E O S C T O R W T
R I G A L S D S T R T D S C L R I I A F
C V N I A N O A E X U P O O T L T O Z E
A A X C T C O P R C R U R I U H A J N D
M B S N I T A I T T N E Z O H R I W Y E
E L E A P P Q I T T Z A V O P Z C D S R
Y E L N A J O H S C T B L E R E E E Q A
L A P I C N I R P I U D U A N W R B S L
M G X F W S C B O Y C D D J B U P T R R
A G X T Z J T N E M N R E V O G E T Y B
Z Y P C O B D I V I D E N D W X D Y U X
```

ACCOUNTS

AMORTIZATION

ASSETS

AUDIT

BALANCE SHEET

BARTER

BUY

CAPITAL

CASH FLOW

COST OF GOODS

CURRENCY

DEBT

DEDUCTION

DEMAND

DEPRECIATION

DISTRIBUTION

DIVIDEND

EARNINGS

EQUITY

EXEMPTION

FEDERAL

FINANCIAL

GOVERNMENT

INVESTMENT

MACRO

MANAGEMENT

MICRO

PAPERWORK

PAYABLE

PRINCIPAL

PRODUCTION

PROFIT

PROPERTY

RECEIVABLE

REFUND

RESOURCES

REVENUE

SELL

STOCKS

SUPPLY

TAXABLE

TAXES

TRADE

WALL STREET

WITHHOLD

Solution on page 349

National Parks in the U.S.

APOSTLE ISLANDS

ARCHES

BADLANDS

BIG BEND

BISCAYNE

CANYON DE CHELLY

CANYONLANDS

CAPITOL REEF

CARLSBAD CAVERNS

COLONIAL

CRATER LAKE

DENALI

DRY TORTUGAS

EVERGLADES

GATES OF THE ARCTIC

GETTYSBURG

GLACIER BAY

GLEN CANYON

GRAND CANYON

GRAND TETON

GREAT BASIN

```
S H E N E N D O A H D D B A D L A N D S
N O T E T D N A R G L E N C A N Y O N C
I C O L O N I A L S D N A L N O Y N A C
S K I N G S C A N Y O N V W D E N A L I
A C K I N G C A N Y O N O R A U G A S Q
B G R A N D C A N Y O N E V A C D N I W
T C I T C R A E H T F O S E T A G B E W
A R G N S E N U D D N A S T A E R G R D
E A R U V C Y S U K E N A I F J O R D S
R T U O I M O U N T R U S H M O R E A A
G E B M C I N A C L O V N E S S A L P G
B R S Y S S D N A L S I E L T S O P A U
I L Y K E P E T R I F I E D F O R E S T
S A T C H Z C J Q Y A B R E I C A L G R
C K T O C L H O T S P R I N G S G T Z O
A E E R R T E V A C H T O M M A M Z Z T
Y G G C A R L S B A D C A V E R N S I Y
N I F E E R L O T I P A C I P M Y L O R
E V A L L E Y F O R G E X B I G B E N D
J O S H U A T R E E V E R G L A D E S I
```

GREAT SAND DUNES

HOT SPRINGS

JOSHUA TREE

KENAI FJORDS

KING CANYON

KINGS CANYON

LASSEN VOLCANIC

MAMMOTH CAVE

MOUNT RUSHMORE

OLYMPIC

PADRE ISLAND

PETRIFIED FOREST

ROCKY MOUNTAIN

SAGUARO

SHENENDOAH

VALLEY FORGE

WIND CAVE

ZION

Solution on page 349

Very Funny

BILL MURRAY

BILLY CRYSTAL

BOB GOLDTHWAIT

BOB HOPE

BUD ABBOT

BUSTER KEATON

CHARLIE CHAPLIN

CHEVY CHASE

DICK SMOTHERS

DOM DELOUISE

DUDLEY MOORE

GARRY SHANDLING

GEORGE CARLIN

GILDA RADNER

GROUCHO MARX

HAROLD LLOYD

JOHN BELUSHI

JOHNNY CARSON

LOU COSTELLO

MARTIN SHORT

MILTON BERLE

MOREY AMSTERDAM

OLIVER HARDY

RICHARD PRYOR

ROBERT KLEIN

ROBIN WILLIAMS

RODNEY DANGERFIELD

SHECKY GREENE

SID CAESAR

THE THREE STOOGES

```
X N V F M I L T O N B E R L E R E O Y H
D I P Y D R A H R E V I L O B E U H L A
O L L E T S O C U O L S I D C A E S A R
G R E S I U O L E D M O D S Y M J U M O
A A R I C H A R D P R Y O R H X B M C L
U C W G F X R A M O H C U O R G O O K D
E E C H A R L I E C H A P L I N B R Z L
N G L W T H E T H R E E S T O O G E S L
E R M E L U Q G E P O H B O B U O Y M O
N O S R A C Y N N H O J B I O O L A A Y
E E G A R R Y S H A N D L I N G D M I D
E G V R E N D A R A D L I G W R T S L K
R B I L L M U R R A Y Y Z A G S H T L N
G U B Y A E S A H C Y V E H C H W E I Y
Y D N I E L K T R E B O R N B H A R W K
K A D U D L E Y M O O R E I D S I D N O
C B I S I H S U L E B N H O J O T A I Z
E B A Y G T R O H S N I T R A M R M B C
H O S U A W A W B U S T E R K E A T O N
S T F L O R J L D I C K S M O T H E R S
```

Solution on page 349

Hot, Hot, Hot

```
I Y E V B N G N I D L A C S E A R I N G
Y Q H W S Z V T I Q T T U J M P A S I I
O G P M R C J Z T W N P L U Y W C F G O
Q O V A O O T Z Q A E T E R O O N J N X
S Y L O R L A F U R C B T O R R I D E H
Y T M C L C T S H E S A Q C Z P B G O E
T S V A A C H E T H E K H Z D R N C U H
P A G F E O A I N I D I S L O I K W S S
A O X Y B T V N N Z N N G I R K M I L G
L T G E E D S E I G A G L E B X R U N L
O A J D L O D G N C C I T O H E T I H W
Q Y C P I P I N G L N S I S V A Z G H D
G C S I Z Z L I N G I L M E F A G B I B
S Q T S P K T M G L I K F V L R N Q B K
M Q S R Z O N A B N M K E B A Y I U A W
A U S D H N R E G Z I W A R M K K M V I
M V G D F F T T G D Q N G N I W O L G H
B W E G A I J S S U L T R Y N S M O S W
F R I M Y R E I F Q P F L U G M S P P Y
T X D T R E L K J S W T O F B I A D B O
```

BAKING

BLAZING

BLISTERING

BOILING

BROILING

BURNING

FEVERISH

FIERY

FLAMING

GLOWING

HUMID

IGNEOUS

INCANDESCENT

MOLTEN

MUGGY

ON FIRE

OVEN LIKE

PARCHING

PIPING

RED HOT

ROASTING

SCALDING

SCORCHING

SEARING

SIZZLING

SMOKING

STEAMING

STEAMY

SULTRY

SUPERHEATED

TOASTY

TORRID

TROPICAL

VOLCANIC

WARM

WHITE HOT

Solution on page 350

Spelunking

ALCOVE

ALTAMIRA

ANTHODITE

BATS

CALCITE

CARLSBAD

CAVERN

CLIMBING

COLUMN

COOL

CRAWLING

DARK

DIVING

DOMES

EXPEDITION

EXPLORING

FLOWSTONE

GROTTO

HALOGEN LAMP

HELICTITE

HELMET

HYPOTHERMIA

LABYRINTH

LASCAUX

LIMESTONE

MAMMOTH CAVE

PASSAGE

PITCHES

ROPES

SAFETY

SANDSTONE

SILT

SPELEOLOGY

SPELUNKING

SQUEEZES

STALACTITE

STALAGMITE

TOM SAWYER

WATER

```
H T N I R Y B A L I M E S T O N E E W J
H P Z Y F G S U E P H X X A G J Y X N X
H T H T W O A U R L B D D A I K B P R Z
W A K X L L N E N E Y T C R A W L I N G
L K L M A O D T A V K T P C G F X P O P
E F D O M E S I D A B S L R A C V U I F
H U B G G L T T P C E T I M G A L A T S
A Z A U N E O C I H Y P O T H E R M I A
B S G K I P N I R T E S E V O C L A D C
R E N A B S E L Z O F T T W H E L M E T
E H I X M F E E A M G N I K N U L E P S
W C V S I M L H M M B M D T I U E M X E
E T I C L A C O P A P U O O C V X A E Z
J I D X C A T A W M G L H M J A P L G E
F P K W V D S B M S B O T S S I L T R E
N O E E A S A C A R T C N A A M O A O U
N V R R A T O F A D E O A W N C R M T Q
Q N K G S O E E R U V L N Y X X I I T S
P M E J L T W R O E X A N E H X N R O S
U Q S O Y Z R L Y S E P O R V M G A M T
```

Solution on page 350

Fancy Footwear

ADIDAS

ANKLE SUPPORT

ATHLETIC

BIRKENSTOCK

BOOTS

BUCKLES

CASUAL

CLEATS

CLOG

DRESS

FLIP FLOP

GYM

HIGH HEELS

HIKING

LACE

LEATHER

LOAFER

MOCCASIN

NATURALIZER

NEW BALANCE

NIKE

ORTHOPEDIC

OXFORD

PLATFORM

POLISH

PUMPS

REEBOK

RUNNING

SANDALS

SAUCONY

SHOE HORN

SHOESTRING

SHOETREE

SLIPPER

SNEAKERS

SNOWSHOE

SOCK

SOLE

STRAPS

SUEDE

TASSELS

TENNIS

TIMBERLAND

TOE

```
S V F S B P P Y V F V R Z H W S P A E W
U R J S P A R T S F Z N W Z I W O M B C
E C E I L N R P I U N K U L L K L F Q I
D E K K O K O N T Q F E A S A D I D A T
E V Q P A L C S D D K U H T C X S N I E
R H S T F E U O L N S O U A E X H M G L
O S L P E S N U S A E U G S R X B U Q H
N E I V R U C S C T D N J S Y E K I N T
D L P K S P B M R U I N J E R C E I V A
F K P E C P R E T R Q G A L J L L B E M
R C E L V O E D T A N F A S R E O X O D
S U R C F R T S H L I N C E A A S Y T K
P B S T L T E S C I D E P O H T R O Y E
M Z A B O O T S N Z G S T T B S W R J R
U L U Q H Z G X H E O H S W O N S U X E
P B C S T L L W A R K C H E H C U N R H
D R O F X O P U F T A R O E R A K N C T
T E N N I S M O C C A S I N E D B I F A
F F Y R V C Y N T G N E W B A L A N C E
G K C U K V G C T N R O H E O H S G D L
```

Solution on page 350

Mythology

AETHER

APHRODITE

CINXIA

CONDITOR

CUPID

DIANA

DIONYSOS

ERINYES

EROS

EURUS

FAMA

FAUNS

FORTUNA

GOLDEN AGE

HADES

HEBE

HERMES

HESTIA

HONOS

HYGEIA

HYPNOS

INDIVIA

IRIS

ITALUS

JUNO

LAVERNA

LIBERA

LUNA

MERCURY

MINERVA

MORPHEUS

NEMESIS

NIKE

PERSEPHONE

PLUTO

POSEIDON

REMUS

ROMULUS

TRIVIA

ULYSSES

VIRTUS

VULCAN

ZEUS

```
E E E D E X M O V U P L P D M Y S B T G
E G O L D E N A G E R N M K I L U N A H
S E Q H Z I C F N O D I E S O P R P A E
L T B K P T O O T C C X R E U A U D T B
G V E Z O R H N N O C J C M R L E C K E
T W K E T P F X Y D F A U R D S U M E R
J A I U E D K B O S I A R E B I L M X O
R I N S X G E A M X O T Y H E P P L O O
T A R A K M I H N A X S O R O H L S M R
A E A V I T P I M X J M O R P H E U S P
P C X J S D C A Q H Q S O N P Y H L T M
H A Y E L M F A S F O L A N N S M Y N O
R E H T E A I J U N O A J I C I O S W Z
O T S E U E B N O D V V R G V R B S T C
D W C N G O A H E A N E M E S I S E A L
I M S Y M C A D V R W R O S U T D S I G
T N H X L P U N L C V N F P T A H N V Z
E R P U Y O O N O O E A P U R L T X I K
A Z V E P X U P H S G Q S Q I U N D R Y
U E A V Q D P C J B E T I W V S E W T Y
```

Solution on page 350

Across the Ocean

```
B E R I N G K C A L B A R E N T S S Y S
R N R K S U R F A C E Z V A J V E Y H U
S E A O H P F L O O D T I D E D M J M R
F E T I H N R J K R J B H L I H C Z A F
O A A A D S F I E Y A D O M U U B J E I
E B B W W N G N N R Y C E R S Q E S R N
B T I T A K I N A G I N R P F T R U T G
T F I R D L A R O T T I L P T E M R S B
L L X P N L L E Y L C I W Y T H A F F I
I O P A S Z I Z R A T C D A T N R Z L D
D H E Q N R O C N B Z N W E S R I O U C
A C S Y M N E E E Q Z H E P C J N N G F
O D E Z E Q T I J B G U O R A X E E L I
E B A C K B A R R I E R M A R S H P A S
G D N A L D A E H R T R U W I U E P G H
N O I S O R E N B A A P G E B C C M O I
N O R T H E A S T E R B G S B C P M O N
S E V A W E E I J U L T D R E D G I N G
C J D V M O O L S H F A T L A N T I C B
A E G E A N L H U F D T S U N A M I S Z
```

AEGEAN

ARABIAN

ATLANTIC

BACKBARRIER MARSH

BARENTS

BARRIER SPIT

BERING

BERM

BLACK

BREAKWATER

CARIBBEAN

CURRENT LONGSHORE

CUSP

DEPTH

DREDGING

DUNE

EROSION

FISHING

FLOOD TIDE

GULF STREAM

HEADLAND

HURRICANE

ICEBERGS

INDIAN

JETTY

LAGOON

LITTORAL DRIFT

LOW TIDE

MARINE

MEAN HIGH WATER

NORTHEASTER

OCEAN LINER

SEAWALL

SEDIMENT

SPRING TIDE

SURF ZONE

SURFACE

SURFING

TRANSPORTATION

TSUNAMIS

UPRUSH

VELOCITY ZONE

WAVES

Solution on page 350

Music Composers

BACH

BARBER

BEETHOVEN

BERLIOZ

BERNSTEIN

BIZET

BOCCHERINI

BRAHMS

BRITTEN

BRUCKNER

CHOPIN

COPLAND

DAVID LANZ

DEBUSSY

DUKE ELLINGTON

DVORAK

ELGAR

GLENN MILLER

GRIEG

HADYN

HANDEL

JAMES HORNER

JERRY GOLDSMITH

JOHN PHILIP SOUSA

LISZT

MAHLER

MENDELSSOHN

MOZART

PERGOLESI

PUCCINI

RACHMANINOV

SCARLATTI

SCHOENBERG

SCHUBERT

SCHUMANN

SCOTT JOPLIN

SHOSTAKOVICH

SIBELIUS

STRAUSS

STRAVINSKY

TCHAIKOVSKY

TOMMY DORSEY

VERDI

VIVALDI

WAGNER

```
L K Z R S L I S Z T D E B U S S Y N H H
T A S U I L E B I S S U A R T S H C I S
Z R C K V I V A L D I T T A L R A C S C
J O H N P H I L I P S O U S A B V D E H
D V U T I B S H O S T A K O V I C H L U
A D M B I P I R A C H M A N I N O V O B
V Y A B R M O Z S O A X P R N Q H T G E
I N N E D A S H E T D Q U E O B A L R R
D N N I P U H D C T Y X C L T U E T E T
L E D N A H F M L J N S C H G N B G P C
A M E N D E L S S O H N I A N E X R Z H
N I E T S N R E B P G E N M I T B E B A
Z O I L R E B G D L J Y I B L T R B E I
B O C C H E R I N I X L R A L I U N E K
I Y E P E L G A R N L N N R E R C E T O
D P R E N R O H S E M A J B E B K O H V
R Y K S N I V A R T S O L E K J N H O S
E I Y C A K Q B W A G N E R U W E C V K
V N D U M O Z A R T O M M Y D O R S E Y
W L G Y S E G R I E G N V C O P L A N D
```

Solution on page 350

You Have It in You

AORTA

ARMS

CHIN

COLON

DELTOID MUSCLE

EARS

ELBOW

ESOPHAGUS

EYES

FACE

FEET

FINGERS

FLESH

FOOT

GALLBLADDER

GLANDS

HAIR

HANDS

HEART

HEEL

JUGULAR

KIDNEY

LEGS

LUNGS

MUSCLES

NAIL

NECK

NOSE

OVARY

PALM

PANCREAS

PITUITARY GLAND

PULMONARY ARTERY

SHIN

SKIN

SPINE

STOMACH

THUMB

THYMUS GLAND

THYROID GLAND

VEINS

WRIST

```
N O R Q U G R Z B M U H T G U S F D P M
H C Q N S E Q S S K F Z R E N D T Y H S
V K Y X A M P P K Z P L A I P E H R A P
X S Y Q N I A G I O M G E E I L Y E I I
D C H D C O L O N J C V H S E T M T R N
B Y U I S A M F A R M S O O H O U R D E
K B Y G N Q F L I R D Z F P U I S A R D
J T N D S O D Q A N B T M H T D G Y M B
O U S A E R C N A P G C Q A O M L R E G
L V G B Y F C H A A H E R G O U A A Z R
Q X R U Z Y O G R L X Y R U F S N N N B
P U U P L R A T I E G C R S D C D O Y S
D I F P G A L L B L A D D E R L F M E T
U L Q V Y V R D A B Z H I K C E N L N O
R V Y R S O P N J O E C U O E W C U D M
B Z K I G T D S L W Z G H T R S Q P I A
H J G S P F E G T T F N D I U Y O I K C
I T D Z M X S E Y E A R S M N C H N C H
T I Z B P T L L J Y C T M O A O R T A W
Q V K I Q X J D H E E L C B D O N S Q E
```

Solution on page 351

Software Development

ALGORITHM

BASIC

CLASS

COBOL

COMMENT

COMPILER

COMPONENT

CONSTANT

DATA PROCESSING

DATABASE

DBASE

DELPHI

DO WHILE

ELSE IF

FORTRAN

FUNCTION

GRAPHICS

GUI

HARD DRIVE

HEADER

IF THEN

INTEGER

INTERNET

ITERATION

JAVA

KEYBOARD

LOOP

MEMORY

MONITOR

MULTIMEDIA

OBJECT ORIENTED

OPERATING SYSTEM

OPERATOR

PASCAL

PERL

PRINTER

PROCEDURE

SOURCE CODE

SPREADSHEET

STRING

TERMINAL

VBSCRIPT

WORD PROCESSOR

```
A P K C X I H P L E D K A E S A B D D D
L R R V E C I D I R Q C O N S T A N T B
R I R O W Q S R A A I D E M I T L U M U
E N N M C N D O W H I L E L A Y T E G P
G T O M E E B N U K G M O P E R A T O R
E E I H E Y D W O R D P R O C E S S O R
T R T Z E T W U A B C O T I V W D J L X
N F C K F C S P R S C E L A I C O R K T
I L N O J Z H Y I E N R C O M M E N T I
T G U I M I Z P S R S K E O E P L I N T
M Q F A C P A S E G H A R D D R I V E E
W J I S C S I T G Q N Q B Q A E D E N R
I A E I C N N L K T L I O A G E H L O A
C V S A G I Z X E J O I T R T S H N P T
O A L Z X M H T I R O G L A D A M A M I
B M E M O R Y O S J P X J A R F D R O O
O T N O B J E C T O R I E N T E D T C N
L W U Y Z Z L A N I M R E T E K P R A Y
R N E T V B S C R I P T M O N I T O R N
P T N I G N I R T S S A L C B S L F M I
```

Solution on page 351

Mathematical

ADDITION

ALGEBRA

AXIS

CALCULUS

CARTESIAN GRAPH

CIRCLE

CLASS

CLOSED

CONSTANT

CONTOUR

DEGREES

DENOMINATOR

DISJOINT

DISTANCE

DIVERGE

DOMAIN

ECCENTRICITY

ELLIPSE

EQUATION

EVEN NUMBER

FRACTIONS

LIMIT

LINEAR

LONG DIVISION

MATRIX

MODE

MONOMIAL

MULTIPLICATION

NEGATIVE

ORDERED PAIR

PARABOLA

PARITY

PLANE

POWER SERIES

PRIME

PROBABILITY

PRODUCT

RADIANS

RANGE

RATIO

RECIPROCAL

RECURSION

SCALAR

TRINOMIAL

VECTOR

```
I A S Z S Y X P R E C U R S I O N L D D
U L X B T I M I L A I M O N I R T I Z F
T N O I T A U Q E C N A T S I D Z N T G
K C R P S M A H R E B M U N N E V E L K
I A U S U L U C L A C A O K F R H A M O
P Q N D H X D L F X W I A L G E B R A Q
B J N R O Y P I T R S W W H Z D W U T W
Y H P C A R T E S I A N G R A P H O R V
U K R E C D P I V J P C I P S A R T I T
C L O S E D I I C Q O L T E F I A N X P
L D B L P Q D A Q I Z I I I R R L O C R
A P A X Q G D Q N N R R N C O Q A C O I
S A B E N D L L M S E T V T A N C C N M
S R I O I T A R A S D G N D M T S I S E
E A L T Y E L C R I C B A E I M I J T L
H B I D E G R E E S M O M T C V J O A L
N O T N J M W N L A C O R P I C E R N I
N L Y L R O T A N I M O N E D V E R T P
C A U J P D T L E G N A R O T C E V G S
N Y U O N E J P O W H Y D O M A I N Q E
```

Solution on page 351

Under the Sea

ALGAE

BACTERIA

BALEEN

BARRACUDA

CAVIAR

CEPHALOPODS

CETACEAN

CLAMS

COPEPODS

CORAL

CUTTLEFISH

DETRITUS

DINOFLAGELLATES

DOLPHIN

EEL

EGGS

HUMPBACK

KILLER WHALE

KRILL

LEATHERBACK

MAN OF WAR

MARLIN

MOLLUSK

NARWHAL

NAUTILUS

OCTOPUS

OYSTERS

PHYTOPLANKTON

PUFFER FISH

SALMON

SCALLOPS

SCAVENGER

SEA CUCUMBERS

SEA HORSE

SEA OTTER

SEA TURTLES

SEA URCHIN

SHRIMP

SPERM WHALE

SPONGES

STARFISH

STURGEON

SWORDFISH

TUNA

ZOOPLANKTON

```
T C O C L A M S F E P M A S F U Q S L A
K V O C T O P U S I E U E I V Z C E S T
C O R A L A H W R A N L F J R A T A P N
K R I L L S E A O T T E R F V E T U O E
D R U A D U C A R R A B E E E S T R L E
H S I F E L T T U C H S N P N R K C L L
K C A B R E H T A E L G U H O E F H A A
C E C A V I A R N H E G T Y M B V I C B
A P H S S E A H O R S E J T L M I N S W
B H J E S D O P E P O C J O A U R A U H
P A L G A E L A H W M R E P S C D E T S
M L Y E K I L L E R W H A L E U P C I I
U O N I L R A M A N O F W A R C S A R F
H P A X K F S T U R G E O N L A E T T R
Z O O P L A N K T O N K R K I E G E E A
K D I N O F L A G E L L A T E S N C D T
A S M B N D T H S I F D R O W S O U B S
O Y S T E R S U L I T U A N I H P L O D
G D S E L O Y H N D M P M I R H S W Y S
F G K A L R G M F A V H W H U R Z U Z H
```

Solution on page 351

Track and Field

```
S F M N O L H T A I R T S W E S R U O C
W P I A T H L E T E S E E W S E A A D E
S P E N T A T H L O N H O T H N G C M X
R O Y U A N Y A Y I S R H I O O W Z E D
Y B R G I L Y S A T H S S S T J N W S M
G F R R J R S T N T N T N T P N I H C S
R P P U A K N E R U G H E N U O L C I X
A S D C C O V E U A O R D E T I E P P P
C G E O F E M P I J H O L V N R V M M Q
E V L E D M J L L R U W O E E A A U Y U
S B R A A D D E E L R I G D E M J J L A
B P O H O E A C N A D N N E R H S G O L
P R K R V H O H Q N L G W N G C I N J I
T X Y E C R R A Y E E U A I E A W O O F
M F R I D E V S S R S R H B C O E L L Y
E S M P M U J E L P I R T M I C L W F D
T W P I Y R T N U O C S S O R C L C E Q
E Q T M X I N F I E L D G C U K R J I K
R U N N I N G S N O H T A R A M A U B J
S U F F V E N O I T I T E P M O C D G A
```

ATHLETES

BLOCKS

BRUCE JENNER

CARL LEWIS

COACH

COMBINED EVENTS

COMPETITION

COURSE

CROSS COUNTRY

FINALS

FLO JO

GAIL DEVERS

GOLDEN SHOES

HAMMER THROW

HIGH JUMP

HURDLES

INFIELD

JAVELIN

JUDGE

LANE

LONG JUMP

MARATHON

MARION JONES

MAURICE GREEN

METERS

MICHAEL JOHNSON

OLYMPICS

PENTATHLON

PREFONTAINE

QUALIFY

RACES

RECORD

RELAY RACE

ROAD EVENTS

RUNNING

SHOT PUT

SPRINT

STEEPLECHASE

THROWING

TIMER

TRIATHLON

TRIPLE JUMP

TURF

Solution on page 351

Reality TV

AMAZING RACE

AMERICAN CHOPPER

AMERICAN INVENTOR

AVERAGE JOE

BEAUTY AND THE GEEK

BOOT CAMP

BULLRUN

CELEBRITY MOLE

CODE ROOM

COMBAT MISSIONS

COPS

EXTREME MAKEOVER

FEAR FACTOR

FLAVOR OF LOVE

FRATERNITY LIFE

FRONTIER HOUSE

JOE MILLIONAIRE

LAST COMIC STANDING

OSBOURNES

SOLITARY

SORORITY LIFE

SURVIVOR

TEMPTATION ISLAND

THE APPRENTICE

THE BENEFACTOR

THE CONTENDER

THE MOLE

THE ULTIMATE FIGHTER

TREASURE HUNTERS

UNDER ONE ROOF

WHILE YOU WERE OUT

```
M T T K F R O N T I E R H O U S E C A H
K U H E R I A N O I L L I M E O J O Q O
L D U E R E P P O H C N A C I R E M A T
W N W G U N D E R O N E R O O F H B M R
H I N E L L M E C A R G N I Z A M A E E
I J R H V Z T E O J E G A R E V A T R A
L A S T C O M I C S T A N D I N G M I S
E R C D C O L H M S O L I T A R Y I C U
Y E J N F C J F E A R F A C T O R S A R
O D N A L S I N O I T A T P M E T S N E
U N N Y O S B O U R N E S D P K J I I H
W E P T C O D E R O O M F K M E H O N U
E T M U T H E M O L E V E I H R K N V N
R N A A B U L L R U N X A G G L S S E T
E O C E L E B R I T Y M O L E H M M N E
O C T B S O R O R I T Y L I F E T I T R
U E O D F R A T E R N I T Y L I F E O S
T H O P E X T R E M E M A K E O V E R B
E T B S S T H E A P P R E N T I C E Q J
T H E B E N E F A C T O R O V I V R U S
```

Solution on page 351

State Fair

AGRICULTURE

ARCADE

BAKED GOODS

BLUE RIBBON

BUMPER CARS

CARNIVAL

CAROUSEL

CHAIR LIFT

COIN TOSS

COMPETITIONS

CONCESSIONS

DANCERS

ENTERTAINMENT

EXHIBITS

FACE PAINTING

FARM

FERRIS WHEEL

HANDICRAFTS

HAUNTED HOUSE

JUGGLERS

LION TAMER

LIVESTOCK

```
S D O O G D E K A B B S E C A R R Y K E
T X R H H A N D I C R A F T S E A C L D
A C I T F I L R I A H C J G M W O A F I
O E D V S N O W C O N E S A D T V R D R
B R E D I L S R E T A W T I S I S O A Y
E U P E N T E R T A I N M E N T T U E K
L T A G L P O H S N O R V R U M U S L S
D L S B M P S Y G I A I A F P W N E R N
D U S U A K O S L F L C F E P I A L I O
A C B R E T S A O C R E L L O R E O H I
P I N K L E M O N A D E G A T S P I W T
E R K R F A C E P A I N T I N G D O A I
X G R J S S O T N I O C P R I Z E S T T
H A B L U E R I B B O N G A U L T N L E
I E C I S U M P S W I N G I N G S H I P
B D J S M A E S U O H D E T N U A H T M
I A H J L A Y S N O I S S E C N O C X O
T C S S B M J R L E E H W S I R R E F C
S R E L G G U J S E R U T C I P V B G M
D A N C E R S T E K C I T F P Z N W K E
```

MIDWAY

MUSIC

PADDLE BOATS

PICTURES

PINK LEMONADE

PRIZES

RACES

RIDE PASS

ROASTED PEANUTS

ROLLER COASTER

SKY RIDE

SNOW CONES

STAGE

STUFFED ANIMALS

SWINGING SHIP

SWINGS

TICKETS

TILT A WHIRL

TOYS

WATER SLIDE

Solution on page 352

Star Wars

ADMIRAL ACKBAR

ANTHONY DANIELS

BESPIN

BLASTER

BOUNTY HUNTER

CAPTAIN PANAKA

CHANCELLOR VALORUM

CLEIGG LARS

COMMANDER CODY

DAGOBAH

DARK SIDE

EETH KOTH

EWOK

GENERAL GREIVOUS

GOVERNOR TARKIN

INTERCEPTOR

JAKE LLOYD

JEDI

JOEL EDGERTON

KAMINO

KENNY BAKER

LIGHT SABER

LUKE SKYWALKER

MARK HAMMILL

MUSTAFAR

NATALIE PORTMAN

ONACONDA FARR

OWEN LARS

PHIL BROWN

ROYAL STARSHIP

SAMUEL L JACKSON

SEE THREEPIO

SHELAGH FRASER

SIO BIBBLE

SY SNOOTLES

THERMAL DETONATOR

TUSKAN RAIDER

X WING

```
N M A R K H A M M I L L E D I S K R A D
R N J E D I V B O U N T Y H U N T E R S
E I Y D O C R E D N A M M O C R K O W E
B K R I R A F A T S U M V M E I S M S E
A R E A E L B B I B O I S K N A U L J T
S A S R O T A N O T E D L A M R E H T H
T T A N I P S E B R U A M U O I S Z K R
H R R A X W I N G N W T E L N E R X E E
G O F K Q S S L W Y R L A A L E R J N E
I N H S Q I A O K O L V D T T T A O N P
L R G U U R R S P J R Y O S D H F E Y I
H E A T E B E E A O N O A R Y K A L B O
A V L N L K I C L O N L N Q O O D E A W
B O E I U L K L H S B S T Y L T N D K E
O G H L A S E T Y D S V H E L H O G E N
G P S T O C N S R A L G G I E L C E R L
A K A N N A D M I R A L A C K B A R O A
D N C A P T A I N P A N A K A V N T R R
P I H S R A T S L A Y O R J J H O O F S
L C K A M I N O R O T P E C R E T N I O
```

Solution on page 352

Screen Stars

ALAN ARKIN

ANDY GARCIA

ART CARNEY

BETTE MIDLER

BING CROSBY

CHEVY CHASE

CLARK GABLE

DAN ACKROYD

DEBRA WINGER

DEMI MOORE

DON AMECHE

ERROL FLYNN

ETHEL MERMAN

GARY BUSEY

GENE KELLY

GOLDIE HAWN

GRACE KELLY

HELEN HAYES

JANE FONDA

JESSICA LANGE

JOAN CRAWFORD

JOHN CLEESE

JON VOIGHT

KIRSTIE ALLEY

LANA TURNER

LAUREN BACALL

LEE MARVIN

LIZA MINELLI

MARY MARTIN

MEG RYAN

MEL GIBSON

PETER FONDA

ROCK HUDSON

TOM MIX

VIVIEN LEIGH

WINONA RYDER

WOODY ALLEN

YUL BRYNNER

```
Z N W K B O J Y E N R A C T R A U S D M
J O R D F N N O S D U H K C O R P K E S
A S Q E D E G N A L A C I S S E J A M H
N B E B L B D T N N Y L F L O R R E I G
E I W R I D B O A I C R A G Y D N A M A
F G W A Z A I M M V L R L C O N N D O R
O L Y W A N N M R N A V A R L H F P O Y
N E S I M A G I E I N I U W T V G X R B
D M A N I C C X M T A V R N F J K I E U
A J D G N K R E L R T I E E A O I R N S
N O N E E R O L E A U E N L L H R E N E
I N O R L O S B H M R N B L A N S D Y Y
V V F P L Y B A T Y N L A A N C T Y R L
R O R C I D Y G E R E E C Y A L I R B L
A I E X G J Q K J A R I A D R E E A L E
M G T D I H I R T M I G L O K E A N U K
E H E L E N H A Y E S H L O I S L O Y E
E T P S Z G O L D I E H A W N E L N H N
L D O N A M E C H E V Y C H A S E I S E
M E G R Y A N G R A C E K E L L Y W T G
```

Solution on page 352

Something to Drink

BOTTLE

BUTTERMILK

CAFFEINE

CARBONATED

CHERRY

CIDER

COCKTAIL

COCOA

COFFEE

COGNAC

CREAM SODA

DR PEPPER

```
O K I Y P G D G O N G G E I C E D T E A
C X S L E E X R F C I D E R N H Y R D Q
B B M I A J P M P M A P R I Z R R K A S
O O M Q B U A C S E R F E E T A R L E D
I T N U N T D R G G P F H I E D E A M E
W T Y E M A E N F R F P W V E O B H I T
C L V U Y E A I I A F I E P W S W C L A
O E D R B R X S C P N J D R S M A U J N
S I C T O T A E S E C S N R A A R T Y O
S V O R G N E C L J K L I M R E T T U B
E O C I H A M I I U J I A V T R S K E R
R H O U V I I U A I R C T X U C P S L A
P O A Q L T L J T C C E N X N F U R A C
S H D S B I N O K E C I U J E G N A R O
E P U N C H O T C H O C O L A T E T E G
T B K W P A M A O Y L U M R D L C C G N
I B P I J T E M C W A T F K J N T E N A
R E T A W T L O J Y R R E H C M Q N I C
P V S B C I E T P L E M O N A D E I G K
S C W G C O F F E E O J N L I S Z Z E D
```

EGGNOG

ESPRESSO

FRESCA

GINGER ALE

GRAPE JUICE

HOT CHOCOLATE

ICED TEA

JOLT

KIWI

LEMON LIME

LEMONADE

LIMEADE

LIQUEUR

MOUNTAIN DEW

NECTAR

NUTRASWEET

ORANGE JUICE

ORANGEADE

PUNCH

RC COLA

ROOT BEER

SEVEN UP

SLICE

SPRITE

SQUIRT

STRAWBERRY

SUGAR FREE

TAHITIAN TREAT

TOMATO JUICE

WATER

WINE

Solution on page 352

Dessert

APPLE CRISP

APPLE PIE

BERRY PIE

BRANDY SNAPS

CANDY

CHEESECAKE

CHERRY PIE

CHOCOLATE CREAM PIE

COCONUT CREAM PIE

COFFEE

COOKIES

CRANBERRY TART

```
U B J G I A I L E D U R T S O D A A W O
P N C N M C U Z S C M I L K S H A K E E
P D L S A L I Y A K G N I D D U P E O A
X A E L E M O N M E R I N G U E P I E D
N O S B R I D Y G D H B G E K E L P Z N
U U U E C Y R B E A C N I I T F E M X U
T N E R D T O R T E O O N P E F C A C S
X U R R E X I A E R C L G Y E O R E R E
H G T Y P U I N I B O E E R W C I R A P
E M S P P D O D P T N M R R S C S C N A
K M N I I E T Y T R U A B E E H P E B R
A W O E H G P S A O T E R H L E R T E G
C E O I W D T N E H C R E C K E B A R N
E I R P O U A A M S R C A O N S U L R I
G E A E N F E P E A E E D O I E W O Y T
N T C L F B R S C B A C C K R C Z C T S
O N A P W J T U N B M I A I P A P O A O
P U M P K I N P I E P L K E S K X H R R
S D R A T S U C M T I V E S B E U C T F
Y R A G U S N I C K E R D O O D L E P H
```

CUSTARD	MACAROONS	SPONGE CAKE
FROSTING	MELON	SPRINKLES
FROZEN CRANBERRIES	MILKSHAKE	STREUSEL
FRUIT	MINCEMEAT PIE	STRUDEL
FUDGE	NUTS	SUGARY
GINGERBREAD CAKE	PUDDING	SUNDAE
GRAPES	PUMPKIN PIE	SWEET
ICE CREAM	SHORTBREAD	TORTE
ICING	SNICKERDOODLE	TREAT
LEMON MERINGUE PIE	SODA	WHIPPED CREAM

Solution on page 352

Baking Cookies

BAKERY

BISCOTTI

BRANDY SNAPS

BUTTERSCOTCH

CARAMEL

CHEWY

CHOCOLATE CHIP

CINNAMON

CREAM

CRISP

CRUNCHY

DECORATED

DOUGH

EGGS

FROSTING

FRUIT

GLAZE

ICING

JAM

LADY FINGER

LEMON

MAPLE

MARSHMALLOW

MILK

MOLASSES

NUTS

OVEN

PASTRY

PEANUT BUTTER

PECAN

PINWHEEL

RAISIN

SHEET

SHORTBREAD

SHORTENING

SMELL

SNACK

SNICKERDOODLE

SOFT

SPICES

SUGAR

VANILLA

WAFER

```
R A D Y P Y Y C Z A T T W M V F H E I S
A W H O X U H R V E G G S U P E C A N Q
R S M B Z E G C E X P X F R O S T I N G
L E N P W I A H N K I S G H G U O D E M
H S G Y I F S X U U A M I L K V C E L C
R S C N C H W D A E R B T R O H S C U D
M A V L I T C Q R I I C X M C U R O Q H
B L L Q N F P E A N U T B U T T E R P E
R O X O G O Y L T L M C Q V G L T A C U
A M P U V S W D M A J C B V P E T T V P
G T C O C N O O A B L X I A Z M U E V U
U T V Z D O L O X L Y O S N M A B D L A
S E P U D M L D C M C T C I N R Q S E B
N F R M N E A R M V R P O O N A E V E K
A I O B L L M E S Y E W T U H C M Z H D
C M S P L J H K H J A Z T W I C A O W V
K I A I Q S S C P E M S I P A L J W N M
Q M N C A W R I L L E M S M G F R U I T
V A R L B R A N D Y S N A P S D E X P O
V P X B R I M S H O R T E N I N G R S M
```

Solution on page 352

Languages Around the World

BASQUE

BENGALI

BULGARIAN

CANTONESE

CATALAN

CROATIAN

CZECH

ENGLISH

ESPERANTO

ESTONIAN

FINNISH

FRENCH

GEORGIAN

GERMAN

GREEK

HUNGARIAN

ICELANDIC

INDONESIAN

IRISH

ITALIAN

KOREAN

LATVIAN

LITHUANIAN

MACEDONIAN

MALAY

MARATHI

NORWEGIAN

PERSIAN

POLISH

PORTUGUESE

PUNJABI

ROMANIAN

RUSSIAN

SERBIAN

SLOVENIAN

SWAHILI

SWEDISH

TELEGU

THAI

TIBETAN

TURKISH

UKRAINIAN

URDU

VIETNAMESE

WELSH

```
C M Q D W I L O N N A M R E G B W G Q B
A T N F A E S A A A Z I H C N E R F H G
P Z H H R U L I T H U A N I A N V X S B
D N U R E A G S S V B V O X A G G X I T
O F N V T R D L H S I N N I F A P T L L
T S D A O Z O B R E Z A S H S L W O O W
I E C E I V V U T C P E N F W I G T P R
B R G K E R S N A I N O D E C A M N U X
E B X N T S A K N O N O R W E G I A N U
T I I T I M E G D Y Q A P T R Z A R J N
A A E A E E L N L B B P I O U C H E A J
N N N S R U I H O U M A M L I G T P B L
R S E G T G K H U T B A S D A F U S I C
I C W I C O N R S D N L N Q T T H E Q S
J H Z A R O N N A I R A G N U H I T S W
N L T E H I D I A I L U C F R E I E Q E
S Y A A C I S N A E N G Q N K Q H L A D
Y N E D R H L H C N Q I N A I S R E P I
R K C R O A T I A N Y B A E S X D G C S
I Q Y A L A M D O D Y V Y N H K V U Z H
```

Solution on page 353

Rhymes with Shore

ABHOR

ADORE

BEFORE

BOAR

BORE

CHORE

CORPS

DEPLORE

DOOR

DRAWER

EXPLORE

FLOOR

FOUR

GALORE

GORE

IGNORE

IMPLORE

MORE

POUR

RAPPORT

ROAR

SCORE

SNORE

SOAR

SPORE

STORE

SWORE

TIMOR

WAR

WHORE

YORE

YOUR

```
J Z O O M D Y L S Z C L Y R C L L J Z I
O D Q J M R G A L O R E S O W K C C R R
M C A O C D E Y R O A R A P R H B K I Z
V V J D C O R R L G E O E E O E W G W G
Y G C N E E R A O A A L P R F R Y R S M
W G Y M S D S P U L P P E O O E E O O E
P U F E W C B P S W P X R D U H A M A V
M R X R E W O O A H D E H A E R W U I V
D E G U Y R R R T B R E D E U C U J C U
T J A P K N O T E O A O F Z C J F O U C
A B H D D A B T L I W R O O D K V E Y P
S U J D E M B P S E E R U L K Y J T A M
S I A A U L M H N M R A R E F O G S M L
B J F F I I G N O R E O Z Y E Q R B P J
H U S G K F O U R R O B W X K W T B D V
X P P Y H R R O E Y O M U S U F V Z B H
Z Z L A T P E T J R G O I O O T Z I X M
I J L V S Q L J E B W R X T T L O R D O
K F D L Q E A A J T G E V J U P B K U Y
N H G T H X O N B P Y A K F S U C I X T
```

Solution on page 353

Rocking Around

```
I A J S Y E L R A M B O B D Y L A N Z A
V E O N I M O D S T A F O U R T O P S S
O R H W O W U Q L E D Z E P P E L I N I
J O N O D R E D N O W E I V E T S O P M
N S L R Y Y E L D A V I D B O W I E H O
O M E B B R U C E S P R I N G S T E E N
B I N S E R A T R E C N O C A H E V A A
D T N E A E I R M E L N O V E E E I V N
Y H O M C B J L E O O Y N G J L L F Y D
O R N A H K S K I T T I R B A T A N M G
L A K J B C I O P J H A E R M O D O E A
F Y S M O U U A O S T A A H E N N S T R
K C I H Y H L H I E T T F G S J E K A F
N H N P S C N T F L I N A R T O R C L U
I A G B C N I U E U I T N B A H B A M N
P R E I Y R L S G S S A B D Y N E J Z K
U L R C B D B I L L Y J O E L R K W Q E
N E A S E N O T S G N I L L O R D L H L
K S D A E H G N I K L A T D R U M S I O
H B D H Q O S M O K E Y R O B I N S O N
```

AEROSMITH

ARETHA FRANKLIN

BASS

BEACH BOYS

BEATLES

BILLY JOEL

BOB DYLAN

BOB MARLEY

BON JOVI

BRENDA LEE

BRITISH INVASION

BRUCE SPRINGSTEEN

BYRDS

CHUCK BERRY

CONCERT

DAVID BOWIE

DRUMS

ELTON JOHN

ERIC CLAPTON

FATS DOMINO

FOUR TOPS

GUITAR

HEAVY METAL

JACKSON FIVE

JAMES BROWN

JAMES TAYLOR

JERRY LEE LEWIS

JOHN LENNON

JOHNNY CASH

LED ZEPPELIN

PINK FLOYD

PUNK

RAY CHARLES

ROLLING STONES

SIMON AND GARFUNKEL

SINGER

SMOKEY ROBINSON

STAGE

STEVIE WONDER

TALKING HEADS

THE GRATEFUL DEAD

THE WHO

Solution on page 353

Spiders and Snakes

ANACONDA

ARGIOPE

ASP

BARBA AMARILLA

BLACK SNAKE

BLACK WIDOW

BOA CONSTRICTOR

BOOMSLANG

BROWN RECLUSE

BROWN WIDOW

BUSHMASTER

COBRA

COPPERHEAD

CORAL

COTTONMOUTH

DADDY LONG LEGS

DIAMONDBACK

FISHING SPIDER

GARDEN SPIDER

GARTER

KING SNAKE

LEAFNOSE

MAMBA

MILK SNAKE

NURSERY WEB SPIDER

ORB WEAVER

PUFF ADDER

PYTHON

RACER

RAT SNAKE

RATTLESNAKE

ROSY BOA

RUBBER BOA

SHARPTAIL

SIDEWINDER

TARANTULA

VIPER

WATER MOCCASIN

WHIP SNAKE

WOLF SPIDER

```
L L E A F N O S E K A N S P I H W N A I
C A L U T N A R A T S N A K E B O I J A
R U B B E R B O A F C Q Z G K L L S E I
E D A D D Y L O N G L E G S A A F A Z P
D I Z M R E D D A F F U P R N C S C D S
N A E X U I A N A C O N D A S K P C H A
I M K T V A O B Y S O R J Z G W I O T L
W O A V B O O M S L A N G R N I D M U L
E N N U R S E R Y W E B S P I D E R O I
D D S C O P P E R H E A D T K O R E M R
I B K N R S X D K E N X E G R W H T N A
S A C H R E D I P S G N I H S I F A O M
P C A S H A R P T A I L A R O C C W T A
Y K L E K A N S E L T T A R F H O T T A
T O B T E K A N S K L I M A M B A R O B
H R A C E R R E T S A M H S U B E M C R
O E P Q B W O D I W N W O R B T M Z Z A
N P U O C I G R E S U L C E R N W O R B
E I C G R E V A E W B R O A D I K W Z E
X V X E P O I G R A W J G Z O S R L N T
```

Solution on page 353

Wild World of Animals

ALLIGATOR

ANTELOPE

BABOON

BAT

BEAVER

BOBCAT

CAMEL

CHINCHILLA

CHIPMUNK

CROCODILE

DEER

DOLPHINS

EAGLE

ELEPHANT

FLAMINGO

FOX

GERBIL

GIRAFFE

GUINEA PIG

HAMSTER

HAWK

HEDGEHOG

KOALA

LEMUR

LION

LIZARD

LLAMA

MOUSE

OSTRICH

PARROT

PENGUIN

PORCUPINE

RABBIT

RACCOON

RATTLE SNAKE

SEAL

SKUNK

SQUIRREL

TIGER

VULTURE

WARTHOG

WHALE

WOLF

YAK

ZEBRA

```
Z G R I B T K U F U E N G N R P J Y E Y
L G M U A L L I G A T O R O G J P O Z Z
A W V B F L A M I N G O A O H X A P T L
Z C V B A L D S I U E O T C F T R K I Q
H C K P R A B B I T L P T C C E R W A O
M J L L C H I N C H I L L A R Q O A Q Y
G O H E G D E H N Y D F E R B E T H W K
Y H G I R A F F E H O E S V L O V W B Q
I F C Y P D G W V M C I N G G D F A I W
R P W I V M O U S E O R A I E E B Z E B
N B G Z R L L L B N R E K B P O R N O B
T H P D F T E M P I C E E E O U R B Z A
U Y V H U R S E O H H D L N L D C X I G
K J S R R R N O S V I E Q E E A Z R L L
V J E I A G A K A H P N L L T L R L O X
C D U T U M O L T H M O S A N E A B L P
N Q L I Z A R D A X U I K H A M S T E R
S C N G V N U N J O N L U W A A N S M Z
J L A E S M T A H F K X N X A C C V U T
I X P R F Y N W X P T P K C Q R L D R Z
```

Solution on page 353

Written Words

```
P E V R E T I R W T S O H G E O R X T A
G O U T L I N E G A U G N A L E T S R P
S M E J L W F T O L P V P V T O I T W A
B S F T O Y O I O S U B M I S S I O N E
S K S M R U R R A M M A R G E C R S G S
A O R B L Y R W D N X W U H L K S T P O
K O N A I N O N X P T E T E S R T Y C R
F B T N N O Q E A P R H S H E T N L D P
E O H V E I G E I L D O O T A O E E R E
D X G H W T K R R E D P C L V N G G A N
N X I Z S I C C A N U A Y E O T A U M C
D T R N L S A S T P R Q L M S G E I A I
Q P W O E O H A W A H P I E E S I D T L
W H Y I T P M J H E U Y V T S M O E I Y
J L A T T M E C N E I D U A I B O R S R
D S L C E O Y A V C I V Y J C R H I T I
X T P I R C S U N A M I E L R K C V R C
Q O F F U S A E D I A R Y R E T S Y M S
W R K H K C P Z X F A Y U V X W E V U Y
C Y P U B L I S H C R A E S E R U U L V
```

AGENTS

ANTHOLOGIES

ARTICLES

AUDIENCE

BIOGRAPHY

BOOKS

CHARACTERS

COMPOSITION

CRITIQUE

DIARY

DRAMATIST

ESSAY

EXERCISES   MEMOIRS   RESEARCH

FICTION   MYSTERY   REVIEW

FORM   NEWSLETTER   SCREENWRITER

GHOSTWRITER   NOVEL   SCRIPTWRITER

GRAMMAR   OUTLINE   SONNET

HACK   PENCIL   STORY

IDEAS   PLAYWRIGHT   STYLE GUIDE

JOURNAL   PLOT   SUBMISSION

LANGUAGE   POETRY   THESIS

LYRICS   PROSE   WORD PROCESSOR

MANUSCRIPT   PUBLISH   WORKSHOP

Solution on page 353

Happy New Year!

AULD LANG SYNE

BALL

BEGINNING

BOW TIE

CALENDAR

CELEBRATION

CHAMPAGNE

CHEER

CONCERTS

CONFETTI

COUNTDOWN

DANCING

DERBY

DICK CLARK

ENDING

EVENING GOWN

FATHER TIME

FESTIVE

FIREWORKS

FIRST DAY

FUN

GAMES

GUY LOMBARDO

HAPPY

HOLIDAYS

HORN

JANUARY

MIDNIGHT

NEW YEARS RESOLUTION

NOISEMAKER

PARADES

PARTY

REMEMBRANCE

RESOLUTIONS

SHOUT

STREAMERS

TIMES SQUARE

TOP HAT

TUXEDO

WEDDING

YELL

```
A J S Y O D D R A D N E L A C H E E R N
T R Z T U C F A T H E R T I M E O T R M
O P A R A D E S X C W H D O A E T C I M
M L L A B I E L O R Y A H T U X E D O B
S X M P T M O D E K E P T E Z T N N E O
W L P W A M D I V B A P N E H I W G N M
E T O G S A R C E A R Y E Y G O I T G A
D B E R N F A K N U S A B H D N I A A N
D F V C S I B C I G R R T T N M Q H P J
I L I S Y R M L N J E X N I E E R P M R
N N T O A S O A G D S U N S O C R O A N
G F S M D T L R G O O G S T I N Q T H G
N I E D I D Y K O C L Q T R D A V U C L
I R F L L A U O W K U H R E B R G O O E
D E M U O Y G P N A T O E A S B E H N T
N W A S H X D E R U I R C M K M N S F Y
E O R E K A M E S I O N N E L E H O E V
Z R E S O L U T I O N S O R P M E L T H
Y K S P H Z K O H U K S C S J E L J T P
G S C D D Q F R F A J A N U A R Y G I D
```

Solution on page 354

Brand Names

AMERICAN EXPRESS

APPLE

AVON

BMW

BUDWEISER

CANON

CISCO

COCA COLA

COLGATE

DELL

DISNEY

EBAY

FORD

GAP

GOLDMAN SACHS

GOOGLE

GUCCI

HEINZ

HONDA

IBM

INTEL

JPMORGAN

KFC

KODAK

LOUIS VUITTON

MCDONALDS

MERRILL LYNCH

MICROSOFT

MTV

NESCAFE

NIKE

NINTENDO

NOKIA

PEPSI

PFIZER

ROLEX

SAMSUNG

SAP

SIEMENS

SONY

TOYOTA

UPS

VOLKSWAGEN

XEROX

YAHOO

```
B F T D J L T O C S Z R C E O C S I C O
K N C W W H O F Z I D P G H D Y A B E L
N H Q U A H K C O L G A T E N I M N S I
W R P C A W Y H V S G G N L W B S G E D
V S M Y H M E Z R M O O P P I H U N Y D
G N O W C I E T E H T R A P C C N M E W
J P C N N M P R Z T V V C A C E G J X Y
X K Q Z Y E D Y I T R E S I E W D U B J
X F Y Y L E G U F C V N N E M R E N M S
O B C E L V V A P J A D N O H M Y O W F
V E T L L S A N W M S N E M E I S H X S
L N D H I M A T D S P H E L J H A R W K
I K R U R G F L O Z K F A X O P S S D W
C H O A R B O X M Y A L Z V P Y E A C N
K L F O E G E C Y C O F O S O R W P N O
O V M Y M L V P S C V T K V E N E Y S K
N P G O O G L E A K F I Z Z F Y R S O I
J X O R E X N C H T M C D O N A L D S A
T W V B S X O D N E T N I N O N A C L C
C A O E H C J K V Q E R U N I K E I X K
```

Solution on page 354

Out of Africa

ANGOLA

BENIN

BOTSWANA

BURKINA FASO

BURUNDI

CAMEROON

CAMOROS ISLANDS

CAPE VERDE

CHAD

CONGO

COTE D IVOIRE

DJIBOUTI

DOLLAR

EGYPT

ERITREA

ESCUDO

ETHIOPIA

GABON

IVORY COAST

KALAHARI

KENYA

LESOTHO

LIBERIA

```
H Z H V A I K O H Q S O M A L I A U E M
P D Q O A F Z J E S C U D O D Y Z G R E
X C O T E D I V O I R E C N N A B A I Y
H A I S I N U T D A H C U E M E C N T K
O M C A M E R O O N O R K B N S C D R A
D O S A F A N I K R U B I I A X B A E L
K R G A B O N O O B V A N G O L A L A A
S O D I M S B M E M O Z A M B I Q U E H
U S E B S T O A X L Z D O L L A R G B A
N I E M D P K U Z C A P E V E R D E O R
S S A A N Y I R T M D R D J I B O U T I
R L I G A G O I F H N N R T T O G O S C
G A N E L E H T N I A S A E K K N A W Q
J N A H I W T I Z Y W F H I I Q O H A W
S D Z T Z B O U N A R E R D R S C B N G
B S N L A A S S I M A U R I T A N I A F
A E A L W B E X L I V O R Y C O A S T D
U A T U S M L N E T H I O P I A Y B I L
L I B E R I A D F P J S S Q O Z E Z G D
R C Z M F Z L J W K G D H C A Q S Z H Y
```

LIBYA

MADAGASCAR

MAURITANIA

MAURITIUS

MOROCCO

MOZAMBIQUE

NAIRA

NILE

RWANDA

SAINT HELENA

SIERRA LEONE

SOMALIA

SOUTH AFRICA

SWAZILAND

TANZANIA

THE GAMBIA

TOGO

TUNISIA

UGANDA

ZAMBIA

ZIMBABWE

Solution on page 354

Cartography

ABSTRACT

ALTITUDE

ATLAS

CAMPGROUND

CARTOGRAPHIC

CENSUS

COMPASS

CONTOUR LINES

DEGREES

DESIGN

DIRECTIONS

EAST

EXPRESSWAY

GEOGRAPHIC

GLOBES

INTERCHANGE

INTERSTATE

LANDSCAPE

LATITUDE

LEGEND

LITHOGRAPHIC

MAPMAKING

MAPS

```
R M C S K C I H P A R G O E G X L C J C
E D U T I T A L Q A L P T Z Q Y W A D S
T E X R M T S M R S E A L E V E L T E C
N D T E I O A W P Y G T O O L S I L G A
I A Y E U P G O K G M D A O R L I A R L
R H A T S N C R D I R E C T I O N S E E
P S H T I A A L E H M O A L S E Q G E E
T H W M V U R D I T N E U S G R E M S G
S A A A I T T C U T O X D N U N E A H A
E N A P S I O T O I H P U U D R B T E E
W E E M U C G U N T Z O O E T S A I N L
Z X R A A A R Z I L A S G L T I Y B J I
S P A K L L A S C E N I C R O U T E L M
J R T I I E P A C S D N A L A G T L U E
X E S N Z L H T Q L L C Q O T P I I A F
M S E G A F I Z Y C T D Y L O O H C S E
B S R E T J C E G N A H C R E T N I A I
X W N G I S E D G L O B E S U S N E C L
G A Q C O M P A S S Y M B O L S O Q D E
W Y H V N E D D X N R M L Z R T S G O R
```

MEASURABLE

MILEAGE

NAMING

NAUTICAL

PRINTER

RAILROAD

RELIEF

REST AREA

SCALE

SCENIC ROUTE

SCHOOL

SEA LEVEL

SHADED

SOUTH

STREET

SYMBOLS

TITLE

TOOLS

TOPOLOGICAL

VISUALIZATION

WEST

WORLD

Solution on page 354

Star Trek

BEVERLY CRUSHER

BONES

CARDASSIANS

CHEKOV

DEANNA TROI

ENGAGE

ENTERPRISE

ESCAPE POD

FEDERATION

FERENGI

GEORDI LAFORGE

GUINAN

HOLODECK

JADZIA DAX

JAMES T KIRK

JANEWAY

JEFFERIES TUBE

KLINGONS

PHASER

PHOTON TORPEDO

PICARD

PROMENADE

QUARK

```
Q A X L V O K E H C G C R K V W T L D D
K S H E S W I L L I A M R I K E R F E S
C M S E P N E D I E S I R P R E T N E P
B X D E L H A S A N K C E D O L O H P O
J O J A L A O I L T G R O B E H T W S C
R U N A B O U T S E A O D I D P A R P K
E R R E N R H E O S Y N N J F R E T R K
G E T G S E M M N N A C X S P H A A A Q
A A B S E A W A R R T D R D S S U C W F
Y D X U J O L A N O O O R U H Q S F I W
O Y U L T U R A Y P W I R A S M E E H P
V R H U M S M D E G V C Y P C H V D X R
U O U O A O E P I E Y A A N E L E E Y K
L O R V E N A I Y L R D O Q F D N R G N
C M A Y G C I O R T A N N A E D O A U U
A P H A S E R E P E T F A P R C F T I J
N Q G E U P V Z L M F O O S E F N I N K
S E D A N E M O R P U F C R N A I O A X
Y R R E B N E D D O R X E S G I N N N G
R Y Z M J X A D A I Z D A J I E E R A Q
```

READY ROOM

RODDENBERRY

ROMULANS

RUNABOUT

SCOTTY

SEVEN OF NINE

SPOCK

SULU

TASHA YAR

THE BORG

UHURA

VOYAGER

VULCANS

WARP DRIVE

WARP SPEED

WESLEY CRUSHER

WILLIAM RIKER

WORMHOLE

YEOMAN RAND

Solution on page 354

Animated Cartoon Characters

```
N P E B B L E S R E C A R D E E P S P P
A O G N A M O W R E D N O W E L I N U S
M R U F O G H O R N L E G H O R N D Q C
T K M R D N U O H Y R R E B E L K C U H
R Y B E I R N D L K Y T L R K I P E I E
A P Y D L K D Y C C R A B E D S A L C C
C I O F Y C E W D U R C B N D A N B K K
H G S L O U R O A D E E U N U S T B D L
O M E I E D D O F D J H R U F I H U R E
M I M N V Y O D F L D T Y R R M E R A A
E C I T I S G P Y A N X E D E P R Y W N
R K T S L I V E D N A I N A M S A T M D
S E E T O A O C U O M L R O L O L T C J
I Y S O Y D E K C D O E A R E N I E G E
M M A N M F S E K P T F B L M E I B R C
P O M E G E O R G E J E T S O N Z F A K
S U D Q Y L H O O P E H T E I N N I W L
O S R E P S A C G W I L E E C O Y O T E
N E S U O M Y T H G I M R M A G O O A P
N A M R E P U S C O O B Y D O O B O O B
```

BARNEY RUBBLE

BETTY RUBBLE

BOO BOO

CARTMAN

CASPER

DAFFY DUCK

DAISY DUCK

DONALD DUCK

ELMER FUDD

FELIX THE CAT

FOGHORN LEGHORN

FRED FLINTSTONE

GEORGE JETSON

GOOFY

GUMBY

HECKLE AND JECKLE

HOMER SIMPSON

HUCKLEBERRY HOUND

LINUS

LISA SIMPSON

MICKEY MOUSE

MIGHTY MOUSE

MR MAGOO

OLIVE OYL

PEBBLES

PINK PANTHER

PORKY PIG

QUICK DRAW MCGRAW

ROAD RUNNER

SCOOBY DOO

SPEED RACER

SUPERMAN

TASMANIAN DEVIL

TOM AND JERRY

UNDERDOG

WILE E COYOTE

WINNIE THE POOH

WONDER WOMAN

WOODY WOODPECKER

YOSEMITE SAM

Solution on page 354

Sure Thing

ABSOLUTE

ACCURATE

CERTAIN

CLEAR

COMPREHENSIBLE

CONVINCED

CRYSTALLINE

DECISIVE

DEFINITIVE

DILIGENT

EXPLICIT

EXPRESSED

FATED

FORESEEABLE

HARDCORE

INDISPUTABLE

INEVITABLE

LUCID

METICULOUS

ON THE NOSE

OVERT

PINPOINT

POSITIVE

PRECISE

PREDESTINED

PREDICTABLE

RELIABLE

SCRUPULOUS

SETTLED

SHARP

SKILLFUL

SPECIFIC

STRAIGHTFORWARD

STUDIOUS

TESTED

THOROUGH

TRANSPARENT

TRIED

TRUSTY

UNAMBIGUOUS

UNDEVIATING

UNEQUIVOCAL

UNQUESTIONABLE

VISIBLE

VIVID

```
Z Z E S I C E R P D E S S E R P X E P A
B J F A T E D D E D S U O I D U T S I J
E G V G W I E C E L B A T I V E N I X D
D M P A N I N F S S I T T R E V O L P I
E P I B R I I D T U C A I L Y I S A Q L
C B N T V N T R I V O K B T K T E C M I
I S P N I I S A C S M U S L R I R O E G
S U O T S A E E I V P U G A E S O V T E
I C I E I T D L L V R U I I O O C I I N
V V N N B R E C P T E G T G B P D U C T
E I T I L E R Y X T H D P A K M R Q U R
T V H L E C P Y E T E O N R B J A E L A
A I O L M W R S F L N R O U A L H N O N
R D R A W D T O T T S B C H E H E U U S
U P O T M E R T H C I F I C E P S L S P
C L U S D W E E E L B A E E S E R O F A
C R G Y A S N S U O L U P U R C S L D R
A V H R G O U N Q U E S T I O N A B L E
Z L D C S K I L L F U L U C I D L A V N
N P R E D I C T A B L E T U L O S B A T
```

Solution on page 355

All Aboard!

AMTRAK

BUFFERS

BULLET TRAIN

CABLE CAR

CABOOSE

CENTRAL PACIFIC

CONDUCTOR

CONRAIL

COUPLERS

CROSSING

DIESEL ENGINE

DISPATCHER

FIRE BOX

GRAIN CAR

HOPPER

JUNCTION

LINES

LOCOMOTIVE

MAGLEV

MAIL CAR

MODEL

MONORAIL

NARROW GAUGE

OBSERVATION DECK

PASSENGERS

PENN CENTRAL

PLATFORM

REFRIGERATOR CAR

ROLLER COASTER

SCALE

SIGNAL

SLEEPER CAR

STATION

STEAM ENGINE

SUBWAY

SWITCH

TICKET

TIES

TRAM

TUNNEL

TURNTABLE

UNION PACIFIC

WHISTLE STOP

YARD

```
O M Z T E K C I T D R A Y A W B U S A K
Y G U I I C P P O T S E L T S I H W S U
S E X E R E F R I G E R A T O R C A R M
J J I S B D S L E E P E R C A R E T E C
C A R A C N I A R G E E T P N K N U L C
O G B R C O N R A I L N N R B X T N P S
N N U E E I S N C R A I E E A Z R N U D
D I S P A T C H E R C G C V Z C A E O L
U S R P W A S N J B S N N I C B L L C E
C S E O Y V T A N K B E N T I G P I U D
T O F H Y R U R O H F L E O F C A A A O
O R F I N E R R I C I E P M I A C R Y M
R C U F O S N O T T R S Z O C B I O K R
L O B M I B T W C I E E J C A L F N F O
L I X G T O A G N W B I L O P E I O M F
N W N C A M B A U S O D V L N C C M A T
T A U E T Q L U J X X T A E O A Z D G A
L R I R S R E G N E S S A P I R I G L L
A C A B O O S E S T E A M E N G I N E P
T K R M C N I A R T T E L L U B J P V L
```

Solution on page 355

What's Your Sign?

AQUARIUS

ARIES

ASCENDANT

ASPECTS

ASTROLOGER

BIRTH CHART

BIRTH DATE

BIRTHPLACE

CANCER

CAPRICORN

CONJUNCTION

DIVINATION

EPHEMERIS

FORECAST

FORTUNE

GEMINI

HEAVENS

HOROSCOPE

HOUSES

INCONJUNCT

JUPITER

LEO

LIBRA

MARS

MERCURY

MIDHEAVEN

MOON

NATAL CHART

NORTH NODE

PISCES

PLANETS

PREDICTION

RETROGRADE

SCORPIO

SEXTILE

SIGN

SOUTH NODE

SQUARE

STARS

SUN

TAURUS

TRANSITS

TRINE

VENUS

VIRGO

```
E R C P E M U L S E C A L P H T R I B E
E H E W Y E P H E M E R I S R J Y K P B
U U C G H W D P M I D H E A V E N Y I N
L E W A O S C O R P I O H E A V E N S O
E K E E D L C V N S T C E P S A V P C H
F M X D I Z O A D H L B F O R T U N E O
A V Q B O A B R N A T G E M I N I R S E
N C R T C N O I T C N U J N O C E O J O
Y A S U A H H A R S E R O I W T E C D H
R A T D G U N T R T A R T S I T S I O R
U Z I S E I R A R Q H C Q P A J V R C R
C E S R S Z T U U O I C U D T I O P A T
R W N H R S E A S D N J H N N S M A L M
E D A R G O R T E R W T A A C Q S C R W
M X R A D I E R C D R D T O R V E N U S
Q I T I U N P R Z I N I P L G T X O T I
S H P S A K Z F B E O E X E W R T O G G
Y R B L M S Y T C N U J N O C N I M C N
S L P P U C T S A C E R O F C C L V J I
T R I N E R A U Q S D M H O U S E S Y K
```

Solution on page 355

Scout Camp

```
Z G N J K G N I M M I W S S F B I V W B
G T E H C T A H U D E N E E R C S N U S
L Q E S S N I B A C K P A C K I N G V B
O U T D O O R S W O L L A M H S R A M G
V T N I C S T B T N A L L E P E R S J G
E U A Z K S T I D N U O R G P M A C A N
S I C E S E R K K P A T H E G G N B U I
O X X B B R A I V D T H L C N K G G P K
I C O E E T I N F O I L D I N N E R G O
B C T N F T L D N H E A R E I O U O F O
R L N I I A M L E N A E T P S T P C M C
A P E R N M I I T W E I E S I T C K O A
F W T T K R X N N T S E E K R Y R C U N
T P E A T I E G N P L N S A Q I A L N O
I R L L E A Q E M S R S U K G N F I T E
N V L G K T I A E E E L L I R G T M A I
G V I H C R C K D M X M B O O T S B I N
K W K X O U A L Y N R A P P E L L I N G
F N S D P T I O U D U T C H O V E N S T
X L F O S W L O A Q F L A S H L I G H T
```

AIR MATTRESS

AXE

BACKPACKING

BOOTS

BUG REPELLENT

CABIN

CAMPGROUND

CAMPSITE

CANOEING

CANTEEN

COOKING

CRAFTS

DUTCH OVEN

FIRST AID KIT

FLASHLIGHT

GLOVES

GRILL

HATCHET

KINDLING

KNOT TYING

LANTERN

LATRINE

MARSHMALLOWS

MESS KIT

MOUNTAINS

ORIENTEERING

OUTDOORS

PATH

POCKETKNIFE

PONCHO

RAFTING

RAPPELLING

REPELLANT

ROCK CLIMBING

SKILLET

SLEEPING BAG

SOCKS

STAKES

SUN SCREEN

SWIMMING

TENT

TIN FOIL DINNER

TRAIL MIX

WILDERNESS

Solution on page 355

Philosophy

ANALOGY

ANCIENT GREEK

ARISTOTLE

BEAUTY

BELIEF

CONFUCIUS

CONSCIOUSNESS

DIVINE

DOSTOEVSKY

EMPIRICISM

EPISTEMOLOGY

ETHICS

EVIL

EXISTENTIALISM

FREE WILL

FREEDOM

GOOD

HUMAN

INQUIRY

INTELLECTUAL

KNOWLEDGE

LAOZI

LIFE

LOGIC

MARXISM

MATERIALISM

MEANING

METAPHYSICS

MIND

MYSTICISM

NATURE

NIETZSCHE

PLATO

REALITY

REASONING

SKEPTICISM

SOCRATES

SOUL

STOICISM

THOUGHT

TRUTH

WISDOM

YIN AND YANG

```
L C W V M N L N Z E F E I L E B A M E O
K R J F A O O N M V Y R S F F E D O O G
S O U M T E G P S I E O E F R D V E T N
T K U A E H I E F L C B D E L E P E H I
O H L E R R C V B R P Z K E W I E G G N
I P M H I A R E A L I T Y L S I F D U A
C U S C A I N T E L L E C T U A L E O E
I V I S L J E S H M Y Y E O R I B L H M
S S C Z I S A G P K L M D T O K Z W T W
M O I T S S E N S U O I C S N O C O R N
K J T E M A O V C L V M F I N Z L N A I
R Z P I E M E O O I S N T R U T H K R L
M C E N O O N G N I E R E A S O N I N G
C R K D T F Y E C O G N A Y D N A N I Y
J I S S U E X I S T E N T I A L I S M C
T I O C R L T C B E P K Y G O L A N A J
W D I U M S I X R A M S X Y R I U Q N I
Z U T I Y H S C I S Y H P A T E M O J V
S A N M T G G V I A O U Y T U A E B S T
N D P E D B L D E U T X Z L L J S K Y F
```

Solution on page 355

Hit the Road

ACCESS ROAD

BELTWAY

BICYCLES

BYPATH

BYROAD

BYWAY

CAR SEAT

COMPACT

CROSSCUT

CROSSWALK

CRUISE CONTROL

CUTOFF

DETOUR

FREEWAY

GREEN LIGHT

HIGHWAY

INSURANCE

LANE

MAIN ROAD

MOTORCYCLES

POLICE OFFICERS

RAIL LINE

```
F W H T M T N E M U F W J V W W R Z J S
F F T N S T E E R I N G W H E E L B Z P
S H R U D R F U X I Z V H P G H G I X E
H I S E R A E T W K L A W S S O R C P E
T G Y K E N O C R O S S C U T A E Y H D
A H C S I W S R I T R A F F I C E C R W
E W G R E D A I E F O W O L C R N L U A
S A B I U L R Y G D F I R I K Y L E O Y
R Y G Y L I C O N N I O N I E D I S H F
A A E Y W D S Y A X A S E B T U G J H T
C W C E D A E E C D U L E C F B H O S T
O D F L M O Y R C R H D L E I Y T J U L
M A X L P R D R A O O E N I L L I A R E
P O B O O S O N Q V N T T U R N O F F B
A R J W T S C R I G H T O F W A Y P D T
C Y C L S E Z I W W N D R M C Y T E C A
T B A I J C R O U N D A B O U T T U K E
X N N G O C U T O F F S U B L O O H C S
E G F H D A O R N I A M T R U C K S U A
Y A W T L E B Y P A T H F R J A O F N V
```

RAILROAD CROSSING

RED LIGHT

RIGHT OF WAY

ROADWAY

ROUNDABOUT

RUSH HOUR

SCHOOL BUS

SEAT BELT

SIDE ROAD

SKID ROAD

SPEEDWAY

STEERING WHEEL

STOP

TICKET

TRAFFIC

TRUCKS

TURN SIGNAL

TURNOFF

YELLOW LIGHT

YIELD

Solution on page 355

Wall Street

```
S V F X X H T N M Y M E Z W C I E N Q H
F Q N M T R V V F T D F M A R G I N F I
P C R A S H X P E E K T W O A H K W Z R
P K J U B R O K W K L Y K R C G F X Q H
M P I C G J E N E R S T T T D Q G P G L
B Q E D Q W W D U A O I X R E V B B M M
Q V J P D L C R A M B U L N E U S S I S
L K H N R A N J L R W Q Z F A K J K X E
D Z V E E O O P A A T E P F N N C N S N
K L G S A P F Z R E G G F Q M Y E I J O
S J G T H E B I G B O A R D A W C V T J
P Q T L S N O I T A T O U Q Y R S K U W
V O N O D N O L S T R V G O E T Y N M O
B A R B Y Y F P B S A M R X Z X K F I D
U N M T C S D A R M A K E N O B N X T E
U V D N F T Y A E R S Y I R O O L F E M
Z S P I S O W X K A O E P N K C S M O T
W G T O I C L E J L B V D Y G T S E F N
V G P M G K T I B L A S P D U F K C A B
C E N F C S E K O Y A J W L T W X R M N
```

AAPL

AMEX

ARBITRAGE

BAC

BEAR MARKET

CIEN

CRASH

CSCO

DOW JONES

EQUITY

EXERCISE

FLOOR

FON

GTW

HPQ

ISSUE

JNJ

JUNK BONDS

LONDON

MARGIN

MARKETS

MOT

MRK

MSFT

NEW YORK

NOK

NXTL

OSIP

PENNY STOCKS

PFE

PLMO

PORTFOLIO

PROFIT TAKING

PROXY

QCOM

QUOTATIONS

RALLY

THE BIG BOARD

TICKER

TRADERS

TWX

TXN

VRTS

WMT

Solution on page 356

Go, Team!

BEARS

BLACK HAWKS

BLAZERS

BRAVES

BROWNS

BULLS

CARDINALS

CAVALIERS

CELTICS

CHARGERS

CLIPPERS

COLTS

COWBOYS

CUBS

DOLPHINS

EAGLES

GIANTS

HEAT

HORNETS

ISLANDERS

JAZZ

JETS

KINGS

KNICKS

LAKERS

MAPLE LEAFS

MAVERICKS

METS

OILERS

ORIOLES

PACERS

PACKERS

PATRIOTS

PENGUINS

PISTONS

RAIDERS

RED WINGS

REDS

ROCKETS

ROYALS

SHARKS

SPURS

STEELERS

SUNS

YANKEES

```
Q X K S K C I N K J X P I I Q B N D D I
J J Z U O R H O R N E T S N O T S I P Y
S G W L W B L A Z E R S K K S E L G A E
V L T A Z G U V R S E G O S L R Y S K R
Y S F B L B T L Y G I C B O R E B K Y O
Y H S B Y R B A N S W R Y P K W D I A A
D E U F K W E T C C O D S M R I C R T L
G C N G O R S K K K S I S L A N D E R S
T P S C P J C R A R H N P U H G Y V I N
Y J R E M A P L E L E A F S S S A A O I
G C E L A Z C L I I K L W E J P N M T U
R R D T K Z E K P P L S V K S S K X S G
G X S I S E U G E M P A N O S T E T R N
O J Y C T L A H O R R E V S R A E B E E
V S L S K Z G R I B S M R A X K S M D P
I K T Y V I D O L P H I N S C I E F I T
W Q E Q Y Z N G E N A B R O W N S M A D
P E Y P X D W G R T N U R F P A C E R S
A F M V L F L Y S R U P S G K X H M W M
```

Solution on page 356

Presidential

ARTHUR

BUCHANAN

BUSH

CARTER

CLEVELAND

CLINTON

COOLIDGE

EISENHOWER

FILLMORE

FORD

GARFIELD

GRANT

HARDING

HARRISON

HAYES

HOOVER

JACKSON

JEFFERSON

JOHNSON

KENNEDY

LINCOLN

MADISON

MONROE

NIXON

PIERCE

POLK

REAGAN

ROOSEVELT

TAFT

TAYLOR

TRUMAN

TYLER

VAN BUREN

WASHINGTON

WILSON

```
Q D O B K H Z L T D Y B G E S M O C D M
T S A E T M F S F R R E A G A N B K G Y
F X I J Y D N E R J E N N D Z O H N N B
P P G T F A K D C Z L W I T Z X N O I K
H C F M M Q N I X O N S O O Y O T S D V
Q A B U S H N G C R O H D H S G F K R R
T X R L O Q B N B N V L Z L N Q G C A E
M T C T Y C I U V J W G I I D E H A H J
P Q N F H L J Z C M D W H D D R S J Q V
Z J K A E U F P O H N S M K G N O I B H
P N T W R U R N Z F A N O S R E F F E J
J G R J B G R O N W L N G J C Q N K H G
P S H H H O S S O V E G A R F I E L D V
J I B O E E U N S S V K E N N E D Y K V
C W E R O F G H I N E R U B N A V V D F
P U X R F V L O R L L V W A E U G C C C
B Z S E C N E J R M C P E R O M L L I F
F M B L R E T R A C M O C L I N T O N K
U T K Y S E Y A H R O L Y A T I I Y O W
A J N T H G F W O F U K F F J T H Y I H
```

Solution on page 356

Toys

```
R P W D J L B U G T R I C Y C L E J T T
K E S E L T S I H W O O D E N I U I E I
L R T R A M P O L I N E M K U N F S N N
L D A O R L I A R L E D O M I C R E A K
Y N C C O G B K S Q L K O O K O I L L E
E E K E L C T B L K A X R D T L S B P R
H T I O A O S H A Z C G E C T N B R R T
R E N B C S R I M C Y A E C E L E A I O
E R G O T A Y T I M R R J B D O E M A Y
X P B A Q N O B N T E U B H D G B E R A
M U L R T R E A A O L B V Y S O P E N
D Z O D A J S M D K C Y T B B Y W O T F
D Z C G W I J P E O E E T E D A R U T
T L K A U E G N F S L O T A A R N P P X
U E S M A C E W F T U L V O R R D M M J
R W J E A M Z S U R C M S E M S A U O C
Y Z O S Y K U O T A G M A X N E R J C F
C A T M I C R O S C O P E T H D R K C K
B L R T O W C O N S T R U C T I O N L C
E A E W S O L D I E R S M R O W W O L G
```

AIRPLANE

AMUSEMENT

ARMY MEN

BOARD GAMES

BOW AND ARROW

CART

CASTLE

COMPUTER

CONSTRUCTION

DOLLS

DRUM

EASY BAKE OVEN

ERECTOR SET

FRISBEE

GLOW WORMS

JACKS

JUMP ROPE

JUNIOR GYMNASIUM

KITE

LINCOLN LOGS

MARBLES

MICROSCOPE

MODEL RAILROAD

PRETEND

PUZZLE

RATTLE

REMOTE CONTROL CAR

RUBBER DUCK

SCOOTER

SOLDIERS

STACKING BLOCKS

STUFFED ANIMALS

TEDDY BEAR

TINKERTOY

TOY CARS

TRAMPOLINE

TRICYCLE

WHISTLES

WOODEN

Solution on page 356

THE EVERYTHING GIANT BOOK OF WORD SEARCHES • 221

Energized

AMPERAGE

BENJAMIN FRANKLIN

CHARGE

CIRCUIT

COAL

DAM

DENATURED ETHANOL

DIESEL

ELECTRICITY

ENERGY

FILAMENT

FISSION

GASOLINE

GENERATOR

GROUND

HYDROELECTRIC

HYDROGEN

JOULE

KEROSENE

KILOWATT

KINETIC

LIGHTNING

METHANOL

NATURAL GAS

NUCLEAR

OHM

PETROLEUM

POTENTIAL

POWER

PROPANE

REFINERY

RENEWABLE

SHOCK

SOLAR

SWITCH

SYNTHETIC FUEL

THERMAL

THOMAS EDISON

TRANSFORMER

VOLTAGE

WIND

```
H M P X U G P O K Z F C I T E N I K W A
P V F D C P J G D I Q A C L N S I I P M
H O H Y D R O G E N I L O S A G N L R B
C Z R D E E G E N E R G Y A T D I O O R
T H O M A S E D I S O N O E U K T W P E
I E N N J N U C L E A R L B R U S A A W
W E N E S O R E K F C E G R A H C T N O
S C Z M W L C S N B C M U E L O R T E P
H I E E Z X E I A T C W N K G T R C X O
O R D E N A T U R E D E T H A N O L J G
C C E L G H B I F T G E S Y S A T E Q G
K U V M E Z C L N C C A L P L C A S L I
I I V R R I N E I A I E T B M Z R E O R
S T M B T O M S M G E T L L A T E I N E
O A H Y I A F P A L H D E E O W N D A F
L L Z S L B E S J B D T L H O V E O H I
A W S I G R O U N D S U N O T R G N T N
R I F M A D V T E A O H M I Q N D Z E E
F I D G L F I X B J R P F M N X Y Y M R
U K E R P P P O T E N T I A L G Y S H Y
```

Solution on page 356

Pigskin

BALL

BARRY SANDERS

BERNIE KOSAR

BRETT FAVRE

CONVERSION

DOUG FLUTIE

DREW BREES

EMMITT SMITH

END ZONE

ERIC DICKERSON

FIELD GOAL

FIRST DOWN

FRAN TARKENTON

FUMBLE

GOAL LINE

GRASS

HALFBACK

HERSCHEL WALKER

JERRY RICE

JERSEY

JOE THEISMANN

JOHNNY UNITAS

LARRY CSONKA

LINEMAN

MARCUS ALLEN

MERLIN OLSEN

PASS

PEYTON MANNING

POSSESSION

PUNT

QUARTERBACK

RECEIVER

SAFETY

SCOREBOARD

SCRIMMAGE

SNAP

STADIUM

TERRY BRADSHAW

TONY DORSETT

TOUCHDOWN

UNIFORM

UPRIGHTS

WALTER PAYTON

YARD LINE

```
Q I P O S S E S S I O N W O D T S R I F
L I N E M A N O T Y A P R E T L A W G E
P A N S E I T U L F G U O D L B T J R N
N O I S R E V N O C B M S F A R I E A O
W E A A L A O G D L E I F F K E N R S Z
I R M P I R E C E I V E R S N T U S S D
G I E V N Z G N I N N A M N O T Y E P N
O C C K O X L P F H N G E R S F N Y S E
D D I E L B M U F T O M A T C A N J R F
R I R M S A B J A A M S H N Y V H O E D
A C Y U E L W R L I O G L U R R O E D R
O K R I N L K L T K I M Z P R E J T N E
B E R D T E I T E R R Y B R A D S H A W
E R E A N N S I P H Y A R D L I N E S B
R S J T E M N U C K C A B F L A H I Y R
O O O S I R N E L L A S U C R A M S R E
C N Q T E W Q U A R T E R B A C K M R E
S X H B X S C R I M M A G E I F Y A A S
S A F E T Y O U N I F O R M H J O N B V
D N W O D H C U O T T E S R O D Y N O T
```

Solution on page 356

Chemistry Set

```
R W L S C I E N T I F I C R Y S T A L Y
E D B A A Y F X N N B A A B U E A M G S
G T O M T Z O O P B E E T A N O B R A C
G E F L U O R I N E W E H S O L P E R Y
B K D R V O M N N R R N E E X A I M T D
U P N N B J U D E Y X I R Y Y B P O U E
U S L O O K L A G L C R M M G O E S J S
H X A A R C A G O L D O O E E R T I O W
X U L W S T I G R I M L M H N A T Y L I
Q C I T D M U L T U I H E C O T E F R G
C A A W R W A E I M H C T L E O S L L A
M I X T U R E S N S H N E A N R H A J P
P U N G W M E T A L L U R G Y Y S S J M
W E I A N N O I T A D I X O F S D K C D
D T T D G I C L K D J L I T H I U M R Z
U A A A O R D R E K A E B M U I L E H Y
H F M E T S O N D C E Y L Q B O O X P E
E L G A S E S J O S U O I A H J T A D T
B U X Y K T C U O B A L A N C E B U T E
S S O L I D S A T S I M E H C S E K L I
```

ACETATE

ALCHEMY

ATOM

BALANCE

BASE

BEAKER

BERYLLIUM

BONDING

BORON

CARBONATE

CHEMIST

CHLORINE

CRYSTAL

EXPERIMENTS

FLASK

FLUORINE

FORMULA

GASES

GLASS

GOLD

HELIUM

ISOMER

LABORATORY

LIQUIDS

LITHIUM

MAGNESIUM

METALLURGY

MIXTURES

MOLECULE

NEON

NEUTRON

NITROGEN

ORGANIC

OXIDATION

OXYGEN

PIPETTES

PLASMAS

SCALE

SCIENTIFIC

SILICON

SODIUM

SOLIDS

SULFATE

THERMOMETER

TUBE

Solution on page 357

Gone Fishin'

ANGLING

BAIT

BASS

BIG GAME

BOAT

CAST

CATFISH

CRAB POTS

CRAPPIE

DEEP SEA FISHING

DREDGING

EDIBLE

FEEDER

FLOAT

FLY ROD

GAME WARDEN

HOOK

ICE FISHING

LINE

LURE

MACKEREL

MARLIN

NETS

```
D O D M D Y V T E O B S T R E A M Q O C
G R E J R Q Q R I H N T A O L F B B F L
O E S M E L E J B D B W S B B V Z G H X
W D A X D A N Z A R C A T F I S H E F W
D E E E G N I H S I F E C I D P V Y X R
E E L I I O L S I V L B N G E I U E N W
Q F E P N I N T X E M I T N A N V L O E
G A R P G T Y E S R L U T I F N K L M I
M Y R A S A Y N D R O A F L B I R A L G
G A B R R E L W A R C T H G I N G W A H
C N C C Q R A M T K A F Z N E G O S S T
C E I K C C E F L Y H W R A I R T R P S
E R U L E E T E I F W W E B M O X E E P
M M X M L R B A L S V S P M P D P P A Y
T I A Y Z O E Y O D H G P B A Q H P R L
J T X U X I R L S B W I A O A G Z O F N
M J S F C O N T I A B R N O O D C T O A
P S R E D A W O I S C J S G L N A S W K
W P V L V V B J T S A G T S Y O S P O D
S X T V Q A L W A D O M L N Y P T D B G
```

NIGHT CRAWLER

POND

RECREATIONAL

REEL

RELEASE

RIVER

SALMON

SNAPPER

SPEAR

SPINNING ROD

SPOONS

STOPPERS

STREAM

TACKLE BOX

TROLLING

TROUT

VEST

WADERS

WALLEYE

WEIGHTS

WORM

Solution on page 357

Nutrition

AMINO ACID

ASCORBIC ACID

BETA CAROTENE

BODYBUILDING

BUTYRIC ACID

CALCIUM

CALORIE

CARBOHYDRATES

CHOLESTEROL

CHOLINE

CITRIC ACID

DIET

ERUCIC ACID

FATTY ACIDS

FRUCTOSE

FRUITARIANISM

GLUCOSE

GLUTAMINE

GRAINS

HEALTH

INSOLUBLE FIBER

LACTOSE

```
N I E T O R P D I C A O N I M A J M P V
S L A R E N I M A T U L G S D N M O C I
E Y I B O D Y B U I L D I N G U L L I T
R G T K D I E T O O I N R C I Y E A G A
M S S E R I N E R F A X C C U S P C S M
S E N S R X C E S I L I L N N S E T I I
S T A F D E T A R U T A S N U O N O M N
B A N T E S B A C R C A V P C L E S P S
E R V E E R T I I I T R P I F T T E L N
S D I L I I U C F U T L O E N H O B E I
O Y O E U R A C R E E I V S E G R U S A
T H R R N C T A I M L E M A E I A T S R
C O F E I I T U E C G B L L C E C Y E G
U B T D T E L N N E A T U H A W A R S S
R R H U D A T O T O H C V L L P T I O T
F A I F U H W A H C R E I H O B E C C A
S C A S C O R B I C A C I D R S B A U R
E T M Y R I S T I C A C I D I T N C L C
S D I C A Y T T A F R D Q M E I H I G H
K Q N N E X Z S T E A R I C A C I D S Q
```

MEAT

MICRONUTRIENTS

MINERALS

MONOUNSATURATED FATS

MYRISTIC ACID

PALMITIC ACID

POLYUNSATURATED FATS

PROTEIN

RIBOFLAVIN

SERINE

SIMPLESSE

STARCH

STEARIC ACID

SUCROSE

SUPPLEMENT

THIAMIN

VEGETARIAN

VITAMINS

WATER

WEIGHT LOSS

Solution on page 357

Easter Sunday

ANGELS

BASKET

BONNET

BUNNY

BUTTERFLY

CALVARY

CANDY

CELEBRATE

CHICK

CHOCOLATE

CHRIST

CROSS

CRUCIFIXION

DAFFODIL

DECORATE

DINNER

DRESS

DYE

EGGS

FAMILY

FLOWERS

GRASS

HUNT

JELLY BEANS

JESUS

LAMB

LILY

PARADE

RABBIT

RESURRECTION

RISEN

SPRING

SUNDAY

SUNRISE

TULIPS

```
S C C Y G C S W Y Z J T P U T K M E Y A
L C I Q N A N E Y V V Y A D N U S V L P K
A J U W I N L K W L R F Q L K K W S P R
E V A V R D U I B A Q C S E N S D V D R
E X W P P Y K B D O D T J O C H B B E N
S P A Q S S Z E N O I X I F I C U R C K
V B M V N F V S Y L F T Y B G O T I O C
L D E S A L C N L U C F S D B U T C R C
G G K G E O Q S S E R D A D Y A E R A A
H I X Q B W R J R R G E Y D N L R O T I
K X A Y Y E R R D I N N E R E A F S E B
N U X V L R U V L G O Y A B E D L S U Z
Z Q Y N L S N E S I R R R F Y T Y I L L
F Z Z J E C H O C O L A T E E U C K L D
H S K R J E A H R B T V S K N L C H Z Y
C G H S U N R I S E M L S S H I C L W B
O G F A M I L Y N Z R A G I H P U N X H
J E S U S C V N K G B C L C U S U H J P
I P H T R V O A O C W S I M N R K U J B
K K J L U B I T D G R A Q Q T C D Y I I
```

Solution on page 357

China

```
G L T E K A N S J T P F Q J Q K P Q N Y
L F O R B I D D E N C I T Y H G G L G D
C H A N G J I A N G R I V E R G I P U P
A I L O G N O M R E N N I X G N A U G I
Z N I M E Z G N A I J A L S O I H N M K
T H I Z C P A M T O X G H J D H G U S H
G R E W L H G H A I T A F C O C N A I U
I Q E J M U O O S N N S X W F I I E N B
P R E M I E R U S G D U E S T O Q S U E
S W Y Z T A N G D Y N A S T Y S K W M I
N Y H K E J N Y O Y C A R Z U U M O M T
A O E G U A N G D O N G H I I N E L O N
U S C D R A G O N B O A T C N Y G L C B
H M G R S T Y P H O O N S N D A A E H U
C B S T R A L A I T R A M T A T N Y I D
I L Y I I X N A H S S I Y N Y S E U N D
S A R X O B N W C I N J H U R E D N E H
T Q O E E A B X A G Y U N N A N L Z S I
W U G P I W T A S Z I F D L T N O X E S
Q E Z X Y Z C M R L I A O N I N G D U M
```

ANHUI

ASIA

BOOK OF CHANGES

BUDDHISM

CHANG JIANG RIVER

CHANGSHA

CHINESE

CHOU DYNASTY

COMMUNISM

DOG

DRAGON BOAT

FORBIDDEN CITY

FUJIAN

GANSU

GOLDEN AGE

GUANGDONG

GUANGXI

GUIZHOU

HUBEI

I CHING

INNER MONGOLIA

JIANG ZEMIN

LIAONING

MANDARIN

MAO TSE TUNG

MARTIAL ARTS

MINGS

PIG

PREMIER

QINGHAI

RABBIT

RAT

SHANG DYNASTY

SHANXI

SICHUAN

SNAKE

SUN YAT SEN

TANG DYNASTY

TAOISM

TYPHOONS

XIAN

YELLOW SEA

YUAN

YUNNAN

ZHEJIANG

Solution on page 357

U.S. History

ABRAHAM LINCOLN

BENEDICT ARNOLD

BILL OF RIGHTS

BOSTON TEA PARTY

BUNKER HILL

CABINET

CONGRESS

CONSTITUTION

CONTINENTAL ARMY

DECLARATION

DELAWARE RIVER

ELECTORAL COLLEGE

EXECUTIVE

FLAG

FOUNDING FATHERS

FRANKLIN

GEORGE WASHINGTON

GOVERNMENT

GOVERNOR

INDEPENDENCE DAY

JUDICIARY

LAFAYETTE

LEGISLATIVE

LIBERTY

RELIGIOUS FREEDOM

REVOLUTIONARY WAR

SENATE

SPEAKER OF THE HOUSE

STAR SPANGLED BANNER

STATES

SUPREME COURT

THOMAS JEFFERSON

VALLEY FORGE

WHITE HOUSE

```
C T R U O C E M E R P U S E N A T E N Z
O S P E A K E R O F T H E H O U S E W M
N T T I L L E G I S L A T I V E N C D T
G R H A N I A B R A H A M L I N C O L N
R E B O R D G F S O Y G A L F J T N O R
E V O N M S E I A T F G V Q R U N T N F
S O S R O A P P O Y A Y T U A D E I R O
S L T E G I S A E U E T E Q N I M N A U
W U O V X E T J N N S T E L K C N E T N
H T N I C E W A E G D F T S L I R N C D
I I T R Y A C A R F L E R E I A E T I I
T O E E T U B U S A F E N E N R V A D N
E N A R R Y X I T H L E D C E Y O L E G
H A P A E C R A N I I C R B E D G A N F
O R A W B S X M U E V N E S A D O R E A
U Y R A I K U J P L T E G D O N A M B T
S W T L L I H R E K N U B T A N N Y T H
E A Y E E L E C T O R A L C O L L E G E
C R F D C O N S T I T U T I O N Y L R R
G O V E R N O R B I L L O F R I G H T S
```

Solution on page 357

Abracadabra

ABRACADABRA

AIDE

ASSISTANT

BALL

BIRD

BLACK

CARD TRICK

CHAINS

CONJURE

DISAPPEAR

ESCAPE

FAKE

```
M U Z S M S P K N V L K X G Y S O P H L
B F C E V R I V X X H P L I F Q S V A F
Q D M U H D N Y W L A H F P E E G H G Y
N R T E R L Z Y F I T S Y M P X J P R W
I T P R E S T O R I N G S A U W Q P A I
B I J E G O O T S K U W C I T H E N B F
A V M L T L X O L T O S O P S I D R O J
B S R T E R C E S R E D A N C T I R O M
H B T D S D G C D D I S A P P E A R I L
G Z A O S R L K V L S I U L H R G N L B
H J X H P T A D L Y C R A B B I T A T B
S F O O E C S U I I A I R A R H B K T B
B W F U R W S O G T R S D Q A W C A S S
E I L D F I S A S G F A E S I I O N I L
V Q T I O B M W Q P C L K P R Z N X W M
E M X N R A S N I A H C O T O A J V T U
E X A I M X S O R F O F D W A R U D A R
L T X K C A L B V L T R A O E D R Q H Q
S U P E R N A T U R A L D K P R E Q I U
T H L B D J E N F C T M O N E Y S A I K
```

FLOWERS	PERFORM	STOOGE
FOOLED	PRESTO	STUPEFY
GLASS	RABBIT	SUPERNATURAL
HAT	RINGS	SWIFT
HOUDINI	ROPES	SWORD
ILLUSION	SCARF	TWIST
LOCKS	SECRET	WAND
MAGICIAN	SHOW	WHITE
MONEY	SLEEVE	WIZARDRY
MYSTIFY	STAGE	

Solution on page 358

Taxable

ANNUAL

AUDIT

AVERAGE TAX RATE

CAPITAL GAINS

CHECK

CREDIT

DEADLINES

DEDUCTION

DEPENDENT

DEPRECIATION

ESTIMATED PAYMENTS

EVASION

EXEMPTIONS

EXTENSION

FILING STATUS

FORMS

GOVERNMENT

INCOME

INHERITANCE TAX

IRS

LOOPHOLES

MARGINAL TAX RATE

MEDICAL EXPENSES

MEDICARE

MORTGAGE INTEREST

PAPERWORK

PREPARATION SERVICE

PROFIT

PROPERTY

PUBLICATION

QUARTERLY

REFUND

SCHEDULES

SHELTERS

SOCIAL SECURITY

STANDARD

TABLE

TAX PREPARER

TAXABLE

UNREPORTED TIPS

WITHHOLDINGS

```
D E A D L I N E S E L O H P O O L H E T
T E R M Y G S N I A G L A T I P A C S A
U D P A S A D R A D N A T S V F I E M X
N S R R C G V T I E O C F O I V R I E P
R O P G E I N E N X V I R L R E J N D R
E C X I X C D I R E Z A I E T E Y H I E
P I X N E L I E D A M N S N D L O E C P
O A D A M A A A M L G N I I R I E R A A
R L E L P U U P T S O E R E O L T I L R
T S D T T N D D T I G H T E B N P T E E
E E U A I N I A T A O R H A V L N A X R
D C C X O A T A G A A N X T X O F N P Y
T U T R N U R T I U V A C S I R G C E S
I R I A S A R E Q Y T A B L E W A E N H
P I O T P O L Q P D E P E N D E N T S E
S T N E M Y A P D E T A M I T S E A E L
Z Y R K R O W R E P A P R O F I T X S T
U P U B L I C A T I O N O I S N E T X E
I N C O M E S E L U D E H C S M R O F R
R E F U N D Y T R E P O R P C H E C K S
```

Solution on page 358

Heavenly Constellations

ANDROMEDA

AQUARIUS

ARIES

AURIGA

BOOTES

CAMELOPARDUS

CANIS MAJOR

CANIS MINOR

CAPRICORNUS

CASSIOPEIA

CENTAURUS

CEPHEUS

CETUS

COMA BERENICES

CORONA AUSTRALIS

CORVUS

CRATER

DELPHINUS

DORADO

GEMINI

HERCULES

HYDRA

LACERTA

LEPUS

LIBRA

LYNX

LYRA

MONOCEROS

OPHIUCHUS

ORION

PEGASUS

PERSEUS

PHOENIX

PISCES

RETICULUM

SAGITTARIUS

SCORPIUS

SCULPTOR

SCUTUM

TRIANGULUM

URSA MAJOR

URSA MINOR

VELA

VIRGO

VULPECULA

```
N L D S U T E C D I I Y C K Q I N P H F
M U T U C S C O R V U S O R E C O N O M
S U P E L B Y H S U D R A P O L E M A C
H D M H O M U L U C I T E R X W P U R I
W E V P S U H C U I H P O O V I S L D D
R A R E S S A K E P S N M R S U C U Y O
H S E C I N E R E B A M O C S D R G H R
J U U T U V C R B A M J E A U I A N J A
B N I I K L S C U I A S G N R Y T A G D
T I O M R E E S A M L E Z I S M E I A O
F H G I U A T S S P P I X S A R R R J S
C P R S R R T I A S R N G M M U Y T S U
C L I N A O N T U R Y I G I A L I Y U R
A E V L N A E I I L I M C N J D S Y I U
Y D I F C Z P S I G S E T O O B T U R A
P S A N D R O M E D A G S R R V E L A T
X I N E O H P K U U R S A M I N O R U N
V P J C A T R E C A L U C E P L U V Q E
N N S C U L P T O R A I E P O I S S A C
D G U D O U V L D I M F A O V Y T M P E
```

Solution on page 358

On the Seven Seas

AIRCRAFT CARRIER

BAREFOOT SKIING

BARGE

BERTH

CAPTAIN

CARIBBEAN

CATAMARAN

CREW

CRUISER

CUTTER

DEEP SEA DIVING

DESTROYER

DINGHY

FERRY

FISHING BOAT

HYDROFOIL

ITINERARY

JUNK

KAYAK

OCEAN

ONBOARD

PADDLE BOAT

PATROL BOAT

PONTOON BOAT

PORTS

ROW BOAT

RUNABOUT

SAIL BOAT

SCHOONER

SKIPPER

SPEED BOAT

STARBOARD

SUBMARINE

TITANIC

TRANSPORT

TRAVEL

TRAWLER

TUGBOAT

VESSEL

VOYAGE

WATER SKI

WAVE RUNNER

YACHT

```
U W J I Z G J F I S H I N G B O A T P G
B S U M K N A E B B I R A C Z I D A B I
N G N I V I D A E S P E E D R E T T U C
L W K E N I R A M B U S B C F R I V S K
E L O W N K Q O N B O A R D O W E R C R
V H I G I S G T X V R A T L T T W E H E
A L H O L T V X I G F U B K A U A N O P
R Y E M F O I S E T A O B N O O T N O P
T O W S Y O T N C K A Y A K B B E U N I
Y O W A S F R A E T O N Z J E A R R E K
N M G B J E R D O R N C I S L N S E R S
X E H F O R V E Y B A I A C D U K V E G
T H N K I A E B Y H D R A T D R I A S C
H T R E B B T D S O S E Y T A W X W I C
C T R O P S N A R T R B E Y P M Y Y U T
A Y S I I T A O B G U T S P F A A R R W
Y T E T Q T A O B L I A S T S N C R C C
O Q F M F H F W T R A W L E R O C E A N
L B H Q W O S T A R B O A R D O G F R N
M T S Y Z O V W X K G Z G X I T P D W S
```

Solution on page 358

Books

```
O N P I L G R I M S P R O G R E S S J T
R T H E G R E A T G A T S B Y G E S E B
E G R O E G S U O I R U C R R I E L A E
T H E G I V I N G T R E E E T C M L P E
T R E T T O P Y R R A H E I I A W O A C
E L G N U J E H T T T N C D H I W D S N
L Y O U R E R R O N E O U S Z O N E S I
T H E B I B L E I G W J O A R Z W H A R
E U F I B I O R G T E U R Y T S O T G P
L O L I T A E S F R N D R P J B S F E E
R Y F R O H A O P D O E C D R N E O T L
A O R Q C N E D E F N M D H Q R N Y O T
C A H T D L N R O N Q M W L M C O E I T
S P A H A A X Z A D P A M C A S F L N I
E C A T E D O C I C N I V A D W O L D L
H M A D T S A E F E L B A E V O M A I E
T H I N K A N D G R O W R I C H O V A H
U R I D N I W E H T H T I W E N O G T T
P S V S O E M I T N I E L K N I R W A Y
K D L O R D O F T H E R I N G S A I S K
```

A MOVEABLE FEAST

A PASSAGE TO INDIA

A ROOM OF ONES OWN

A TALE OF TWO CITIES

A WRINKLE IN TIME

CANNERY ROW

CATCHER IN THE RYE

CURIOUS GEORGE

DA VINCI CODE

EMMA

GONE WITH THE WIND

GREEN EGGS AND HAM

HAMLET

HARRY POTTER

LOLITA

LORD OF THE RINGS

PILGRIMS PROGRESS

PRIDE AND PREJUDICE

SOUNDER

THE BIBLE

THE GIVING TREE

THE GREAT GATSBY

THE JUNGLE

THE LITTLE PRINCE

THE SCARLET LETTER

THINK AND GROW RICH

VALLEY OF THE DOLLS

WALDEN

WIZARD OF OZ

YOUR ERRONEOUS ZONES

Solution on page 358

One Words

ABALONE

ABANDONED

ACETONE

ANEMONE

ANYONE

ATONE

BONE

COLONEL

COMPONENT

CONDONE

CONE

CYCLONE

EVERYONE

GONE

HONEY

IMPRISONED

IRONED

LIMESTONE

LONELY

MENTIONED

```
K M N T A P Q M N D Z W M X T W D X C V
C W P W W G I C G Q P Y L E N O L Y K R
V L W P Y J B K U C L C N D E H C O G E
U Q H B K T Q C M H D O O V N L O Q J V
B G R H E J P Q E E R G C M O V K N G E
B M U K T N D N N H J E A N P J E Z E R
K H V T M U O O T H K N E M P O L O P Y
K C I B N H D B I F Y Y E N O M N N T O
Q S J I P R Q E O O Y P R I S O N E R N
S E T O A D B U N R M I C R O P H O N E
O X L P R C E E E O I M I V C L O R A T
P Y Y W E J N N D S C P E D I Z C N I E
X A B A N D O N E D T R Y M P O E U M L
Z N A G O I L S C L R I E S N M I E A E
G N C P T W A W J E K S O D O R N O P P
C Z E A A E B D N N T O O N O O O F X H
P I T Y F G A O U O U N E N E F N Q G O
D S O R X U G A N L E E E M B D E E V N
E M N V T Y K E S O G D O Q N X E H R E
R E E N O I P I G C H S H O N E S T Q P
```

MICROPHONE

MONEY

NONE

OPPONENT

PARDONED

PIONEER

PRISONER

QUESTIONED

SHONE

SOMEONE

SOONER

STATIONERY

TELEPHONE

THRONE

XYLOPHONE

ZONE

Solution on page 358

Well Furnished

BABY BED

BED FRAME

BEDROOM FURNITURE

BILLIARD TABLE

BREAKFAST TABLE

CAMPSTOOL

CARRYCOT

CELLARET

CHAISE LOUNGE

CLOTHES CLOSET

COAT CLOSET

COMMUNION TABLE

CONFERENCE TABLE

COUNCIL TABLE

CREDENZA

DAVENPORT

DINNER TABLE

DIVAN BED

GATELEG TABLE

GUERIDON

HAMMOCK

HASSOCK

LOUNGE

LOVE SEAT

MUSIC STOOL

NEST

OTTOMAN

PEDESTAL TABLE

PLATFORM BED

READING DESK

REFECTORY TABLE

ROUND TABLE

SECRETARY

SICKBED

SIDE CHAIR

SNOOKER TABLE

TABLE LAMP

WORK TABLE

```
H S I D E C H A I R O U N D T A B L E K
F M L I P M A L E L B A T R E K O O N S
X O W I G N P K E L O V E S E A T O O E
C H G N C Y L B L Z S F E B F E E T D D
O C Y L E P A E B Q E E L R Z L S S I G
U C Y O L H T D A C X U B E B B O C R N
N L W O L B F R T D S L A A I A L I E I
C O O T A A O O L I S O T K L T C S U D
I T R S R B R O A V E E N F L R T U G A
L H K P E Y M M T A C M O A I E A M S E
T E T M T B B F S N R A I S A N O C S R
A S A A D E E U E B E R N T R N C R K J
B C B C A D D R D E T F U T D I I E C C
L L L O V Q E N E D A D M A T D K D O A
E O E T E F B I P Z R E M B A Z E E M R
A S S T N A K T S M Y B O L B K D N M R
J E E O P N C U B Y J O C E L V D Z A Y
N T C M O G I R E G N U O L E S I A H C
B W P A R H S E L B A T G E L E T A G O
K O C N T Z S X I Z K C O S S A H Y L T
```

Solution on page 359

Westerns

BEDROLL

BEND OF THE RIVER

BRAND

CAMPFIRE

CORRAL

COWBOY

COYOTE

DANCES WITH WOLVES

DEAD MAN

DEPUTY

DESERT

DRIVE

DUEL

FORT APACHE

GULCH

HACIENDA

HERO

HITCHING POST

JAIL

JERKY

JOHNNY GUITAR

LAND

LAST OF THE MOHICANS

```
T R E S E D J O H N N Y G U I T A R E Z
P U D N U O R P Y T U P E D N G H S H L
T H J A B D R I V E R D L E X A E J A E
C T F C W E R E L L E Y D L O V S R C U
S H F I H S N A T P C I D D L S R A I D
R E O H Z I N D M O C O N O E O M A E U
E W R O R D T A O N O A W L C P L E N G
H I T M O T T C I F N H A B F D L I D W
C L A E R S X W H E T W S I O B N M A M
R D P H R Z O K H I Y H R X A Y A A T J
A B A T F B M S W E N E E T I J M R R A
E U C F X U Y S S A N G S R E S G A I B
S N H O S E E O M O U Y P R I N I L F T
E C E T K C J D T L R H K O E V B M L A
H H A S N W A S C E E Y T E S A E O E Z
T N I A A E B H V R N T H Z A T L R N J
G H D L D M Q I O S H O O T I S T F A C
W E T Z O L L O R D E B G Y Q R T N H X
D U S T A G E C O A C H E A O Y I A S Z
O R R O Z F O K R A M E H T W C L M B Y
```

LITTLE BIG MAN

LIVERY STABLE

MAN FROM LARAMIE

MUSTANG

OLD YELLER

OUTLAW JOSEY WALES

RIFLE

ROUNDUP

SHANE

SHENANDOAH

SHOOTIST

SIX SHOOTER

STAGECOACH

STAMPEDE

THE MARK OF ZORRO

THE OX BOW INCIDENT

THE SEARCHERS

THE WILD BUNCH

TOMBSTONE

WAGON

WHISKEY

Solution on page 359

Cold-Blooded Animals

ANACONDA

BOA CONSTRICTOR

BOX TURTLE

BROWN ANOLE

CHAMELEON

CHUCKWALLA

COLD BLOODED

COPPERHEAD

COTTONMOUTH

CROCODILE

EGGS

FANGS

FLORIDA SOFTSHELL

GARTER

GAVIAL

GECKO

GILA MONSTER

GREEN ANOLE

GROUND SKINK

HAWKSBILL

IGUANA

KING COBRA

KOMODO DRAGON

LEATHERBACK

LIZARD

LOGGERHEAD

MONITOR

PAINTED TURTLE

POISONOUS

PYTHON

RATTLESNAKE

RIVER COOTER

SAND VIPER

SCALES

SLIDER

SNAPPING TURTLE

SPECTACLED CAIMAN

STINKPOT TURTLE

TERRAPIN

TORTOISE

TUATARA

VERTEBRATES

WESTERN SKINK

```
R E P I V D N A S U O N O S I O P L N N
E L T R U T G N I P P A N S G E C K O Y
T Q L R T U A T A R A L L A W K C U H C
S S P E C T A C L E D C A I M A N V T L
N T R T H E P H S A R B O C G N I K Y O
O I G O C S L W T G A R T E R S P Z P G
M N S O T O T T E U N G O E O E A N G G
A K B C B I P F R S O A A E T L R O R E
L P S R A D N P O U T M F V C T R E O R
I O G E O L E O E S T E N E I T E L U H
G T G V G W E D M R A D R O R A T E N E
S T E I F O N S O H H D E N T R L M D A
L U G R E E N A N O L E I T S T Y A S D
I R A D N O C A N A L I A R N K O H K R
D T E L T R U T X O B B G D O I I C I A
E L I D O C O R C N L T D U C L A N N Z
R E K C A B R E H T A E L L A S F P K I
N V A D K O M O D O D R A G O N S Q W L
U S H A W K S B I L L P H B B C A C P D
T O R T O I S E T A R B E T R E V V Y V
```

Solution on page 359

Federal Government

```
S T N E M D N E M A P C A U C U S C X W
S N E X E C U T I V E D B R C P O L P E
S E C R E T S E R V I C E O E M X V O C
T M F E I H C N I R E D N A M M O C S L
I H F S E N A T E N A S K I Y T S M T O
M C A O I M A T A E T E S T E T A A M B
I A T R C I S I L I R S I A H J P T A B
L E S J T U C Y T O I R R G O T A T S Y
M P V I B I T U F O U M I R N M R O T I
R M N I T I T T N C E R I E O F T R E N
E I L I R I H E E D F T D L T E Y N R G
T I L O O E R S F O Y I P R E I P E G C
F O N N H R L O L L S I K Q V H L Y E I
P I X O I A R L E E D R A O B C A G N T
M J U D I C I A R Y C O M M I T T E E I
N S E C E B D P C A B I N E T N F N R Z
E R O S F E S U O H E T I H W I O E A E
T S F O R E S T S E R V I C E O R R L N
R E P U B L I C O N G R E S S J M A G V
L E S N U O C E V I T A L S I G E L F A
```

AMENDMENTS

ARMED FORCES

ATTORNEY GENERAL

BILL OF RIGHTS

BOARD

CABINET

CAUCUS

CITIZEN

COMMANDER IN CHIEF

COMMISSIONER

CONGRESS

CONSTITUTION

COUNSEL

DIPLOMAT

EXECUTIVE

FBI

FILIBUSTER

FOREST SERVICE

IMPEACHMENT

INITIATIVE

IRS

JOINT CHIEF

JUDICIARY COMMITTEE

LEGISLATIVE

LOBBYING

MAJORITY LEADER

MINORITY LEADER

PARTY PLATFORM

POLITICIAN

POSTMASTER GENERAL

PRESIDENT

REPUBLIC

RIDER

SECRET SERVICE

SENATE

SOCIAL SECURITY

SPEAKER OF THE HOUSE

STAFF

TERM LIMITS

VETO

VOTE

WHITE HOUSE

Solution on page 359

Don't Worry, Be Happy!

AMUSED

BEAMING

BLESSED

BLISSFUL

BRIGHT

BUOYANT

CHEERFUL

CHIPPER

CONGENIAL

CONTENT

DELIGHTED

EASYGOING

ECSTATIC

ELATED

ENJOYING

EUPHORIC

EXHILARATED

FESTIVE

FORTUNATE

FROLICSOME

GAY

GLAD

GLEEFUL

JAUNTY

JOCULAR

JOLLY

JOVIAL

JOYFUL

JUBILANT

LAUGHING

LIGHTHEARTED

MERRY

MIRTHFUL

OVERJOYED

PLAYFUL

PLEASED

REJOICING

RHAPSODIC

ROLLICKING

SATISFIED

SMILING

SPIRITED

SUNNY

TWINKLY

```
B A M U S E D E T H G I L E D A R L Y B
S Y S S T C B H S C O N G E N I A L N G
M B T S R E P P I H C M I N I D C A N L
I O I R A D E S A E L P G K E B A G U A
L E C M W D P N E G S Q L T C P N F S D
I Q I Y E I E M D E T A R A L I H X E W
N N T T R U T E M W U A W A O T L I B L
G R A I L M Y O I G E I Y G R G F L U G
Z L T S H O S N H H W F Y I N S I F O Z
E E S K J C K I T P U S M I I S Y C Y R
D N C R I L N H D L A F C T S O L I A H
E J E L Y G G J E E K I A F J V E R N A
X V O K X I O T S N O S U E B L F O T P
O R I S L C G J S J C L U F R E E H C S
F O R T U N A T E O J O V I A L N P O O
O M U L S U Y R L Y N A N S M Y P U R D
O E A O N E J U B I L A N T T E L E J I
B R Y T I J F G L N B G L E E F U L A C
N R Y U W I B R I G H T V K T N P D O Y
A Y Y J I F Y S I E Q H A X Q J T M G J
```

Solution on page 359

Children's Literature

BEAUTY AND THE BEAST

BLUEBEARD

BROTHERS GRIMM

DR SEUSS

FABLE

FICTION

FROG KING

HAPPY PRINCE

HARRY POTTER

L FRANK BAUM

LEGEND

LION AND THE MOUSE

LITTLE MERMAID

LITTLE WOMEN

MAURICE SENDAK

NATHANIEL HAWTHORNE

OSCAR WILDE

PHOENIX BIRD

PIED PIPER

PIPPI LONGSTOCKING

PRINCESS AND THE PEA

PRINCESS BRIDE

PUSS IN BOOTS

RED RIDING HOOD

ROALD DAHL

RUMPELSTILTSKIN

SLEEPING BEAUTY

SNOW WHITE

STORY

THE CALL OF THE WILD

UGLY DUCKLING

WINNIE THE POOH

WIZARD OF OZ

```
S T O O B N I S S U P I E D P I P E R E
J S H R E D R I D I N G H O O D U E S L
K A A D A E L M E D R S E U S S H U L B
O T P R U G I M D X R R N G B L O T J A
S H P I T N T I I S T O R Y D M I H D F
C O Y B Y I T R R U L A O I E A K E U L
A O P X A K L G B S F L H H R U N C G F
R P R I N C E S S A N D T H E P E A L R
W E I N D O M R S D G D W Q T Q M L Y A
I H N E T T E E R N A A E T Z O L D N
L T C O H S R H C A I H H T O O W O U K
D E E H E G M T N E K L L I P F E F C B
E I A P B N A O I B G E E H Y O L T K A
N N E D E O I R R E O G I W R D T H L U
O N M L A L D B P U R E N W R R T E I M
I I U S S I Y B D L F N A O A A I W N D
T W R H T P K F T B W D H N H Z L I G O
C U R U M P E L S T I L T S K I N L Z H
I M A U R I C E S E N D A K E W C D P C
F N U A I P S L E E P I N G B E A U T Y
```

Solution on page 359

Playing Cards

BACCARAT

BLACKJACK

BRIDGE

BUNKO

CANASTA

CANFIELD

CASINO

CLUBS

CRAZY EIGHTS

CRIBBAGE

DECK

DEMON

```
Q L C S E M N C S H S P I D E R E K O P
J W T I E C L T K E N H E N O M E D O W
T C H M A U R N E E U Q U X Z H G N I K
E D B E B A U A W B Z B Q F S A A X B J
J Q L S E L H M Z X C X R U F M B T L K
L B P H U S A K G Y M E L R V L B B F C
Y R U Q I R J C A H E F E C N E I T A P
J I N F K I C E K C O I Y M M U R N Z I
J D O E T A S J E J R V G T P V C P G N
T G T Y N P O L Y S A E I H C A S I N O
K E C A Y O L S I K F C E T T E N E N C
B H S A H W I X U D R A K N R S C S K H
E T U C N T T T G I E R I L O U E D R L
A F N A P F A D A A T D D X E O M W E E
A Z S N W R I R M M R D N D F H T P D T
J N X D A A R E B O I R O Z O L S N D Q
Q I B C M L E K L N K A L I X L I A O R
N N C D X M U O I D C W K E H U H N G P
S A L C Q O I J N S E D A P S F W G C V
B O K N U B N I G M D Q Z B V Y B F O H
```

DEUCE	HEARTS	RED DOG
DIAMONDS	JOKER	RUMMY
FARO	KING	SHUFFLING
FIVE CARD DRAW	KLONDIKE	SNAP
FLINCH	NEWMARKET	SOLITAIRE
FLUSH	OLD MAID	SPADES
FREE CELL	PATIENCE	SPIDER
FULL HOUSE	PINOCHLE	SUIT
GAMBLING	POKER	TRUMP
GIN	PONTOON	TWO PAIRS
GO FISH	QUEEN	WHIST

Solution on page 360

A Visit to Italy

APENNINES

AS ROMA

AUSTRIA

BATHS OF CARACALLA

BOLOGNA

BORGHESE GALLERY

DOMUS AUREA

ERLUSCONI

FORUM OF TRAJAN

FRANCE

GENOA

GRAPES

IONIAN SEA

LIGURIAN SEA

MACHIAVELLI

MEDITERRANEAN SEA

MICHELANGELO

MILAN

MUSSOLINI

NAPLES

NEAPOLITAN

OLIVES

PANTHEON

PASTA

PIAZZA NAVONA

PIAZZA VENEZIA

PISA

PO RIVER

RENAISSANCE ART

ROBERTO BENIGNI

SARDINIA

SICILY

SISTENE CHAPEL

SLOVENIA

SPANISH STEPS

ST PETERS SQUARE

SWITZERLAND

TIBER RIVER

TREVI FOUNTAIN

TRIESTE

TURIN

TUSCANY

VATICAN CITY

VENICE

VERONA

```
D V E N I C E O L I V E S I C I L Y R A
N X G R A P E S I S T E N E C H A P E L
A J O K E R A U Q S S R E T E P T S N L
L N N I A T N U O F I V E R T W N Q A A
R E A N P A I Z E N E V A Z Z A I P I C
E A N G O Z D O M U S A U R E A L A S A
Z P G I R S P E T S H S I N A P S N S R
T O O N I R U T A E S N A I N O I T A A
I L L E V A I H C A M R L A S I P H N C
W I O B E G E N O A R I J H Q C Q E C F
S T B O R G H E S E G A L L E R Y O E O
E A S T O C D R T U R F R A N C E N A S
N N A R N J O I R T I B E R R I V E R H
I A R E A M D I F A I N E V O L S G T T
N I D B A E A O P I A Z Z A N A V O N A
N R I O M N M V A T I C A N C I T Y Z B
E T N R S U P A S T A T R I E S T E A J
P S I E R L U S C O N I N I L O S S U M
A U A O L E G N A L E H C I M I L A N J
O A F O F T U S C A N Y S E L P A N K I
```

Solution on page 360

Hoops

ALLEY OOP

ASSIST

BACKBOARD

BANK SHOT

BASKET

BENCH

BOUNCE

CENTER

CHAMPION

CHEER LEADERS

COACH

COURT

```
Q I W B P T P P F I Z B T N R C N M T B
R F S F F O Y A L P O O Y E L L A Y A K
F O R W A R D D S U H F T W U S N A F R
G F S O Q Q R F N S R E V O C E N T E R
X F W R N O E C K G M F F O P I T V T N
S E I H E W E N O I U L T U G L O R W J
E N S T L D A N R V A O D U A N A X U N
C S H E B B A E W C E R A N R V H M N L
O E Q E B L P E I O A R E U E E P O T I
A Z N R I S P N L O D V T L L S I S S K
C C E F R D H G B R I D I I H P I H C K
H O I N D C E K K O E N N O M S S O R W
O R U H E K C F L S G E T A S E L T E N
X E D T L A D A E G L U H A P C A C E X
L F V A B N T N I N H C E C E U M L N F
Z E W A U I I K Y P S G P M A H D O L F
D R R O O F A S T B R E A K K H U C W P
D E B N D C J E X A D G I H T V N K K S
V E L O E C S I D E L I N E T E K S A B
R X R Y T H W J R Z P O T R U O C T X Q
```

DEFENSE	MASCOT	SIDELINE
DOUBLE DRIBBLE	NET	SLAM DUNK
FANS	OFFENSE	SWISH
FAST BREAK	OVERTIME	TECHNICAL FOUL
FORWARD	PASS	TIP OFF
FREE THROW	PERIMETER	TRAVELING
GAME CLOCK	PLAYOFFS	TURNOVER
GUARD	REBOUND	UP AND DOWN
IN THE PAINT	REFEREE	WALK
JUMP SHOT	SCREEN	
LANE VIOLATION	SHOT CLOCK	

Solution on page 360

Ready to Fly

AISLE

ALTIMETER

ALTITUDE

BAGGAGE

BEVERAGES

BLANKET

BOARDING PASS

BUSINESS CLASS

CARRY ON

COACH

DEPARTURE

DESTINATION

DIRECT FLIGHT

DIRIGIBLES

DUTY FREE SHOP

ENGINE

FIRST CLASS

FLIGHT ATTENDANT

FLOTATION DEVICE

FUSELAGE

GLIDER

HANG GLIDING

HEADSET

HELICOPTERS

HOT AIR BALLOON

INTERNATIONAL

JET

LUGGAGE

MOVIES

NAVIGATOR

PARACHUTE

PARASAILING

PILLOW

PROPELLERS

ROCKET

RUDDER

SECURITY

SKYDIVING

SOAR

SPACE SHUTTLE

STABILIZERS

TURBOPROP

WINGS

```
Q T N A D N E T T A T H G I L F B A P V
R P K I N T E R N A T I O N A L E L Q X
P R O P E L L E R S J I F L T O V T Z H
A L T I M E T E R S M K I P E T E I O P
R U E C U A T T A A P R R O K A R T V D
A G K D D G U Q D P A O S R C T A U Q E
C G N Y A N H S V G R Y T P O I G D R P
H A A B W I S S O N A A C O R O E E O A
U G L W D D E A C I S I L B P N S H T R
T E B L E I C L A D A S A R S D S S A T
E J M Z S L A C R R I L S U R E R K G U
S S O H T G P S R A L E S T E V E Y I R
D C V D I G S S Y O I B P R Z I T D V E
A R I U N N J E O B N H F T I C P I A G
E D E I A A Z N N X G Y Q P L E O V N A
H J S D T H G I L F T C E R I D C I S L
C E N G I N E S R U D D E R B L I N G E
A T B X O L O U D E G A G G A B L G N S
O Q K Y N A G B S E C U R I T Y E O I U
C C N H R D I R I G I B L E S F H T W F
```

Solution on page 360

Invest Wisely

```
Y E N O M U T U A L F U N D S E X A T R
N D D L O S R E V O G L O N G T E R M E
X M E M D X I S D N O B S G N I V A S K
C Y R R N S O T C A T G G D I S L D V C
W G I E U E C R A S H I N P T S S V N I
I F V T O T I O S D Q D I J A U L I Y T
A P A T P A N P H N B A D B R E L S S R
H I T R M R V E F U A N A L K V I O E A
A W I O O T E R V F N N R U C S B R T D
Y S V H C S S Y S L K U T E O E Y S A E
F K E S R E T N T A A I E C T I R S R R
E E C E V R O A O P C T N H S T U G E S
Y X O R P E R P C I C I I I I S N L B
G C N U N T O M K C O E L P R R A I B R
P Q O T H N O O M I U S N T A U E N A O
Y H M U A I L C A N N Z O E B C R R I K
O I Y F S M F N R U T E R F O E T A R E
G N I G D E H M K M S N K W D S D E A R
C L F N T A X D E F E R R E D A O L V L
U O P T I O N S T E K R A M R A E B I E
```

ADVISORS

ANNUITIES

BANK ACCOUNTS

BEAR MARKET

BLUE CHIP

BROKER

CAPITAL VENTURE

CASH

COMPANY REPORTS

COMPOUND

CRASH

DEBT

DERIVATIVE

EARNINGS

ECONOMY

FLOOR

FUTURES

HEDGING

INTEREST RATES

INVESTOR

IRA

ISSUE

LOAD

LONG TERM

MARKETS

MONEY

MUNICIPAL FUNDS

MUTUAL FUNDS

NYSE

ONLINE TRADING

OPTIONS

OVERSOLD

PROXY

RATE OF RETURN

SAVINGS BONDS

SECURITIES

SHORT TERM

STOCK MARKET

STOCK RATINGS

TAX DEFERRED

TAXES

TICKER

TRADERS

TREASURY BILLS

VARIABLE RATES

Solution on page 360

Christmas Time Is Here

ANGEL

CANDLES

CANDY CANE

CAROLERS

CAROLS

COAL

COMET

COOKIES

CUPID

DANCER

DASHER

DECORATIONS

DONNER

EGG NOG

FAMILY

FEAST

FROSTY

GIFTS

GIVING

HAM

HOT CHOCOLATE

LIGHTS

LOVE

```
C Q M H N G W T A F S L N Z W N E R V G
D M O E I I L I G H T S O R A N G E S X
R W U Z A Z A W E T A E S I O O S K J L
N S E S S S Z A A L R I U D I P U C I P
D N L G I V I N G P A K A R E C N A D I
X N R O Y C N L K I W O L Z E I S R D H
K Y J G R E V O Q W R O C I B S Q C O P
N E X E N A C Y D N A C A U A B E T C L
L K X B S F C H V K P Z T W E O C U O O
L R A F A M I L Y Z P P N W V H D N M D
F U G S L Y U S N O I T A R O C E D E U
M T V C T E R L E G N A S C L W R G T R
W O N S A N S F P I G E O T A D G R D F
C D O Y C R E N H R P L R E N N O D A S
P R E D U A O M I J A R E Q O E D H S Z
F P L L S B N L A T P G A G G W S L H J
X Y Y T S F D O E N E F U N Y I S E E M
A Z E R R Z R G V R R Y I S C Q F M R S
R Z I E A I A T O Y S O C W R E A T H P
D W K E N R B T E N O X O P P H R S S B
```

MUSIC

NOEL

NUTCRACKER

ORANGES

ORNAMENTS

PRANCER

PRESENTS

RUDOLPH

SANTA CLAUS

SLED

SNOW

STAR

SUGARPLUMS

TANNENBAUM

TINSEL

TOYS

TREE

TURKEY

WASSAIL

WRAPPING PAPER

WREATH

Solution on page 360

Old Man River

ALLUVIUM

AMAZON

BRAHMAPUTRA

BRIDGE

CHANNEL

COLORADO

COLUMBIA

CONGO

DANUBE

DELAWARE

ELBE

EROSION

EUPHRATES

FLOWING

GULLY

HUDSON

IRRIGATION

JORDAN

LEVEE

LOIRE

MANZANARES

MISSISSIPPI

MISSOURI

MOUTH

MURRAY

NIGER

NILE

OTTAWA

PATH

RAFT

RIVERFRONT

SAINT LAWRENCE

SHALLOW

SHORE

SOURCE

STEAMBOAT

TENNESSEE

THAMES

TIBER

URAL

VOLGA

WATERWAY

YANGTZE

YELLOW

ZAMBEZI

```
H G S I L R E B I T E V K Z Z K B B M E
Y I D E E X T R N D Q B G D U T K J W H
A G Z G V L E B U N A D L X F F R N J B
E N I F E Q Y E R A W A L E D A S D G C
K N S T E A M B O A T E U P H R A T E S
A C R F R P G E E M H P E R O S I O N N
G T S E R A N A Z N A M A Z O N N Y F K
L Q R G U L L Y T T I W A S G O T A N I
O O O D W D I B H S G N A P I S L W Y C
V J I I O E E S S E N N E T U L A R R V
C I Q R B M U I V U L L A C T T W E B U
M R A B E Y S D I V I G O Y V O R T I X
Q U Q O A S A Z C N I L X A K O E A U O
A O G R I V E R F R O N T G G U N W K B
B S O P B B D H R R L E N N A H C B M M
E S P K M I Q I A U T R O I O E E L M O
N I R A U D O D C F M C Z W E S Z A O I
B M Z O L K O Y S H A L L O W C D R U S
O A L J O R D A N Y W O L L E Y O U T G
S O U R C E R O H S B F O F S E M A H T
```

Solution on page 361

Nostalgic for the 1980s

A TEAM

AIDS

ATARI

CAGNEY AND LACEY

COSBY SHOW

COSMOS

DALLAS

DANIELLE STEEL

DOOGIE HOWSER

DUKES OF HAZZARD

FLASHDANCE

FOOTLOOSE

HIGHWAY TO HEAVEN

INDIANA JONES

JELLY SHOES

JOHN MCENROE

JUST SAY NO

JUST THE TEN OF US

KARATE KID

LOVE BOAT

MOONLIGHTING

MORK AND MINDY

MR BELVEDERE

MTV

MY LITTLE PONY

NEWHART

NIGHT COURT

NINTENDO

REMINGTON STEELE

SHE RA

SHORT CIRCUIT

SMALL WONDER

SPACE SHUTTLE

STEPHEN KING

SWATCH WATCH

TONI MORRISON

TOTALLY AWESOME

TRAPPER KEEPER

VIDEO GAMES

VOLTRON

```
C O S M O S Q M O R K A N D M I N D Y M
D I K E T A R A K W N I G H T C O U R T
A I D S E O R N E C M N H O J R J K W A
L M T I U C R I C T R O H S U E Q E P O
L R O I N D I A N A J O N E S M N S P B
A B T M O D N E T N I N W O T I O O Q E
S E A Y T P N I N E W H A R T N S F G V
V L L N E V A E H O T Y A W H G I H N O
I V L K L C V O L T R O N I E T R A I L
D E Y H C T A W H C T A W S T O R Z T R
E D A N I E L L E S T E E L E N O Z H E
O E W F L A S H D A N C E U N S M A G D
G R E S T E P H E N K I N G O T I R I N
A E S S X J U S T S A Y N O F E N D L O
M W O H S Y B S O C D Y Z J U E O W N W
E A M Z J E L L Y S H O E S S L T V O L
S P E M Y L I T T L E P O N Y E J W O L
I R A T A J R E S W O H E I G O O D M A
S H E R A R E P E E K R E P P A R T V M
F O O T L O O S E L T T U H S E C A P S
```

Solution on page 361

Old Testament

ABRAHAM

ADAM

BENJAMIN

BIBLE

CAIN

CANON

DANIEL

ECCLESIASTES

EGYPT

ELIJAH

ELISHA

EPHRIAM

ESAU

EZEKIEL

GENESIS

HABAKKUK

HAGGAI

HEBREW

HOSEA

ISAIAH

ISHMAEL

JACOB

JEHOVAH

JEREMIAH

JERUSALEM

JOEL

JONAH

JOSEPH

JOSHUA

KING JAMES

LEVITICUS

MICAH

MOSES

NEHEMIAH

OBADIAH

PLAGUE

PROPHET

RUTH

SAMUEL

SERPENT

SETH

THEOLOGY

ZECHARIAH

ZEPHANIAH

```
M F C J Q O C B J C G I O S E S O M X K
X D K F F S C P Y P R O P H E T F M G X
J F N J X O C E U G A L P C R R U T H N
B H E D E V H H C I O Z C C D I P I D G
M I P A Y R X T O P U L X K S W A E E O
D Z B E M B E S E S E P O H Q G W N N F
R Q M L S D N M Y S E C M E G P E R C T
U M F I E O C A I N C A A A H S R V H I
B Y I S V W J A O A E M H N I T B B A G
C A Z H J P S Z L L H H A S O R E Z V B
X I D A A T M E L A S U R E J N H Z O H
E J C J E I U C M Y R K B X F T E P H L
W O E S W M D H D A T O A B T P Y G E H
B N L Q A M A A F K J J O S H U A V J F
X A I S D I N R B I T G H A B A K K U K
C H J V M I O I S O B E N J A M I N X O
X B A E E A Z A S U C I T I V E L O K M
L G H L S D I H A C A L E I K E Z E S P
Q E H J H A C I M H J F F M O U Y I H K
N R A N H M U L B X M O R J U O H W A K
```

Solution on page 361

Desolate Deserts

ALLUVIAL FAN

ARABIAN

ARID

ARROYOS

ASWAN DAM

ATACAMA

CACTUS

CAMEL

CARAVAN

CLIMATE

DEATH VALLEY

DESOLATE

DROUGHT

DRY

DUNES

DUSTY

EXTREME

FLASH FLOODS

GREAT AUSTRALIAN

GULLIES

IRRIGATION

KALAHARI

MIRAGE

MOISTURE

MOJAVE

NOMADS

OASIS

PAINTED

PATAGONIA

PRECIPITATION

RAINFALL

RAINLESS

SAGEBRUSH

SALT FLAT

SNAKES

SONORAN

SPARSE

SUNSHINE

THIRSTY

WADIS

WASHES

WASTELAND

WATER

WELLS

```
D U S T Y S I S P C I X M W D P N A S C
A U K B E W O I C A R A V A N K P B I E
Y I N H S Y A D U M F E M E R T X E S M
F R S E O E W A T E R E V A J O M N A N
T A Y R S E K W E L Q S U T C A C H O A
W H R B D S N A P H G L K V N A V I F I
F A I I Y N E I N X A I N O G A T A P B
N L R R P A D L H S U R B E G A S A S A
J A A G S R L E N S B E W H G U S A E R
D K S S A T E L A I N S B I V W L G I A
E N P L H I Y C U T A U R E A T T C L Y
T A A J C F M N I V H R S N F E G Y L I
N R R L Y L L O Z P I V D L T B Z M U O
I O S G E X I O I W I A A A L M N I G T
A N E M K T L M O S M T L L V E S R P O
P O Y Z F J S D A D T O A F L D W A K Z
S S C N A I L A R T S U A T A E R G H W
Q V R Q B F J Y W E E K R M I N Y E T M
Z J T H G U O R D W J W O E B O V P N R
I I T K O R F D S C K N L L A F N I A R
```

Solution on page 361

Extinct Animals

AMERICAN CHEETAH

AMERICAN LION

ANTILLEAN CAVE RAT

CAROLINA PARAKEET

COROZAL RAT

EELGRASS LIMPET

ESKIMO CURLEW

GIANT DEER MOUSE

GLYPTODON

GREAT AUK

GUAM FLYING FOX

GULL ISLAND VOLE

HEATH HEN

HELMETED MUSK OX

KIOEA

LAYSAN CRAKE

NEWFOUNDLAND WOLF

PALLID BEACH MOUSE

PASSENGER PIGEON

PENASCO CHIPMUNK

PUERTO RICAN SHREW

SMILODON FATALIS

TACOMA POCKET GOPHER

TECOPA PUPFISH

TEXAS GRAY WOLF

WAKE ISLAND RAIL

YUKON WILD ASS

```
F L O W Y A R G S A X E T K V E Q O I Z
X X W P U E R T O R I C A N S H R E W G
O O E T A R L A Z O R O C U S N S H T S
K F L O W D N A L D N U O F W E N A E E
S G R O K V A Q D M F M M W T T R T S L
U N U N E H H T A E H Y A E E E A E I O
M I C G P X U O O C U K P C V K M E L V
D Y O P M S J S A K E M O A G A E H A D
E L M H F B Z E O I I P C M L R R C T N
T F I C D R B N S L A N K P Y C I N A A
E M K T M D W L S P A U E W P N C A F L
M A S Y I I A S U E A W T U T A A C N S
L U E L L N A P L T N K G G O S N I O I
E G L D D R F L A V Q P O K D Y L R D L
H A A R G I I E A M P M P I O A I E O L
P S A L S T R Y B X L X H O N L O M L U
S I E H N G E S U O M R E E D T N A I G
L E C A R O L I N A P A R A K E E T M M
C A W P A S S E N G E R P I G E O N S F
P E N A S C O C H I P M U N K O B K M N
```

Solution on page 361

Poker Jargon

```
O E P C U J B G O I G I F V N L M D I C
S O P M E L E U C L U G L K T Q P F M V
O E Y I E L B A K Y I L I L O W B A L L
W G P V E R A L C E D O L V R E L A E D
X B U A T V O P U O K O Y L I C A E G L
U K S Q B M J X O F R S S T S N N G N O
L S H O W D O W N K F E J A T A G B I C
H A M V K F Y I N B E R U P A R L A S J
M B M W I L D A F K G R X D K U E J I K
K K R D L H B L I N D D F N E S J N T R
F K A O L C E D P P Z M Y A S N S O R A
L T H W A N T F P L O X O T C I P I E H
U C U N U D R T R E S S R S W E L T V S
S H X C B Y W T E V N A I W H A I A D I
H I J A C K V A U P I N N T A X T L A F
L P E R V L B R Y G P D Y D I P A O A H
S C N D R A R C H S Y U T A B O Y S H C
G N Q I N O I T C A B M M D N A N I J Q
I R A I S E C U E D P P V R H T G K R R
R P K U F W K O C R O S S F I R E H S Y
```

ACTION

ADVERTISING

ANGLE

BANKROLL

BET

BLIND

BLUFF

BOMB

BRICK

BROADWAY

BUY THE POT

CHIP

COLD

CROSSFIRE

CUT

DEALER

DECLARE

DECLOAK

DEUCE

DOWNCARD

DUMP

FISH

FLUSH

GIVING AIR

HIJACK

HOLLYWOOD

INSURANCE

ISOLATION

LOOSE

LOWBALL

MUPPET

PAIR

PENNY ANTE

POKER FACE

POSITION

PUSH

RAISE

SANDBAG

SHARK

SHOWDOWN

SPLIT

STAKES

STAND PAT

STRAIGHT

WILD

Solution on page 361

Music Makers

```
K V F H J Y X D X Y E L T S I H W W Z X
A C I N O M R A H X V B E N O B M O R T
Z H D B M T X E Y S B O N G O S Q D E H
O I D T R T D L G L A N I T R E C N O C
O M L A O A O C E L L O R J R N G N D U
H E E M P P P S J E O R A Y Q L A Z R M
N S W B H Z F H V B N C L O I G C F O I
R S B O K X F D O Y O O C S R H L L H H
Z E N U E X F R E N C H H O R N E U C W
T E Z R X W I A G L E H E P Y P R G I O
I O S I M O T A A N O P I D O D R E S O
M N N N S S S V T R I C S I Y D S L P D
P A A E E E I K N P C Q L G M T R H R B
A I R L K C H C I O N L U J R A E O A L
N P E I H W C T L C A R A I T L M R H O
I C D O M O S O N C D T N I E Y I N E C
C D R A O B Y E K Y A G U L N C C M Z K
O D U J E B A N J O S G U B N I L O I V
I L M U Y W O T F V I K L H A B U G L E
Z G A G H N Y B R W U E N I L O D N A M
```

BANJO

BELLS

BONGOS

BOW

BUGLE

CALLIOPE

CELESTA

CELLO

CHIMES

CHORDOPHONE

CLARINET

CLAVICHORD

CONCERTINA

CONGAS

DULCIMER

ENGLISH HORN

FIDDLE

FLUGELHORN

FRENCH HORN

GUITAR

HARMONICA

HARPSICHORD

HURDY GURDY

KAZOO

KEYBOARD

LYRE

MANDOLIN

MARIMBA

PIANO

PICCOLO

PIPE ORGAN

SNARE DRUM

STRINGS

SYNTHESIZER

TAMBOURINE

TIMPANI

TROMBONE

TUBA

UKULELE

VIBRAPHONE

VIOLIN

WHISTLE

WOOD BLOCK

XYLOPHONE

Solution on page 362

Brave Explorers

AMERIGO VESPUCCI

AMUNDSEN

ANDREW CROFT

BARTLETT

CARTIER

CHARLES WILKES

COLUMBUS

DANIEL GOLDEN

DE CHAMPLAIN

DIAS

EDMUND HILLARY

ERIK THE RED

FRIAR JULIAN

FRIDTJOF NANSEN

FROBISHER

GASPAR CORTE REAL

HENRY HUDSON

IBN BATTUTA

JAMES COOK

JOHN CABOT

JOHN FRANKLIN

LEIF ERICSON

LEWIS AND CLARK

LOUIS JOLIET

MALASPINA

MARCO POLO

MARQUETTE

NEIL ARMSTRONG

PONCE DELEON

REINHOLD MESSNER

SIR FRANCIS DRAKE

SIR HUMPHREY GILBERT

TENZING NORGAY

VASCO DA GAMA

VITUS BERING

YURI GAGARIN

ZHENG HE

```
E H G N E H Z K O O C S E M A J O M T S
V A S C O D A G A M A R C O P O L O F U
W T S I O N O S D U H Y R N E H H H L O B
X E I T R E N S S E M D L O H N I E R M
N N L E I F E R I C S O N G M F L W C U
E Z J M B A R T L E T T Y A A R A I W L
D I N I R A G A G I R U Y S R A N S E O
L N G T O B A C N H O J W P Q N I A R C
O G N O E L E D E C N O P A U K A N D G
G N O R T S M R A L I E N R E L L D N N
L O U I S J O L I E T S N C T I P C A I
E R M A L A S P I N A P D O T N M L I R
I G I C C U P S E V O G I R E M A A L E
N A W R Y I B N B A T T U T A B H R U B
A Y C H A R L E S W I L K E S K C K J S
D C A R T I E R I K T H E R E D E H R U
I Y R A L L I H D N U M D E X U D O A T
A S O V F R I D T J O F N A N S E N I I
S I R H U M P H R E Y G I L B E R T R V
A M U N D S E N D P R E H S I B O R F P
```

Solution on page 362

State Flowers

AMERICAN DOGWOOD

APPLE BLOSSOM

BITTERROOT

BLUEBONNET

CALIFORNIA POPPY

CAMELLIA

CHEROKEE ROSE

COAST RHODODENDRON

FORGET ME NOT

GOLDENROD

HAWTHORN

INDIAN PAINTBRUSH

IRIS

MAGNOLIA

MAYFLOWER

MISTLETOE

MOUNTAIN LAUREL

ORANGE BLOSSOM

OREGON GRAPE

PASQUE FLOWER

PEACH BLOSSOM

PEONY

PURPLE LILAC

RED CLOVER

SAGEBRUSH

SEGO LILY

SUNFLOWER

VIOLET

YELLOW JESSAMINE

YUCCA FLOWER

```
Y L L K G O L D E N R O D D B M U Q Q M
B N W A G P R J E H R E W O L F Y A M A
I Z O F G I B P X I R Z V I O L E T Z G
T N R E W O L F N U S E G O L I L Y T N
T T D V P H X W Q O E O T E L T S I M O
E P A I L L E M A C E M F R T C S U O L
R L A P A S Q U E F L O W E R C D F K I
R E P O E N I M A S S E J W O L L E Y A
O R P E D R P E A C H B L O S S O M R Z
O U L S M E P A R G N O G E R O E V V V
T A F O A M E R I C A N D O G W O O D P
I L B R M T O R A N G E B L O S S O M C
U N L E G T O N E M T E G R O F I I D L
L I O E A I Y B L U E B O N N E T P R E
M A S K Y P P O P A I N R O F I L A C I
R T S O C A L I L E L P R U P V H H R R
U N O R D N E D O D O H R T S A O C V P
Z U M E H I F S A G E B R U S H R A E O
T O C H X H Y U C C A F L O W E R D V I
G M L C E T G M E N R O H T W A H H C Y
```

Solution on page 362

Complicated Computers

APPLICATION

ASCII

BACK UP

BATTERY

BAUD

BIOS CHIP

BUS CONTROLLER

CDROM

COMPATIBILITY

COPY

CRASH

DELETE

DIALOG BOX

DSL

ELECTRONIC

ESCAPE

EXPANSION SLOTS

FAX

FILE

FLOPPY DRIVE

GAME PORT

HTML

INTERNAL SPEAKER

```
O U U Z A Y D B S F Y B T K R S Q C X T
L P W I F A P P L I C A T I O N B A D E
U G T J N H O O L L P U P L A T F O R M
J R R I R T W C C E N D J G Y R W A R O
P A O X O P E R A T I N G S Y S T E M T
Y D P X S N R R R E S I S T O R S V B H
G E P M S D S R N A T E R M I N A L M E
T T U H E Y U D R A O B Y E K W Z R R R
V E S T C E P R E L L O R T N O C S U B
R L T R O L P R A M S S W I T C H E S O
Q E X O R E L Y S T N B P U K C A B Y A
H D I P P C Y T C H O Y R E T T A B H R
V Z C L D T Y T I L I B I T A P M O C D
U Y S A R R G B I O S C H I P K G Y U K
A D F I O O B R U T N C T R O P E M A G
C G N R W N E P A R A L L E L P O R T R
Z G V E V I R D Y P P O L F E P A C S E
C R A S H C D R O M X O B G O L A I D S
M O N I T O R E K C E H C L L E P S D A
J J Z L H U Q J I V R P B M H C K N H L
```

KEYBOARD

LASER

MONITOR

MOTHERBOARD

OPERATING SYSTEM

OPTIONS

PARALLEL PORT

PLATFORM

POWER SUPPLY

RESISTORS

SERIAL PORT

SPELL CHECKER

SUPPORT

SVGA

SWITCHES

TAPE

TERMINAL

TURBO

UPGRADE

WEB

WORD PROCESSOR

Solution on page 362

New Testament

ACTS

ANDREW

APOSTLE

AUTHORSHIP

BARTHOLOMEW

CANON

CHRIST

COLOSSIANS

CORINTHIANS

EPHESIANS

EPISTLES

FISHERMAN

GALATIANS

GOSPEL

HEBREWS

JAMES

JESUS

JOHN THE BAPTIST

JUDE

LUKE

MARK

MATTHEW

NAZARETH

PAUL

PETER

PHILEMON

PHILIPPIANS

PROPHETS

REVELATION

ROMANS

SALVATION

SIMON

TAX COLLECTOR

THESSALONIANS

THOMAS

TITUS

VIRGIN BIRTH

```
M R O Y F I S H E R M A N O N A C Y Y N
I V U X E V X N M S J S A L V A T I O N
Y G V B F S E M A J Y A N G S M U M T E
W D Z O E P H I L I P P I A N S E S N Y
E K U L D L L S J Q N L M E I L I F H V
H I P A U L T R T F U O J P I T Z Q T G
T G P U J M Q S O E H D L H P C A P E T
T A V J C A R S O T H U P A O N E L R Q
A U T H O R S H I P C P B L S T Y O A L
M B Y Z R K R N T N A E O N E S J S Z G
N K A T I V Q S X Z H S L R I C E W A Q
A L V R N M I G V T S X H L P P S H N J
A F D H T R I B N I G R I V O I U O T E
N Z P T H H S H A L E P S O G C S X M P
O J S C I N O N O J A V H W Q T X B Z I
Z F I O A J S L V V N E P H E S I A N S
M G M M N R I Z O I D B S N T R B T T T
U C O Y S U T I T M R G Y C L Z B J N L
K R N F U U U R E V E L A T I O N E H E
A U K T P G N Q O Z W W Z I S Y K Z H S
```

Solution on page 362

At the Hospital

AIDES

AMBULANCE

ANESTHETICS

ATTENDANTS

BIRTHING ROOM

CAFETERIA

CHAPLAIN

CHART

CLINIC

CORONARY

DELIVERY ROOM

DRUG

EXAMINING ROOM

GIFT SHOP

HEALTH CARE

HOUSEKEEPING

INFIRMARY

INJURY

INSTITUTION

INSTRUMENTS

INTENSIVE CARE

INTERNS

LABORATORY

MAINTENANCE

MATERNITY

NOT FOR PROFIT

NURSES

OBSTETRICS

PHARMACIST

PHYSICIANS

PRIVATE ROOM

RADIOLOGY

RECOVERY ROOM

SHOT

SICK

STATIONS

SURGERY

TECHNICIANS

TRAUMA ROOM

TREATMENT

VISITORS

VOLUNTEERS

WARDS

WHEELCHAIR

```
V I S I T O R S S M O O R A M U A R T P
C Y C S S T N A D N E T T A O N R W M S
O I I T I U M B S H R R B M O I C H A N
R N R A C M R O P C E E H I R A I E I A
O S T T A Q J G O F I A T G G L N E N I
N T E I M S R U E R F T L N N P I L T C
A R T O R N E R S R G I E T I A L C E I
R U S N A A C D R H Y N T H H H C H N N
Y M B S H I O P E O Y T I L T C M A A H
G E O O P C V R E U R E F N R S A I N C
O N U O T I E I T S O N O O I A E R C E
L T M Y R S R V N E T S R I B M C N E T
O S A R A Y Y A U K A I P T O B A N A R
I D T A H H R T L E R V R U T U F X S E
D R E M C P O E O E O E O T A L E A E A
A A R R O H O R V P B C F I E A T A S T
R W N I S K M O F I A A T T K N E P R M
L G I F T S H O P N L R O S Z C R L U E
Y P T N P D A M I G S E N N B E I P N N
H A Y I N J U R Y Q S E D I A H A S J T
```

Solution on page 362

Rhymes with Magician

```
D I E T I T I A N A I C I T R O M D B O
Q N X B G N W N A I C I R T C E L E U M
T T P S N I O O A D D I T I O N W Y F T
A U E U I N N I B I N O I T I T E P E R
C I D S T S O T T S C F Q M M N X U J A
T T I P I T I I E I T I R K O G T G T N
I I T I O A S S T R B E N I K T R P M S
C O I C N T S I N I M I T H V O A U C I
I N O I O I I U R F N I H R C I D Z R T
A A N O I S M Q D E R O S X I E I A E I
N I O N T T B C V T Q U M S E C T P C O
O C I O I I U A U H U U I E I S I P O N
I I T I T C S N I E Y C I T R O O A G O
T S I T E I L B Z P M N X S I P N R N I
I Y S I P A D D E F I N I T I O N I I T
L H O T M N O I T I S O P M I T N T T I
A P P R O H I B I T I O N Q M E I I I L
O S E A C J N A I C I T I L O P M O O O
C X D P N I G U D E M O L I T I O N N B
K Z I C L I N I C I A N O I S S I M D A
```

ABOLITION

ACQUISITION

ADDITION

ADMISSION

APPARITION

CLINICIAN

COALITION

COMPETITION

DEFINITION

DEMOLITION

DEPOSITION

DIETITIAN

ELECTRICIAN

EXHIBITION

EXPEDITION

EXTRADITION

FRUITION

IGNITION

IMPOSITION

INTERMISSION

INTUITION

MALNUTRITION

MORTICIAN

OBSTETRICIAN

PARTITION

PHYSICIAN

POLITICIAN

PREMONITION

PROHIBITION

RECOGNITION

REPETITION

REQUISITION

STATISTICIAN

SUBMISSION

SUSPICION

TACTICIAN

TECHNICIAN

TRANSITION

Solution on page 363

Getting from Point A to B

ALL TERRAIN VEHICLE

ARRIVAL

BICYCLE

BLIMP

BRAKE

CAMEL

CHARIOT

CONNECTION

DELAY

DEPARTURE

DOGSLED

DUNE BUGGY

ENGINE

GASOLINE

GO KART

GONDOLA

HELICOPTER

HIGHWAY

HOT AIR BALLOON

LLAMA

LOCOMOTIVE

MONORAIL

MOPED

MOTOR HOME

MOTORCYCLE

PASSENGER

PASSPORT

RAILROAD

ROLLER BLADES

ROLLER SKATES

ROWBOAT

SHIP

SKATEBOARD

STATION

SUITCASE

TAXI

TICKET

TIRE

TRACTOR

TROLLEY CAR

TRUCK

UNICYCLE

WAGON

WHEELCHAIR

WINDSHIELD

```
N O D P C H A R I O T R O P S S A P I E
N O G A W Y S E T A K S R E L L O R O N
L O O R I A H C L E E H W A L O D N O G
W A I L K P X L S D E R I T R A K O G I
F D V O L T I T A D U N E B U G G Y P N
Z E P I D A A L A Q B R L L A M A M L E
K L Q M R T B O R X R I S K F O S O O C
H S W O I R R R B A E E C D P P O T C Q
O G N O E L A O I W C R T Y H E L O O Z
P O N L I M B N T A O Y U P C D I R M I
M D L A C C V D O C T R E T O L N C O S
G O R U B E P R L I A O C L R C E Y T W
R H S N H S M A Z E T R H I L A I C I G
C V R I S A W O S Y I C T I M O P L V P
A H C C B C D B H S R H E E G E R E E I
M L A Y K T P E R R E Q S N K H D T D H
E I G C G I J T L A O N P D N C W M W S
L C U L X U R A P A K T G Z N O I A X X
Y R E E Q S W K C R Y E O E F I C T Y Q
T A X I D K R S O M F Y X M R Y W G S I
```

Solution on page 363

See You in Court

ACCUSE

ACQUIT

ACTION

ADULT

ANNULMENT

ATTORNEY

BAILIFF

BENCH

BRIEF

CASE

CHARGES

CIVIL

CLIENT

CONSUMER

CONTINUANCE

CRIMINAL

CROSS EXAMINE

DIVORCE

DOCKET

EVIDENCE

EXONERATION

FEES

FILE

FRAUD

GAVEL

HEARING

INDICTMENT

JUDGE

JURY

JUVENILE

LAWSUIT

LAWYER

LEGAL

LITIGATE

NOT GUILTY

OATH

PLAINTIFF

PROSECUTE

RECORDS

RETAINER

SIDEBAR

SWEAR

TESTIMONY

VERDICT

```
P S Y O J O Y S U U H P R O W S L D W F
R O O C T M Z E T U C E S O R P W I E T
A H J N B E N C H N G R E T A I N E R H
C Y H E A R I N G O G A Q U Y D S A A K
C R O S S E X A M I N E F F I L I A B R
U U M L A W S U I T S X O C J J L H N A
S J Y J B W K N L A N O T G U I L T Y Z
E P S V I U S I A R K M F P V V R Z P J
G V L F H K T T T E E Y U I E E A V Z Z
D F L N D I T N S N C N C R N R B K U C
U J R N G O T O T O E O E R I D E O F H
J P B A R T D C Q X Z M F F L I D F J A
X P T N U O I E L E U I L I E C I F G R
J E E X C D V C A S P T E U L T S E A G
A Y A K Y Q O V N H M S E C N E D I V E
E R E D G O R O I P A E H I O N L R E S
Q T T I U Q C A M C M T A J I O A B L J
W L E G A L E J I G A L R I T U W D L G
S E T I U R T P R O P R O I C L I E N T
Z A U K D N R E C O R D S L A W Y E R T
```

Solution on page 363

On Broadway

```
O O P A W N X N A M R E M L E H T E P S
G K E N I L S U R O H C A G S S T A C O
A L T N G D A S E E A F N R A G E R B U
C A E I M A M E N L E O O E E P O E F T
I H R E R O W L T I I O F G R A A P J H
H O P D E F A B W Z M R L O G U L O N P
C M A O D S T A N A A A E A R T L E E W A
D A N C N T E R A B M H M Y H S C H S C
L Y G T A E R E M E A T A H E C G T R I
I E N O X V S S F T N N N I P O U F E F
H C I R E E T I F H D O C N I F I O C I
C A K F L L O M O T A R H E A I N M U C
D P N A A A N S H A P E A S N E N O D A
E S O U N W L E N Y L L R E O L E T O B
I N I S O R B L I L U D C C L D S N R A
R I L T S E K X T O M D A N E M S A P R
U V E U A N R C S R M I D E S E V H E E
B E H S J C L D U F E F I F S D N P H T
G K T Y W E X R D D R Y A X O E V I T A
A S S A S S I N S L L O D D N A S Y U G
```

A CHORUS LINE

ALEC GUINNESS

AMANDA PLUMMER

ANNIE

ARCADIA

ASSASSINS

BEAUTY AND THE BEAST

BURIED CHILD

CABARET

CATS

CHICAGO

DOCTOR FAUSTUS

DUSTIN HOFFMAN

ELIZABETH TAYLOR

ETHEL MERMAN

EVITA

FENCES

FIDDLER ON THE ROOF

GREASE

GREGORY HINES

GUYS AND DOLLS

JASON ALEXANDER

KEVIN SPACEY

LES MISERABLES

MAME

MAN OF LA MANCHA

MEDEA

OKLAHOMA

PAUL SCOFIELD

PETER PAN

PHANTOM OF THE OPERA

RENT

SAM WATERSTON

SOUTH PACIFIC

STEVE LAWRENCE

THE LION KING

THE PIANO LESSON

THE PRODUCERS

Solution on page 363

What's Cooking?

BAKE

BASTE

BEAT

BLEND

BOWL

BRAISE

BREAD

BROIL

CARAMELIZE

CHILL

COFFEE

CUBE

DESSERT

DICE

DUST

FOLD

FOOD

FRY

GLAZE

GRATE

GRIND

HEAT

INGREDIENT

JULIENNE

KNEAD

MARINATE

MEASURE

MENU

MINCE

PARE

PEEL

PINCH

PLATE

ROAST

SCALD

SEAR

SERVING

SHRED

STEW

STOVE

SUGAR

TABLESPOON

WARM

WHIP

WINE

```
E J M H E Q G O D A E N K A G Z V C D G
Z Q A W T O G D D P Z O P M E T K F Y S
A K J R A N G P F I I E G A O M L F O N
L E P V L Q E W V N L S P P E C T B Q T
G P B V P L L I H C E N J N J H E A T W
E N X R S E V T D H M T U D C A B F U C
T T I Z A Q L N E E A C L E T J U A L K
B R G V F I S Q B B R P I R Z S C A F K
D J J M R R S B L T A G E H D L A C S R
E D S Q K E N E L R C S N S L Q R O L Y
A N M R O K S E E P S D N I R G A Y R Q
J D A M N P G X D E D V E T A R G F Z T
S W R V O D O F D E R K E J W T U T H P
O W I O U E L N H L H U T H A H S D S O
J A N N V I B O W L X N S D B D I U O W
S J A O E D O O F I W W A A N C A P D B
T T T Y U C J C C O A E B E E F F O C F
H S E M C D S E A R R A L G J M I N C E
A H K W P J K T M B K B C H W C M K X K
T G O N P M C O S E N R W L C J E B Y G
```

Solution on page 363

Mail Delivery

```
R P A C K A G E T A T S O R T A P E M G
X E O P W G O B N R E Y L F O R W A R D
O M I S P E C I A L D E L I V E R Y O A
B H V R T E E R T S Y T Q R P B B B B F R
L E A I R M A I L Y T I C S O M I S I U
I Y S X Z A A O W L I G Z T S U N E N V
A C Y S O L C S A R R S I C T N T X U E
M U X C E B I B T I O S P L A E E O O V
B O L A G R E A U E I M C A L S R B O T
S O N L F L D C M B R Y O S I U N N C P
K E V E S T S D I D P G D S N O A O F A
R Y P E Y P R S A F E T E F S H T I T B
E E X O R O M A S N F I R N P T I T I U
L C T O L N R A C E R O F U E W O C O L
C X D T B E I D T K R U T I C R N E M K
R O U T E P V G E S I P T S T K A L S M
P A R C E L O N H R V N X E O R L L E A
M L I A M D E R E T S I G E R P E O T I
M P O S T C A R D S P E R I O D I C A L
K H R S V H D J M O S K P U K C I P R E
```

AIR MAIL

BOXES

BULK MAIL

CARRIER

CERTIFIED MAIL

CITY

CLERKS

COLLECTION BOX

DROP BOX

ENVELOPES

EXPRESS

FIRST CLASS

FLYER

FORWARD

HOUSE NUMBER

INTERNATIONAL

LABELS

LETTER

MAILBOX

MONEY ORDERS

OVERNIGHT

PACKAGE

PARCEL

PERIODICAL

PICKUP

POST OFFICE BOX

POSTAL INSPECTOR

POSTCARD

POSTMASTER GENERAL

PRIORITY

RATE

REGISTERED MAIL

RETURN ADDRESS

ROUTE

SCALE

SORT

SPECIAL DELIVERY

STAMPS

STATE

STREET

TAPE

TRACKING

TRUCK

UNIFORM

ZIP CODE

Solution on page 363

Sailing, Sailing

```
V V Y A L E S I L C K W T O D S G V P D
D T R G T S A M I F H E E X K Z I A G C
E A L F O G P L G A L L E Y V V K Y B B
X W E D P T O N R E T S D L H O A K G Q
X N U M S M O A I I V U T Q Q G Y M B W
Y H L W A Y L J B W T H C A Y W N A T A
M J N V I I S P I N N A K E R F X I G V
Y V S J L R N N D B O B M P M B Y N D E
Q H F C J I D S Y G E N I R A M O S G S
Y Y T R H J E M T A Z L A C I T U A N I
Q R D R A O B L I A S E Q V D W O I R R
R H X M O F O U Y D Y O L F I H C L E D
Q R M L A W G N W R I G G I N G S G K I
E E D W C I A R E S R G F D C L A K E H
R P U O R F N E A R W E K X U T V T B X
O P O B F A H S S D Z A F E T F N A E W
F I G R D F J H H U I K T A T F A O R U
F L C G T V I N A E C O O E E C C B T K
Z C S X I P L X L O E I N A R A H D H Y
Y X A I Z V L K D K Q T K K F Z H S W I
```

AFT

BERTH

BOAT

BOW

BRIG

CANVAS

CLIPPER

CUTTER

DINGHY

DOCK

FERRY

FORE

GALLEY

JIB

KEEL

KETCH

KNOT

LAKE

MAINSAIL

MAINSHEET

MAINSTAY

MARINE

MAST

NAUTICAL

NAVIGATE

OCEAN

PORT

RADIO

REGATTA

RIGGING

SAILBOARD

SCHOONER

SEAWORTHY

SHIP

SLOOP

SPINNAKER

STARBOARD

STERN

TOPSAIL

VOYAGE

WATER

WAVES

WINDJAMMER

YACHT

YAWL

Solution on page 364

Mountains High

ANDES

ANNAPURNA

ATLAS

AVALANCHE

CANYON

CLIMB

EIGER

FAULT

FOREST

FUJI

GLACIER PEAK

GRAND TETONS

HEIGHT

HILLS

HIMALAYAS

HOOD

KILIMANJARO

LASSEN

LONGS PEAK

MATTERHORN

MAUNA LOA

MCKINLEY

MONT BLANC

MONTSERRAT

OLYMPUS

PIKES PEAK

RAINIER

RANGE

RIDGES

ROCKY MOUNTAINS

SCALE

SHASTA

SINAI

SLOPE

SNOWDONIA

ST HELENS

SUGAR LOAF

TOP

VALLEYS

VINSON MASSIF

VOLCANO

WASATCH

WEISSHORN

WETTERHORN

WHITNEY

```
L W E I S S H O R N K T K H C T A S A W
U S P B T T G W V A N D E S L M O G I E
Z N O F X H B A Y X B A L U U U H R O T
S O L C Y E L N I K C M A B D P Q K H T
A W S A R L C G Q D I F B C L I M B G E
Y D I N E E N J R D I N V E E K S Y M R
A O K Y I N K G L A C I E R P E A K L H
L N S O N S N I A T N U O M Y K C O R O
A I Y N I N F T L S Q D J G V G O E D R
M A U N A L O A O I M A T T E R H O R N
I O F A R H X N O P M U P E L S O C I E
H P N O L U M V O L C A N O T H I S A F
X Q S T R A C N A L B T N O M O U N V U
K A E P S E K I P P U G W J H G N U A J
B H E S N E S S A L S Q Z E A A I S L I
W L I K E Z R T T P U K I R P R R U A W
A F G L C G S R E S N G L U A S O Y N V
E X E I L A D A A U H O R N N E L A C S
X Z R K H S K I S T A N G Y E N T I H W
V R S S A L T A R F A E Q W C P F J E I
```

Solution on page 364

Water Ways

BAYOU

BRANCH

BRINY

BROOK

CHANNEL

CONDENSATION

CONSERVATION

CROSSING

DAM

DRINKING

DRIP

ESTUARY

```
S V L R B O B Y E D C D X U J J N Y B V
V I N D A L B C H H O P A C Y F X L W Q
M Q D I O F T U H Y I A M M L B P S A R
B W B W A A E S H G I H U O J S Q B M B
N Q C T I R R I G A T I O N H N M B M W
B S S Q N E R B Z U P P Y O Z H N S H F
C D L W C X I C D O C E A N C G P E A S
S H L C O U T O M R D L B N W R S L Q S
D H A W Y C O N D E N S A T I O N D X L
Z F A N H P R S N V X R E N H U B D T L
H L O L N J I E O I B C K N K N B U C A
W U K U L E A R P R U L E D S D W P C F
M G D U N O L V X A E D S A X W S I E R
E G R K S T W A F R R K E M B A J N S E
E C I O A P A T S A S S U P P T K L T T
Y M N O B P T I G F N O I Y A E A E U A
T N K R N M E O N E S R U O C R E T A W
E V I B T A R N V P D J K N C T L Y R E
X N N P U W S E G A W O L F D C M Z Y L
Y R G N I S S O R C G P N Z P H E M L L
```

FALLS

FAUCET

FLOWAGE

FOUNTAIN

GARDEN HOSE

GROUNDWATER

GULF

HIGH SEA

INLET

IRRIGATION

LEAK

OCEAN

POND

POOL

PUDDLE

RAIN

RIVER

SEVEN SEAS

SHALLOW

SHOAL

SOUND

SPRINKLERS

SWAMP

TERRITORIAL WATERS

WATERCOURSE

WATERFALL

WELL

Solution on page 364

Basketball Tournament

BIG DANCE

BRACKET

CHAMPIONSHIP

CHEERLEADERS

COACH

CONFERENCES

COURTS

DEFEAT

DYNASTY

ELIMINATION

ELITE EIGHT

FANS

FINAL FOUR

GAMBLING

GAME

MARCH MADNESS

MASCOT

NCAA

NET

NIT

OFFICE POOLS

PAIRINGS

PEP BAND

PLAYER

REFEREE

REGIONALS

REPORTERS

SCHOOLS

SEED

SLAM DUNK

SWEET SIXTEEN

TEAMS

TELEVISION

TOURNAMENT

TROPHY

UNDERDOG

UNIVERSITY

VICTORY

```
H S T J Z Y K Y I V Y T I S R E V I N U
S E R H N S Y S L A N O I G E R Y B J P
L M E E R E F E R E P O R T E R S M W D
X Y S Q V N M Y M W J V Y B P P X L R E
M G T S R E D A E L R E E H C U S A T E
M N X E T T N N R E F D K W P L H O Y S
S Y X J L R D E A C U S L O O H C S E N
O H X G U E U R L B H W R O M S G C O Q
R P H O F P V O M I P M P T A J N I N K
Y O T E P F I I C B T E A M S E T C U P
Y R A Z P Q R H S N C E P D R A S D B J
E T F S W E E T S I X T E E N B K C C H
A G S L Y G E M F N O I F I U E U R B V
B A A A O V O F A E O N M I G Y S I W I
F G L M N H O D B G O I K S N H G S E C
G P I D B Y T V R C L A P T C D T L J T
I I L U L L D F O E T S U M A W Q N N O
M S G N I R I A P J D F I N A L F O U R
G L X K L F C N K D U N C N Z H D X M Y
R Z H O L H X S G O K E U B R A C K E T
```

Solution on page 364

Living on Sesame Street

```
R T Y R E V O R G I R D R O F M U M I Y
C W K A F I H R E T S N O M Y R R E H F
N I L E G U Y S M I L E Y F N H B A F F
S D W B R L B E T T Y L O U O E R C A U
U D A Y N M A R I E Y R R O O V N O T L
N L E L A R I D U M G E P H E O M U B F
F E D R T C R T Y E T E P Y S L W N L N
F B U U A O R L T S R N K N E A C T U W
L U C C S G J F N H T N E O R W I V E A
E G A I H C U O R G E H T R A C S O V D
U S T H A L M S G E M F E R J E U N E E
P A I H J E I F S I A N R C E B M C I I
A C O O I N R L J R W Q X O O B N O L R
G L N K G A A G L O K O Z B G W O U E I
U E O I Z P C E L V B I G B I R D N B A
S O N Z P F Y F T E L L Y M O N S T E R
C G L E O N A R D T H E W O L F J H K P
B E R N E S T I N E W S R A E B A P A P
F Y V F R I E N D S H E R L O C K T M M
L O Q P B S T E P P U P N O D R O G K N
```

BERT

BETTY LOU

BIG BIRD

BOB

COOKIE MONSTER

COUNT VON COUNT

CURLY BEAR

DON MUSIC

EDUCATION

ELMO

ERNESTINE

FARLEY

FAT BLUE

FLUFFY

FORGETFUL JONES

FRAZZLE

FRIENDS

GLADYS THE COW

GORDON

GROVER

GUY SMILEY

HARVEY KNEESLAPPER

HERRY MONSTER

JIM HENSON

KERMIT THE FROG

LEONARD THE WOLF

MAKE BELIEVE

MARIE

MR HOOPER

MUMFORD

NATASHA

OSCAR THE GROUCH

PAPA BEAR

PBS

PHOEBE

PRAIRIE DAWN

PUPPETS

ROSITA

SHERLOCK

SINGING

SUNFFLEUPAGUS

TELLY MONSTER

TWIDDLEBUGS

WARREN WOLF

ZOE

Solution on page 364

Geometry Lesson

ACUTE

ADJACENT

AMPLITUDE

AXIS

BISECT

CARTESIAN

CIRCLE

COORDINATE SYSTEM

COSECANT

COSINE

COTANGENT

DEGREES

DESCARTES

DIAMETER

DIMENSION

EUCLID

FUNCTION

GRADIENTS

GRAPH

HEXAGON

HYPOTENUSE

INITIAL

INTERSECT

LEG

MATH

OBTUSE

OPPOSITE

ORIGIN

PERIOD

PLANE

PLOT

POINT

POLYGON

PROTRACTOR

RADIANS

RADIUS

RATIO

RECTANGLE

ROTATION

SINUSOIDAL

SPHERE

SQUARE

SURFACE

TERMINAL

TRIANGLE

```
E V V F T E R M I N A L P F C M W C L C
C S U R F A C E T U C A A L V O F L O O
V R T O N S Y T S W Y R M P C E N A L P
Y S S E I O I S P U N D P W O O O N F K
D E Z S T N I Y S E N A L S S U I D A R
N S K U I R T S R U C E I D I D T S B G
O D V T F J O E N X L N T S N R A T I O
G D I B J N H T R E U Q U O E W T S A O
Y A V O I P T A C S M D D G P T O Q D P
L D H G S D D N O A E I E B Q Y R U J P
O T I E Z X B I E S R C D G E H H A A O
P R S I X A D D L G B T T H R J Q R C S
O I F I P A I R F C N N O N P E B E E I
A A U V L A G O J I U A I R A A E T N T
G N N A M P P O M R T E T B P C R S T E
U G C E E V L C N C M Q O O G A E G N J
G L T R V H O F E L G N A T C E R S I D
C E I Z U T T S I E S B Z S F J L J O E
R O O R A D I A N S T N E I D A R G P C
D H N O V B Y P M G K D T S R F F J Z P
```

Solution on page 364

Let's Dance

BALLROOM

BELLY

BOSSA NOVA

BREAKDANCE

BUNNY HOP

CANCAN

CHA CHA

CHARLESTON

CLOGGING

CONGA

DISCO

FANDANGO

FLAMENCO

FOXTROT

HIP HOP

HOKEY POKEY

HULA

JITTERBUG

JIVE

LIMBO

LINDY

MAMBO

MERENGUE

MINUET

PASO DOBLE

POLKA

QUICKSTEP

REEL

RUMBA

SALSA

SAMBA

SHIMMY

SHUFFLE

SQUARE

SWING

TANGO

TAP

TEXAS TWO STEP

TWIST

WALTZ

WATUSI

```
W S O X D O M W O V Y H I F O X T R O T
F V F Z Q W A I Z G O U F R M V K C C S
P Z H O A N K Q Z K N S A M B A N X S I
L V Y P J L L A E C N A D K A E R B I W
I N V A O N O Y Q E Q R T T M L L Y D T
A B R O V H P N V G R S S A F P M L Q W
A E O F B O Y W F O V N L O A G M N Y T
Q S O F K M N N Z M O F X T N H O A H E
J I V E M Q I A N T E G N I D F C C I X
D P Y I N M S L S U L Y G M A M O N P A
B M H P I O M E I S B G R I N D N A H S
Z S Z D X O L Q M N O J E N G R G C O T
J I T T E R B U G L D B C U O U A K P W
V A O E A L E X C W O Y G E G H F M V O
I J S H R L S E A A S O D T C N D D I S
C P C L F A Y T L L A B M U R S E A X T
X Q D F A B U N F T P T H A W O Y R Y E
E R U L P S A Q U Z M Q U I C K S T E P
G H U B I J S D S H O Y N H V O B M A M
S H W N A D Q T Y M P G O S K B E A P Z
```

Solution on page 365

Amusement Parks

ADVENTURELAND

AIRPLANE

ANIMAL KINGDOM

BUMPER CARS

BUSCH GARDENS

CANOES

CEDAR POINT

CHARACTERS

CLOWNS

DISNEYLAND

DOLLYWOOD

ENTERTAINMENT

FACE PAINTING

FERRIS WHEEL

FOOD

FUN HOUSE

HAUNTED HOUSE

ICE CREAM

KIDDY RIDES

KINGS ISLAND

KIOSK

LOG FLUME

MAGIC KINGDOM

NOVELTIES

OLD TOWN

PADDLE BOATS

RAFTS

RING TOSS

RIVER RAPIDS

ROASTED PEANUTS

ROLLER COASTER

SCRAMBLER

SEA WORLD

SIX FLAGS

SKY RIDE

STUFFED ANIMALS

SWINGING SHIP

TEST OF STRENGTH

TIDAL WAVE

TRAIN

WATER RIDES

```
S C R A M B L E R M K I D D Y R I D E S
R I N G T O S S R A C R E P M U B P L W
E N A L P R I A K R A F T S O A Q A D I
P X O S D I P A R R E V I R D N M D O N
X C H A R A C T E R S H T R G I Y D L G
A D S T T N I A R T A G E F N M R L L I
P S N C N E H I S U N T A A I A O E Y N
T E W A T E S T N I S F D F K L A B W G
I A O N L W M T T A P E V U C K S O O S
D W L O H S E N O D F U E N I I T A O H
A O C E G D I C I F V A N H G N E T D I
L R E S H A R S U A S D T O A G D S S P
W L G O P E N T G G T T U U M D P K E S
A D U E L E S N H N J R R S C O E Y I G
V S C L Y U P K S O I K E E A M A R T A
E A O L O G F L U M E K L T N B N I L L
F R A Z S E D I R R E T A W N G U D E F
W N B U S C H G A R D E N S U E T E V X
D O O F R T N I O P R A D E C H S H O I
X R U M A E R C E C I Y O L D T O W N S
```

Solution on page 365

Fruit Flavors

BANANA

BLACKBERRY

BLUEBERRY

BOYSENBERRY

CANTALOUPE

CHERRY

COCONUT

CRANBERRY

CURRANT

DATE

FIG

GRAPEFRUIT

GUAVA

HONEYDEW

HUCKLEBERRY

KUMQUAT

LEMON

LIME

LOGANBERRY

MANGO

MULBERRY

NECTARINE

ORANGE

PAPAYA

PEAR

PERSIMMON

PINEAPPLE

PLUM

POMEGRANATE

PRUNE

RASPBERRY

STRAWBERRY

TANGERINE

WATERMELON

```
E R J F G P O N E E G U N Q O E N U R P
L A R R U R S F K N F P G G F S K Y I S
S S N P A V F O G K S E N I R E G N A T
L P M N V E N O M M I S R E P D E T A D
U B G N A S R L K L Q N H O S A Y V F U
J E N I R A T C E N F O M U P R B V W Y
C R Q G K Q H I A K N E Y P R L W Z C J
I R H A F U I Y U E G R L E U A C O R D
W Y B Z R T N M Y R R E B E L K C U H V
D K B Q O G Q D A E F W B L Y O W C D K
W H U I L U E N B I A E B O N A A R F B
V V P Z A W A N G R R V P U Y N T A U C
R M M T X T E C T R C S T A T L E N A Z
Q A U T E S G S Y Z B H P A R L R B Q Y
H N L L Y R R E B K C A L B K G M E N N
O G P O B C L S L O P O N N C H E R R Y
J O B J U E P Y I C U R R A N T L R A W
X W F O M Q R S M P J L Z H N H O Y E Q
U H P O H Y R R E B N A G O L A N S P T
G K N W C D A R Y W D Z I V S U Y Z A C
```

Solution on page 365

Police on the Beat

ARREST

BEAT

BICYCLE OFFICER

BURGLARY

BUST

CAPTAIN

CHIEF

CITATION

COP

DEPARTMENT

DETECTIVE

DRAGNET

DUTY

ENFORCEMENT

FORENSICS

HANDCUFFS

HEADQUARTERS

HOLSTER

HOMICIDE

HORSEBACK

JAIL

LAW

MACE

MOTOR OFFICER

NARCOTICS

NIGHT STICK

ORDER

PARTNER

PATROLMAN

PEACE

POLICE CAR

PRISON

PROTECT

RADIO

REVOLVER

SAFETY

SERGEANT

STAKEOUT

STATION

SUSPECT

SWAT

TRAFFIC

UNIFORM

VICTIM

WARRANT

```
S X R H N K L B W H Y R E N T R A P M E
N A G X O T U H T M G B U N I F O R M T
D S Y L T R N P C W E C A E P R B V N N
Q U S T G A S U T U O E K A T S E E C A
O A T L E F J E S A G X H E F B M A S R
E R A Y L F M J B R S D G F T T P R D R
P R T A G I A H E A D Q U A R T E R S A
Y E I T B C O S R E C C D A A V E M C W
H S O E E M N M T E D K P I L C T U I A
O T N B I O I E C N C E N O I N N J S U
L Z E C S T C I A S D I V F A A E D N X
S A I I C T T H N A N E F Z J M M R E Q
T D R I I A O R D E R O L F C L E A R C
E P V V T P O L I C E C A R O O C G O C
R E E I O U T H Q L X B W Y P R R N F O
H A O S C C E A C S U S P E C T O E S C
L N I H R E H Y W S K M N C M A F T L Z
U Y D K A K C I T S T H G I N P N E O Y
E C A M N I T Y E K F D P R O T E C T M
I P R L B C I H B F B S N L W E X Y P A
```

Solution on page 365

Space Exploration

ASTEROID

ASTRONAUT

AURORA

CAPE CANAVERAL

COMMUNICATIONS

CONSTELLATION

EARTH

ENTERPRISE

FLIGHT CONTROL

FREEDOM

FRIENDSHIP

GRAVITY

HEAVENS

HOUSTON

JOHN F KENNEDY

JOHNSON SPACE CENTER

LAUNCH TOWER

LIGHT YEAR

MERCURY

MILKY WAY

MISSION CONTROL

MOON

NEBULA

NEIL ARMSTRONG

OXYGEN

PLANET

PLUTO

QUASAR

RADIO

SATURN

SETI

SKYLAB

SOLAR FLARES

SOLAR SYSTEM

SOLAR WIND

SOLID ROCKET BOOSTER

SPACE SHUTTLE

SPACE STATION

SPLASH DOWN

SUN SPOTS

TELESCOPE

UNIVERSE

WHITE DWARF

```
C S P L A N E T E O X Y G E N E B U L A
H T I S O L A R F L A R E S K Y L A B S
J O H N S O N S P A C E C E N T E R C T
Z P S O P S F L I G H T C O N T R O L E
R S D T A O H G C R A S A U Q Y A R A R
B N N S C L C N O Y X O Y O S T E U U O
P U E U E A O O N D A O C S P K Y A N I
B S I O S R M R S E S B A P A E T I C D
F N R H H W M T T N T T P L C N H F H A
B E F T U I U S E N R E E A E T G D T R
K V R E T N N M L E O K C S S E I F O I
L A W P T D I R L K N C A H T R L R W M
E E V O L I C A A F A O N D A P Q A E E
M H J C E W A L T N U R A O T R I W R R
O A M S M Z T I I H T D V W I I T D B C
D A Y E O Z I E O O Y I E N O S E E L U
E V P L U T O N N J M L R E N E S T W R
E S R E V I N U Y N O O A G R A V I T Y
R M E T S Y S R A L O S L E X K L H M A
F S A T U R N Z W U N C M I L K Y W A Y
```

Solution on page 365

Use Your Noodle

ANELLI

ANGEL HAIR

BOWTIE PASTA

CAMPANELLE

CANNELLONI

CAPPELLETTI

CAVATELLI

CONCHIGLIE

COUSCOUS

DITALI

DUMPLINGS

EGG NOODLES

ELICHE

FARFALLE

FEDELLINE

FETTUCCINI

FIORI

FUSILLI

GEMELLI

GNOCCHI

LASAGNE

LINGUINI

LUMACONI

MANICOTTI

MATZO BALLS

MOSTACCIOLI

ORECCHIETTE

ORZO

PAD THAI

PENNE

RADIATORE

RAMEN

RAVIOLI

RICE NOODLES

RIGATONI

ROTELLE

ROTINI

SPAGHETTINI

TAGLIARINI

TAGLIATELLE

TORTELLINI

TRENETTE

VERMICELLI

WON TON

ZITI

```
E L L E T O R C I L L E C I M R E V K A
L Y H L I L O I C C A T S O M G L L I S
L U M A C O N I C C I H Z W G N L A L Y
A J Z C M L L H A E O R T N J O E S L J
F E D E L L I N E H N F O B F C N A E I
R I G A T O N I Z C F O V I I C A G T T
A I E N N E P I R I D E O J F H P N A O
F O E L L E T A I L G A T D Q I M E V R
I L R L M I V G E E I X I T L V A O A T
L I O Z G I R S A N E L L I U E C T C E
L N T C O N C H I G L I E Q A C S E W L
I G A L V N I T T E L L E P P A C G M L
S U I N O D T R E N E T T E P O C I A I
U I D P G E T T E I H C C E R O O S N N
F N A T H E M T U S G N I L P M U D I I
U I R G S L L A B O Z T A M Y R S J C L
P S A P A D T H A I W O N T O N C T O A
E P M B O V T P A O L R I N I T O R T T
S Y E O S K K R B I L L E M E G U G T I
J Y N U T A G L I A R I N I V H S O I D
```

Solution on page 365

Fine Wine

```
O H C H K Z T A Y E A S T C H I A N T I
M C N B T N R W R L E D N A F N I Z I S
T L A O N A O P R I Y C D R H I N E L L
J I L R A V P C E L E E S H E R R Y Y Z
F M B D R R Y A B D S D L C N D O E R Y
Z U N E R B N B R S P W A L G K F T R F
R A I L U C W E E H I G D M A A I A E Y
I R N A C H A R D O N N A Y P V L L B R
N F E I G L T N L M O S E L M R A A K R
J B H S N W Y E E H T B Y K A G C P C E
E E C E I M K T G N N E O W H I T E A B
L I D N L D C J Z N O G O R C G E G L N
S L E X K H U A D T I A D B D R U Y B A
I T A W R S D A F O R T I F I E D J G G
L U L D A N D E L I O N S P P N A P L O
B S A D P V L E W S F I Y A U A N U X L
A C S C S U O S A E U V R G T C I Y X K
H A R M U S C A T E L G R L O H O C L A
C N A L B N O N G I V U A S R E H S O K
M Y M F H R I O J A B F E R M E N T K K
```

ALCOHOL

BLACKBERRY

BORDEAUX

BORDELAIS

BURGUNDY

CABERNET

CALIFORNIA

CHABLIS

CHAMPAGNE

CHARDONNAY

CHENIN BLANC

CHIANTI

COLD DUCK

CURRANT

DANDELION

DESSERT WINE

ELDERBERRY

FERMENT

FORTIFIED

GRAPE

GRENACHE

JUG

KOSHER

LIEBFRAUMILCH

LOGANBERRY

MADEIRA

MARSALA

MOSEL

MUSCATEL

NAPA VALLEY

PALATE

PINOT NOIR

RESIDUAL SUGAR

RHINE

RIOJA

SAUVIGNON BLANC

SHERRY

SPARKLING

TASTING

TAWNY PORT

TUSCANY

VINTAGE

WHITE

YEAST

ZINFANDEL

Solution on page 366

Weather Report

ACID RAIN

CELL

CLIMATE

COLD FRONT

CONDENSATION

DOPPLER RADAR

DOWNBURST

DRIZZLE

DROUGHT

DUST DEVIL

ELECTRICAL STORM

FLOODS

FOG

FREEZING RAIN

FUNNEL CLOUD

GUST

HEAT WAVE

ICE STORM

INVERSION

METEOROLOGY

MICROBURST

MONSOON

MUGGY

PARTLY CLOUDY

PRECIPITATION

RAINBOW

RAINFALL

RECORD

STORM SURGE

SUNNY

TEMPERATURE

THUNDER STORM

TORNADO

TROPICAL STORM

TROUGH

TYPHOON

VISIBILITY

WARM FRONT

WATERSPOUT

WEATHER BALLOON

WEATHER PATTERN

WEATHER VANE

WINTER STORM

```
D R O U G H T U O P S R E T A W V Q L T
W N I A R D I C A Y T I L I B I S I V O
O O M R O T S L A C I P O R T N V S N R
B I T R K Q H M R O T S E C I E D O A N
N T S T O R M S U R G E E A D O I D Q A
I A H E A T W A V E F L R T O S A W M D
A S M M O N S O O N L G S L R R E R R O
R N D U O L C L E N N U F E R A O O N T
Y E W P G W H B A I D W V E T T C B R S
M D M T X G M H Z C E N L H S E Q G K R
D N U N B F Y E C A I P E R R C K H D U
O O T O N R E T T A P R E H T A E W R B
W C Y R L R G H L O B D T R O U G H I O
N L P F F C E S D A N G N C O S R G Z R
B I H M V R Y Y L U W C O D E N C U Z C
U M O R V R N L H R A I N F A L L S L I
R A O A B N O T T Y G O L O R O E T E M
S T N W U O Y E M R O T S R E T N I W L
T E W S N U N O I T A T I P I C E R P U
C O L D F R O N T E M P E R A T U R E Z
```

Solution on page 366

Stay Safe

AIR BAGS

ALERT

BRIGHT CLOTHES

BUDDY SYSTEM

BURN

CAR SEAT

CROSSING GUARD

CROSSWALK

DOCTOR

EMERGENCY

FIRE ALARM

FIREMAN

```
V T C E T O R P O E G Z M J G G S D A P
V T X V I N G I S P O T S N R M U O I J
J E D Z K Y B R I G H T C L O T H E S E
S M R A L A E R I F H Q T K U V N L O X
B L A Y S S P R I N K L E R P O E S Y W
O E U M E T S Y S Y D D U B Z E C C I P
Z H G G A S R R X W E Y U L H R N L D F
B F E E T U L E A T T Z O W E E D F O Q
M T F A B J E S E I C O G A G F D I C E
P P I E E Q V C R T H N M R I R N R T S
M R L R L F T U A C I I E R E R H S O X
P I P K T O C E S N Z M E T I C B T R C
G N S M R E H L I F E J A C K E T A E A
F C R O S S W A L K X W X Z L V V I G R
I I I T Y C R O S S I N G G U A R D N S
K P R R S T H G I L C I F F A R T U A E
C A R E H C A E T T L C Y A W A N U R A
D L H L M V G V K X J U H Y D R A N T T
A W Z A P A T R O L I C N J F F W S S W
R W T B U R N F E U O D D L U F Z N T H
```

FIRST AID

GROUP

HEAT

HELMET

HYDRANT

JUST SAY NO

LIFE GUARD

LIFE JACKET

PADS

PATROL

PRINCIPAL

PROTECT

RESCUE

RUNAWAY

SCHOOL ZONE

SCREAM

SEATBELT

SECURITY

SMOKE DETECTOR

SPRINKLER

STOP SIGN

STRANGER

STREET

TEACHER

TRAFFIC LIGHTS

TRAINING WHEELS

WATER

WILDFIRE

Solution on page 366

Happy Hanukkah

ALTAR

APPLESAUCE

BEGINNING

CALENDAR

CANDELABRA

CHAI

COINS

CRUSE

DEDICATION

DREIDEL

EIGHT DAYS

ENDURING

FEAST

FESTIVAL OF LIGHTS

FOOD

GAMES

GELT

GIFTS

GIMEL

GIVING

HEBREW

HOLIDAY

JELLY DOUGHNUTS

JERUSALEM

JEWISH

JUDAH

KISLEV

LATKES

MACCABEES

MENORAH

MIRACLE

OIL

PARTY

POTATO PANCAKES

REJOICE

RUGALACH

SHABBAT

SHAMASH

SHIN

SIVIVON

SUFGANIYOT

TORAH

TRADITION

VICTORY

```
R L K F M H J M B K J E W I S H C X Z K
C A N D E L A B R A B F H A R O N E M S
H T D B Q S Z Y L E D P K I S L E V S F
Z K R N G D T E G G C E A S O I U E Z Q
O E G D E C O I N S J I D R H D K N M B
W S I W L L N O V G E H O I T A L T A R
K Q V T T N A W F A L F G J C Y B J C Y
E W I Q I E D C G J L T J N E A D B R I
Q G N N Z C W F E C Y O A L I R T O A J
P F G T H U O R R R D P F S K R T I I T
I R L A W A U U Y J O U U L B C U I O K
R S D U S S S H H T U F I Z I T O D U N
B U T V A E E T A S G O E V R G F A N L
J Q G L O L M T H A H S Y A D T H G I E
B H E A C P O A N S N Q D F E A S T R D
C M G A L P M I G T U I N O V I V I S I
T I R E M A Y T S F T O R A H S H I N E
Q I M B S O C W I I S E E B A C C A M R
M I Z H T C K H O G J J L Z P C V H A D
G C H T F K H N G X U G F Y V S R C Q F
```

Solution on page 366

For Good Measure

BARRELS

CARATS

CELSIUS

CENTIGRADE

CENTIMETER

CUP

DYNES

EMS

ERGS

FAHRENHEIT

FATHOMS

FURLONGS

GALLONS

GIGAWATTS

HECTARES

HORSEPOWER

HUNDREDWEIGHTS

INCHES

JOULES

KELVIN

KILOGRAMS

KILOMETERS

KILOWATTS

KIPS

KNOTS

LEAGUES

LIGHT YEARS

LITER

MACH

MEGAWATTS

METRIC

MILLIMETERS

OUNCES

PARSECS

PINTS

POINTS

QUARTS

RADIAN

SLUGS

TABLESPOON

TEASPOON

THERMS

TONS

TROY OUNCE

YARD

```
P A C J G T D P T S J R S G N O L R U F
R A V A O D L S T T E S T R A U Q X S A
W Y R N R C V N P T G Z T S V N W F S T
H G S S C A I F I A X B A R R E L S T H
U C L F E P T L E W N L W U G S E R N O
N W U B N C G S M A R G O L I K O D I M
D O G W T R S G S G M Y L S C Y S Y O S
R L S S I K E A J I Y J I E O M C H P N
E A T K G R I W L G Z K K U Q W V A D O
D W T J R S J L O J I H N G R W P N K L
W Q A X A E I K O P U C F A C S O W E L
E D W U D M T U S M E T A E O O Z X L A
I D A H E O L E R P E S H L P U R W V G
G I G T Q E D A M S G T R S V C N H I O
H C E K S Y R A D I A N E O S E H C N I
T R M E N S M R E H T L N R H L Y A E U
S R A E Y T H G I L B N H D S S A M D S
S C S R J O S E R A T C E H C I R T E M
B H Y G R N S X T A Y Z I C P U D O D Y
K W A S M K D E F H M T T E A S P O O N
```

Solution on page 366

Be Cool

AIR CONDITIONING

BREEZE

CENTRAL AIR

CRYOGENICS

DUCT

FANS

FREEZER

HAMMOCK

HAT

HEAT EXCHANGER

HEAT WAVE

HOT

```
L M R J K E W N A D N G L E M O N A D E
M R E S U Z Y R A I N Y J B R E E Z E V
R E T A W E C I Y I D I K J E N N P V A
S D S H O R T S W K C T W Q A V K P O W
P I I E N Q O S W I M M I N G P O O L T
O L M R R T H E R M O D Y N A M I C S A
T S Q U I R T G U N S M I L K S H A K E
K R N T A C R Y O G E N I C S W E A T H
N E O A H Y R S N O O L L A B R E T A W
A T I R C R E F R I G E R A T I O N R J
T A T E E H E A T E X C H A N G E R E M
H W A P G H R I A L A R T N E C O Q T P
G I R M N C D U C T S U N G L A S S E S
I X I E U N T A H N R I C E C R E A M D
F V P T O U T L A V E N T I L A T I O N
R N S C L P Y F A S D R E Z E E R F M K
E T R E L O O C P M A W S S U N B U R N
T I E N O C W O N S L B I C E C U B E K
A S P R I N K L E R S W I M S U I T H P
W C U G G T K C O M M A H U M I D I T Y
```

HUMIDITY	RAIN	SWIMSUIT
ICE CREAM	REFRIGERATION	SWING
ICE CUBE	SHORTS	TANK TOPS
ICE WATER	SNOW CONE	TEMPERATURE
LEMONADE	SPRINKLERS	THERMODYNAMICS
LOUNGE CHAIR	SQUIRT GUNS	THERMOMETER
MALT	SUN BURN	VENTILATION
MILK SHAKE	SUNGLASSES	WATER BALLOONS
MISTER	SWAMP COOLER	WATER FIGHT
PERSPIRATION	SWEAT	WATER SLIDE
PUNCH	SWIMMING POOL	WIND

Solution on page 366

Artists at Work

ABSTRACT

ACRYLIC

ACTION PAINTING

BAROQUE

BLAKE

BYZANTINE

CANVAS

CLASSICISM

COLLAGE

DEGAS

DELACROIX

DIVISIONISM

EGG TEMPERA

EL PRADO

FLANDERS

FRESCO

GAINSBOROUGH

GENRE

GERMANY

GOYA

HOLLAND

ILLUMINATION

IMPRESSIONISM

ITALY

MICHELANGELO

MONET

MOSAIC

MURAL

OIL

PALETTE

PICASSO

RENAISSANCE

RENOIR

ROMANTICISM

ROME

SPAIN

STROKES

THE LOUVRE

TITIAN

TRIMBULL

VERMEER

WARHOL

WATERCOLOR

```
T J U R I N H A F Q X V O J H V B V R V
Q I B E M E C N A S S I A N E R E D L M
P M D E G A S O M I C H E L A N G E L O
Y X U M S I C I T N A M O R C A K C U N
Y I K R S E T T E L A P B P T O J T B E
K O P E A B K A G C L A S S I C I S M T
M R D V F L A N D E R S E M O C X L I H
G C I Y L A T I K O N R P R N V A S R S
Y A V R I K M M Q C V R I O P G J S T E
X L I H Z E Z U H U E O E L A L A E S K
X E S N N E E L O S N I O O I Y G X L O
T D I T S N N L S E I C X C N G O C U R
P L O C T B E I R C S G C R T H O G S T
N H N A I H O Q T E Q I Q E I O M C E S
I H I R T N V R R N L V M T N L O V I D
N G S T I F I F O Y A P W A G L S J M R
A I M S A E M O R U E Z R W L A A R A O
Q P M B N M G C C R G K Y A F N I A P S
J W C A N V A S A C Q H G B D D C Q Q V
U G I C N P Y N A M R E G N L O H R A W
```

Solution on page 367

Summer Fun in the Sun

AUGUST

BARBEQUE

BASEBALL

BEACH

BOATING

CAMPING

FISHING

HAT

HOT

JULY

JUNE

LEISURE

LEMONADE

OCEAN

PERSPIRATION

PICNIC

POOL

POPSICLE

RELAX

ROLLER SKATING

SAND

SKATEBOARDING

SNORKELING

SNOW CONES

SOCCER

SPRINKLERS

SUNGLASSES

SWIMMING

SWING SET

TAN

UMBRELLA

VOLLEYBALL

WATER SKI

WATER SPORTS

WATERSLIDE

```
J O W D P G Q Y O A J G N I M M I W S Y
J N R B G E S J V W L X G U X N M E U F
B S J D N X L B J S A N D O O J N O V G
H W O K I P E R S P I R A T I O N H V N
S L V V T Y W E L D F D R E C C O S A I
L V V R A L R T R I Z W S W I N G S E T
S G R H K U D A S R C A O W U W J T D A
B R F C S J O X N V S N L A G A X U A O
Z Q N I R B N O O T S E P L B T Z O N B
W I E R E Q B B R N R C S O E E J R O E
H L S T L A R O K L E E A S P R U D M Y
M C A K L U P J E A L N C M A S B C E V
V K A M O S O G L U K A W T P L I M L F
S T A E R M S W I G N K B A Y I G C U D
E U Q E B R A B N U I Q O Y T D N N L U
Q L T V Q H X I G S R N X H E E Y G U E
U A O Q X W H H O T P A G A T L R O B S
W H R H U S Q X B A S E B A L L L S D B
C I N C I P A P Z D N C N B C E J O K F
P E U F K U P L V L O O P I W T R Y V I
```

Solution on page 367

Double E

Z J J V W R X W P T E E H S K H C V I W
Q J H M C I E P E S N R J G N I T E E M
Z P L S U C C E E D W C U E N V S A Q L
Y C F W L G I E L E A A R U L I G Z W I
L I P L M S G W S G R H G E S R L D O D
Z S V I E U H V A A N I D E E W A E S L
U Q B R E E Z E N R C I N E L P E R E O
F C O M M I T T E E B W L G E T S E B P
V O L U N T E E R P H D T E N L E P T S
G N I T E E R G E E S I G S E R B E D S
K J T Y D E S S E E N K N J E F E E B G
C I F T G N A L D W E A I I T C E D N K
H V N R E A X T N S P R D N H N R I D M
H A Z E E G E R I L Z E E E G O R B O H
K D Z Q E E Z E E U Q S E F I E U C O M
W E C T R R D A R C C R R P E O A O W O
D G E T B M C O Z T F M B T I R A F V M
F R S P X C Y S M U B N S E E N K F D I
O E W X E V I M L F C H E E S E G E R W
B E U K I R L I E Q Y R R C S L E E V E

AGREE

ASLEEP

BEETLE

BLEED

BREEDING

BREEZE

CAREER

CHEERFUL

CHEESE

COFFEE

COMMITTEE

CREEPS

DEEPER	MEETING	SLEEVE
DEGREE	NEEDS	SNEEZED
EIGHTEEN	PEELING	SQUEEZE
FEELING	PEEPING	STEERING
FLEET	PEERING	STREET
FREEDOM	REFEREE	SUCCEED
GEESE	REINDEER	SWEEPER
GREETING	SCREEN	SWEETS
GUARANTEED	SEAWEED	TEENAGER
KEEPER	SHEEPSKIN	VOLUNTEER
KNEE	SHEET	WHEEL

Solution on page 367

Fighting Fire

ACRES

AXE

BACK FIRE

BASE CAMP

CARELESSNESS

CHIMNEY

COMBUSTION

CONTROL

COOKING

DALMATIAN

DRY

EMBERS

EMERGENCY

EMT

ESCAPE ROUTE

EXPLOSION

FIRE ALARM

FIRE DEPARTMENT

FIRE ENGINE

FIRE ESCAPE

FIREBREAKS

FIRECRACKER

FIREWORKS

FIRST AID

FLINT

HOSES

KINDLING

MATCHES

OXYGEN

PICK

PYROMANIAC

RAIN

RAKE

RESCUE

RETARDANT

SEARCH

SMOKE DETECTOR

SMOLDER

SPARKS

SPRINKLERS

STATION

TRENCH

UNIFORM

WATER

WILDERNESS

```
Q I L L F E Q N L J E P M A C E S A B F
I Q Z Y S E M E R G E N C Y R V Y Y I U
J K R E T A R D A N T Z I I R S T R D B
A Z S N S A A N Q X C P F G R S E E I D
S O G M U C L W A P V K N E N W V T A K
H C N I L E A S H I C Z B S O E N U T W
G A I H U B E C P A T M R R K E E O S U
V R K C F I R E B R E A K S M R X R R N
M E O K M A I K W E I S M T H Y A E I I
Y L O W E P F E Y N P N R L G R W P F F
H E C S I C B I P T D A K E A D W A S O
D S O E Y L C O R A P C N L D D H C Q R
E S M O K E D E T E C T O R E L A S Q M
G N B Q M A N E D B C S O N H R O E T B
Z E U T H C R E R A C R E S T P S M Z W
W S S G H Q R R D N X I A E I R Z F S G
A S T A T I O N A X E J Q C R Z O B S K
T N I L F M A T C H E S K O K I O L I H
E N O I S O L P X E U C S E R E F G J U
R G N I L D N I K C A I N A M O R Y P K
```

Solution on page 367

All American

APPLE PIE

BADLANDS

BALD EAGLE

BASEBALL

BROOKLYN BRIDGE

CENTRAL PARK

CHURCHILL DOWNS

COULEE DAM

CRATER LAKE

DEATH VALLEY

DINERS

FLAG

GOLDEN GATE BRIDGE

GRAND CANYON

GREAT SALT LAKE

HOOVER DAM

JAZZ

KENNEBUNKPORT

KENNEDY SPACE CENTER

LAKE MEAD

LINCOLN MEMORIAL

LITTLE BIGHORN

LOS ANGELES

MISSISSIPPI RIVER

MOUNT RUSHMORE

NASCAR

OZARKS

PEARL HARBOR

RED WHITE AND BLUE

STAR SPANGLED BANNER

STARS AND STRIPES

STATUE OF LIBERTY

WASHINGTON MONUMENT

WHITE HOUSE

YELLOWSTONE

```
U E S U O H E T I H W M A D E E L U O C
K S E P I R T S D N A S R A T S M T I O
V K T V D A E M E K A L R E T A R C R Z
S D N A L D A B Y E L L A V H T A E D A
E G D I R B E T A G N E D L O G F N E R
D I N E R S E L E G N A S O L I C T U K
R E V I R I P P I S S I S S I M C R L S
H F L N O Y N A C D N A R G X U E A B T
O L L I N C O L N M E M O R I A L L D R
O L I T T L E B I G H O R N E Y A P N O
V A K C H U R C H I L L D O W N S A A P
E B R O B R A H L R A E P K W X S R E K
R E T N E C E C A P S Y D E N N E K T N
D S R S T A T U E O F L I B E R T Y I U
A A A Z G R E A T S A L T L A K E P H B
M B C V R O Y E L L O W S T O N E Y W E
W A S H I N G T O N M O N U M E N T D N
F L A G B R O O K L Y N B R I D G E E N
H J N Z Z A J M O U N T R U S H M O R E
A P P L E P I E B A L D E A G L E X L K
```

Solution on page 367

Marching in the Parade

ACROBATS

AWARDS

BALLOONS

BATONS

CHARACTERS

CHILDREN

CIRCUS

CLOWNS

COLOR GUARD

CONFETTI

DANCERS

DIGNITARIES

DRUMS

FESTIVAL

FIRE ENGINES

FLAGS

FLOATS

GRAND MARSHALL

GRAND PRIZE

HATS

HELIUM

HOLIDAY

HORSES

JUDGES

LEADER

LINE

MARCHING BANDS

MEMORIAL DAY

MUSIC

NEW YEARS DAY

POLICE CARS

POLITICIANS

PONIES

PROCESSION

ROUTE

SING

SPECTATORS

SPONSORS

STREET

THANKSGIVING

VENDORS

WALK

WAVE

```
P R G R A N D M A R S H A L L W H J W R
P O N I E S H S E A D M N D A I U C G J
V P W X N G S D C T N Y U L Q D S T N J
W P K W I T A E T H A N K S G I V I N G
T O O U R E G Z R D B C J E I N E U D F
Z L Y E L F H I S R G A S X Z C I N E D
C I E T X I Y R R S N O O L L A B S I C
K T P U J R A P C H I L D R E N T G H L
X I R O D E D D D A H I S Z X I N C O V
A C O R Y E I N S E C O P X V I J O R L
G I C W W N L A T R R O T A T K S Q S R
K A E C A G O R C Y A D L A I R O M E M
B N S L V I H G T R M C R O E F P J S E
K S S V E N D O R S O I E T R A L E V B
Z D I T T E F N O C E B C C Z G U A A X
G R O T G S D C B S A A A B I F U T G R
U A N H U R F S U C R I C T F L O A T S
J W X B U S R O T A T C E P S N O F R T
Q A Q M U I L E H A T S R O S N O P S D
P D S H S R E C N A D W B J F H P V K X
```

Solution on page 367

Serious Studying

```
T G C M I N E R A L O G Y S P D S P J E
Y M O N O R T S A G S G E F E O E L A R
G Y S N N G E I X C O M Z R S K I A I O
O G M C A U X L I L A W M C V U S N C S
L O O X I A V T O N N A L R Q I M E H T
O L L A B M A C T P T P Y Y F U O T E E
R O O R J M A I L O H B G P E P L O M O
O I G C E M C N L M R L O T R A O L I L
E D Y H R S D O Y K O Y L O U L G O S O
T U T A S X G W N D P J O L T E Y G T G
E A H E M Y H I S T O R I O L O G Y R Y
M P H O N O L O G Y L R M G U N O A Y G
Y G O L O I S Y H P O T E Y C T L C G O
E R G O N O M I C S G E D A I O O O O L
Y J Y G O L O D I K Y N I D T L N U L O
J V L Y G O L O H C Y S P E R O I S O H
A E I E S C I M O N O C E S O G M T N T
E C O L O G Y G E O G R A P H Y I I H I
Y G O L O R D Y H Y G O L O I B R C T L
G E O L O G Y L I N G U I S T I C S E O
```

ACOUSTICS

AERODYNAMICS

ANTHROPOLOGY

ARCHAEOLOGY

AUDIOLOGY

BIOLOGY

CHEMISTRY

COSMOLOGY

CRIMINOLOGY

CRYPTOLOGY

DERMATOLOGY

ECOLOGY

ECONOMICS

EPIDEMIOLOGY

ERGONOMICS

ETHNOLOGY

GASTRONOMY

GEOGRAPHY

GEOLOGY

HISTORIOLOGY

HORTICULTURE

HYDROLOGY

KIDOLOGY

LINGUISTICS

LITHOLOGY

MATHEMATICS

METEOROLOGY

MINERALOGY

OSTEOLOGY

PALEONTOLOGY

PHARMACOLOGY

PHONOLOGY

PHYSIOLOGY

PLANETOLOGY

PSYCHOLOGY

SEISMOLOGY

SEMANTICS

Solution on page 368

Big Man on Campus

ACTIVITY

ALUMNI

ASSOCIATES DEGREE

ATHLETICS

BACHELORS DEGREE

BAND

BASKETBALL

BMOC

CAFETERIA

CHEERLEADER

CHOIR

COLLEGIATE

DANCES

DEANS OFFICE

DEPARTMENTS

DOCTORATES

DORMITORY

ENGLISH

FOOTBALL

FRATERNITY

FRESHMAN

GYM

HOMECOMING

JUNIOR

LECTURE HALL

LETTERMAN

LIBRARY

MAJOR

MASCOT

MASTERS DEGREE

MINOR

MUSIC

NCAA

ORCHESTRA

PARKING LOT

PROFESSORS

ROTC

SOPHOMORE

SORORITY

STUDENT CENTER

STUDENT SENATORS

UNDERGRADUATE

UNION BUILDING

VARSITY

```
B T J Q L L I B R A R Y T I R O R O S A
A K S Z X E B M I P A R K I N G L O T R
N N F E T A U D A R G R E D N U Y I N E
D A N C E S I S J E C I F F O S N A E D
R M S W I R X P S E T A R O T C O D M A
O R T C M C G W R M W A L U M N I J T E
I E U B A C H E L O R S D E G R E E R L
N T D G L O H K D O F E N G L I S H A R
U T E N L L Z I J S N E B I H U Q O P E
J E N I A L M A S T E R S D E G R E E E
M L T M H E M A S C O T Y S B D Q C D H
I L C O E G T E A M A U A T O R I O H C
N A E C R I N K C C T O R I I R W M B F
O B N E U A F R E S H M A N C V S B N O
R T T M T T G N I D L I U B N O I N U O
V E E O C E F R A T E R N I T Y S T N T
R K R H E G A I R E T E F A C H T S C B
X S E L L G Y R O T I M R O D O C B A A
V A R S I T Y M O R C H E S T R A B A L
E B R B L M B M C N S O P H O M O R E L
```

Solution on page 368

Higher Education

```
S I C Y V T P U D O G W Q T P A G T G C
S W K Q P C L E M S O N T Y P O I Y J V
M T S H N J V A N D E R B I L T M R F A
A M T T O U G R I N N E L L E N R O C S
I F A U T J P I S I S U C I U D C M N S
L N N O E J E R O M H T R A W S C E M A
L O F M L G J B R I G H A M Y O U N G R
I N O T R E D A M E W D E T G G O G L I
W C R R A O F T C S U Y A L E L I A U C
E A D A C R W V H K H C E T L A C P B E
L V K D I G N R E T S E W E S A C R A P
L O Y E L E H I G H J J M A Q J Q I Y K
E N L T F T N R E T S E W H T R O N L G
S A L A S O W P P S I E D N A R B C O S
L L Q G H W R H X G N M V R U T G E R S
E L P L R N C E E H W V O D C K V T S T
Y I M O J O H N S H O P K I N S M O G F
M V O C U Y R D F T R O B E R L I N F U
D R A V R A H A W E B Y U Z P Z T W T T
Q B Z B C O L U M B I A F A O I S A T D
```

BAYLOR

BRANDEIS

BRIGHAM YOUNG

BROWN

CALTECH

CARLETON

CARNEGIE MELLON

CASE WESTERN

CLEMSON

COLGATE

COLUMBIA

CORNELL

DARTMOUTH

DUKE

EMORY

GEORGETOWN

GRINNELL

HARVARD

JOHNS HOPKINS

LEHIGH

MIT

NORTHWESTERN

NOTRE DAME

OBERLIN

PENN STATE

POMONA

PRINCETON

RICE

RUTGERS

STANFORD

SWARTHMORE

TUFTS

USC

VANDERBILT

VASSAR

VILLANOVA

WAKE FOREST

WELLESLEY

WILLIAMS

YALE

Solution on page 368

The Simpsons

ANIMATED

BINKI

CASTELLANETA

COMEDY

DOUGHNUTS

DUFF

DYSFUNCTIONAL

EAT MY SHORTS

FAMILY

FOX

GRANDPA

GROENING

HOMER

HOOVER

JAMES L BROOKS

KELSEY GRAMMER

KRUSTY

KWIK E MART

LENNY

MAGGIE

MARGE

MILHOUSE

MOE

MR BURNS

NUCLEAR POWER PLANT

OTTO

PARODY

PATTY

PRIME TIME

PRINCIPAL SKINNER

QUIMBY

RADIOACTIVE MAN

RALPH

SANTAS LITTLE HELPER

SAXOPHONE

SELMA

SIDESHOW BOB

SITCOM

SPRINGFIELD

SQUISHEE

TELEVISION

TRACEY ULLMAN

TROY MCCLURE

WIGGUM

```
H H Y G U S K X J W E D L W U X O L C C
O P E S T R O H S Y M T A E P K M W W N
M H D N U C L E A R P O W E R P L A N T
E V E E P G H S N L W S Q U I S H E E R
R T T G A N K U T A N I S Y N N E L F O
V E A R P I S O A N O T T O C O M E D Y
N L M A D N P H S O Y C Y L I M A F G M
I E I M N E R L L I B O B A P C M O N C
S V N R A O I I I T M M I T A B U X A C
A I A B R R N M T C I N N E L O G C M L
X S L U G G G P T N U M K N S B G A L U
O I Y R H T F Y L U Q A I A K W I K L R
P O T N P I I R E F S G G L I O W W U E
H N T S L P E X H S E G A L N H Z I Y V
O S A C A J L V E Y L I A E N S P K E O
N E P A R O D Y L D M E H T E E S E C O
E M I T E M I R P O A T K S R D E M A H
P F R T I N A M E V I T C A O I D A R R
R J A M E S L B R O O K S C B S J R T V
D G J I J K G F F U D O U G H N U T S Y
```

Solution on page 368

By the Book

ACKNOWLEDGEMENTS

ALMANAC

AUTHOR

BESTSELLERS

BOOKENDS

BOOKSTORE

CASE

CHAPTERS

COMPOSITION

COOKBOOK

COPYRIGHT

DEALER

ENCYCLOPEDIA

FICTIONAL

FONT

HARDCOVER

INDEX

INTRODUCTION

ISSUE

JACKET

NONFICTION

PAGES

PAPERBACK

POCKET

PREFACE

PRINTING

PUBLISHER

REFERENCE

REVIEW

SCHOLASTIC

SELF HELP

SERIES

SHELF

SHOP

STORY

TEXTBOOK

TRAVEL

TUTORIAL

VOLUME

WORM

WRITER

YEAR

```
E T I F R A N I E J Y W E D V Q Y G K K
F T G M X F N L R E F E R E N C E J E O
O K O O B K O O C Q I I S A Y U O S K O
E C A F E R P O I S C V D L N R A E Y B
M F V L C E O T F T T E N E Q C Q M P T
U F L J Y V N H K X I R E R K H M H L X
L T E K C O P C T P O S K N W D V F E E
O V V G B C U S Y U N C O P Y R I G H T
V W A Q C D B O T C A W O P M P I U F J
G P R Q A R L O I O L N B D M R Z T L E
U A T O N A I T A E R O T S K O O B E L
N P Z J A H S Z D D B Y P D G T C W S R
S E I A M A H G B E S T S E L L E R S O
E R S N L P E D N O I T C U D O R T N I
R B Q O A M R L F K N O I T C I F N O N
I A H T E K C A J L D S R E T P A H C V
E C G N I T N I R P E U S S I N M Y D O
S K T U T O R I A L X H D H I H O U D B
U S E G A P E V A J L G S L O X D F Y B
E L Y O Y W T Y M E Q S D K O P Z K L G
```

Solution on page 368

Found in Space

ACHERNAR

ALBIREO

ALDEBARAN

ALGENIB

ALNILAM

ALTAIR

ANTARES

ARCTURUS

CANCRI

CANOPUS

CAPH

CASTOR

CERES

DENEBOLA

EARTH

GLIESE

HAMAL

JUNO

JUPITER

KOCHAB

MARKAB

MERCURY

MEROPE

```
N N N E X R I W M G B K K R Z K X P N K
J F B T V F W B L P X I G B B Z S R E K
V M H J U V E S T A R R A Q L O U L U S
A Z C B P S H D N U M H Z E E T H R C W
J O H K N P Q X R Q C A J D A P H E A V
P I R A E D A A B O R N H S B Z P G S F
E S K H K S N L K Z E T U E I E K U T C
R I P R A U R E L G R R P S N J L L O W
V O E I S I A Y L A U E I M E R C U R Y
J X P U G R G I E T S K A B G R K S P V
A H N E I I E H C E R L P T L A A O I S
R E L M S S V R O I I K N X A A L T E I
V A L D E B A R A N B B O Y U L J N N R
S E D I E L P T L C A N O P U S U U F A
E M P E C U L A B O H D M X Q T G O N L
R X V O H A L O B E N E D Z P M F T U O
E V M E R C N P L E Z C R E T I P U J P
C P K V A E S C Q K S U N N N U X L J K
U R U P Q Z M B R V M U A R A E U P J L
N N H R V L A S P I C A P M A R K A B Z
```

MIRA

MOON

MU ARAE

NEPTUNE

PALLAS

PLEIDES

PLUTO

POLARIS

POLLUX

PROESEPE

REGULUS

RIGEL

SAIPH

SATURN

SCHEDAR

SIRIUS

SPICA

SUN

URANUS

VEGA

VENUS

VESTA

Solution on page 368

Party Time

BALLOONS

BANNER

BEVERAGES

CAKE

CANDY

CENTERPIECE

CIDER

CONFETTI

COSTUMES

CREPE PAPER

CUPS

DANCING

```
P O Q S K S A M P S S E M A G S T F I G
N S L D E K A C S O G S T A H R E Y B X
C S C Z E L Y E N J T A B L E C O V E R
X T I O L C G Q I S H A V A S R O V A F
E R E I N A O W K H E L T X A E C Q N W
P E R S R F T R P W M S T O E R S E L I
G A H E I R E P A P E P E R C C N A C W
S M V L D R T T N T T G Y O E H O I J I
T E P B C I P Q T Q I X S D N E I R F X
B R R A S Q C R D I N O I P T H T P Z M
T S R T P N Q O U I B A N N E R A B S M
I S B E W E O B G S S S O S R O T A R B
Q D D G N F R O I I X C T J P U I N E O
O A O E K N O G L H N Y J N I U V G W G
S N R V U D I M O L H G X O E V N Y O T
N C P S Y T S D U O A X E T C S I K L R
U I L B Y G C U P S D B C R E K E M F N
R N A D O S U H N O I S E M A K E R S E
L G Y Z M H L J W U H C N U P L A Y P N
Y D N A C O S T U M E S K R O W E R I F
```

DECORATIONS

DINNER

DISC JOCKEY

FAVORS

FIREWORKS

FLOWERS

FOOD

FRIENDS

GAMES

GIFTS

GINGER ALE

GOODY BAG

HATS

ICE CREAM

INVITATIONS

MASKS

MUSIC

NAPKINS

NOISEMAKERS

PAPER GOODS

PLAY

POTATO CHIPS

PRESENTS

PRIZES

PUNCH

SODA

STREAMERS

SURPRISE

TABLE COVER

THEME

TREATS

VEGETABLES

Solution on page 369

The Wonderful World of Disney

```
D P T O E N I A I N S B T H S E K K Y Q
U N C L E S C R O O G E E O R S C M E E
E E V I L Q U E E N S A K X A K U Q P Z
Y S E L U C R E H U T U C S C R D N O C
J U N G L E B O O K I T I E I A D O D P
S O P G A D B M W C N Y R L N P L I O G
K M Q L C M Y A V U K A C B D E A T M H
S Y G I U H L S X D E N Y I E M N A E H
E E R D T T N B O Y R D N D R E O M N A
B K U O T E O O T S B T I E E H D I G Z
A C M S E P W H A I E H M R L T N N N T
S I P Z M Y G U S A L E I C L K A A I I
T M Y U L I X F I D L B J N A K R Z D G
I W L L L O L S Y T H E L I O N K I N G
A A O Z A O A F T S Q A R E H P O G I E
N H Z T U T O I D U T S M H Y N S D F R
J U G N N O L E I R A T G T H U M P E R
B C D A G E V I L S T E P M O T H E R I
G E F T H O X D N A P R E T E P J V Y W
R E T T A H D A M K Y K Q V K E J G Z X
```

ANIMATION

ARIEL

BEAUTY AND THE BEAST

BUZZ LIGHTYEAR

CARS

CINDERELLA

DAISY DUCK

DONALD DUCK

DOPEY

DUEY

DUMBO

EVIL QUEEN

EVIL STEPMOTHER

FANTASIA

FINDING NEMO

FLOUNDER

GOOFY

GOPHER

GRUMPY

GUS

HERCULES

HOLLYWOOD

JIMINY CRICKET

JUNGLE BOOK

KANGA

MAD HATTER

MICKEY MOUSE

MULAN

PETER PAN

PLUTO

SEBASTIAN

SNEEZY

STUDIO

THE INCREDIBLES

THE LION KING

THE LITTLE MERMAID

THEME PARKS

THUMPER

TIGGER

TIMOTHY MOUSE

TINKERBELL

UNCLE SCROOGE

WALT

Solution on page 369

Local Government

ADMINISTRATIVE

ANIMAL CONTROL

ARCHIVES

BIRTH CERTIFICATE

BUREAUCRACY

CHAMBER

CITIZENS

CITY COUNCIL

CITY HALL

CIVIC

DEATH CERTIFICATE

DISTRICT ATTORNEY

FIRE DEPARTMENT

FLAG

GOVERNMENT

HOUSING

LEGISLATOR

LIBRARY

LOBBY

MARRIAGE LICENSE

MAYOR

MOTOR VEHICLES

MUNICIPAL

OFFICES

PARKING TICKET

PARKS AND REC

POLICE

PUBLIC

RECEPTION AREA

RECORDS

ROADS

ROTUNDA

SAFETY INSPECTOR

SANITATION

SCHOOLS

TAXPAYER

TRAFFIC LIGHTS

TRAIN STATION

TRANSPORTATION

VOTE

WATER

```
T N E M N R E V O G S C H O O L S B M P
Y R A R B I L A P I C I N U M L O B B Y
D A D D Z V H D H Z P W A T E R F L A G
O E P Q L I C N U O C Y T I C I L B U P
F R A S E S N E C I L E G A I R R A M U
F A R T S A F E T Y I N S P E C T O R K
I N K H H Q T N E M T R A P E D E R I F
C O I G O C L O R T N O C L A M I N A M
E I N I C U E N G R O T A L S I G E L O
S T G L S R S R N O I T A T S N I A R T
D P T C E E R I T L L A H Y T I C Y F O
R E I I V Y O Y N I X T I C H A M B E R
O C C F I A Y L R G F C I T I Z E N S V
C E K F H P A D M I N I S T R A T I V E
E R E A C X M R Y C A R C U A E R U B H
R K T R R A R O A D S T X A C I V I C I
N O I T A T I N A S V S R O T U N D A C
B I R T H C E R T I F I C A T E T O V L
C F S R P A R K S A N D R E C I L O P E
G C O S U N O I T A T R O P S N A R T S
```

Solution on page 369

Shop Till You Drop

```
B S U Y E N O M Z P T C H A R G E C E W
A T K T E N R E T N I A I W W D R N Q N
S B Y R E C O R G R O U P F N W G T P O
I R P C E X A C N P N F Z E F Z B H R I
M H E O S L T H R S A P P L I A N C E S
L G T F J I C A E E V S H S X D R P T I
M Y A N F P R N T M K O B W T V W T U V
A X L Z E U S D N A C E E O C E J M R E
L X O S E R T I E G E Q P R Z R R F N L
L E C E H C F S C C H A S R Z T O E S E
S R O V C H I E G I C H A O E I M W O T
A E H I U A G Q N N T K N B S S N O D M
L Y C T Z S Y B I O I Q T X W E E D G S
E A T N D E L C P R D K A O O M C N N L
S L O E A E S L P T E V C E R E I I T C
C P H C M R A W O C R E L O B N O W R S
I D L N S S A L H E C D A B T T B E D P
B V S I T G Q E S L P P U X K S L O L Q
V D Q I S H G B L E S Y S E A S O N A L
A Q C M E E F F O C H R I S T M A S G Z
```

ADS

ADVERTISEMENTS

APPLIANCES

BORROW

BROWSE

BUY

CHARGE

CHRISTMAS

CLEARANCES

CLERKS

COFFEE

CREDIT CHECK

CROWDS

DEALS

DEBT

DVD PLAYER

ELECTRONIC GAMES

GAZE

GIFTS

GROCERY

GROUP

HOT CHOCOLATE

INCENTIVES

INTERNET

MALLS

MERCHANDISE

MONEY

PLASTIC

PRESENTS

PRICE

PURCHASE

RETURNS

SALES

SANTA CLAUS

SEASONAL

SHOPPING CENTER

SPEND

STEREO

STOCKING STUFFERS

TELEVISION

TRAFFIC

WINDOW

Solution on page 369

Hurricanes

ATLANTIC

BAROMETER

BHOLA CYCLONE

CARIBBEAN

CATEGORY

CORIOLIS EFFECT

DISSIPATION

EMERGENCY

EVACUATION

EYE WALL

FEMA

FLOODS

FORECASTING

FORWARD SPEED

GALE WINDS

GULF OF MEXICO

HURRICANE SEASON

KATRINA

LANDFALL

MILLIBAR

MONSOON

RADAR

RAIN

RED CROSS

SAFFIR SIMPSON SCALE

SATELLITE

SQUALL

STORM SURGE

SWELL

TIDES

TORNADO

TROPICAL DEPRESSION

TROPICAL DISTURBANCE

TROPICAL STORM

TYPHOON

WARNING CENTERS

WATER SPOUT

WAVES

WEATHER

```
G B P S S W C Z P Y R O G E T A C S Z Q
U A P E D D M I L L I B A R I O A T N D
B R P M I G O W T Z R A D A R F M O O B
T O D E S Y A O A N A R I I F H Z R I I
D M E R S E M L L V A U O I W U D N S S
R E V G I L D O E F E L R L A R E A S R
B T A E P R A I N W I S T L I R E D E E
H E C N A B R U T S I D L A C I P O R T
O R U C T T I O E M O N P U C C S L P N
L H A Y I J Y F P G H O D Q F A D L E E
A E T U O M F S W E L L N S K N R A D C
C Y I K N E O S A T E L L I T E A F L G
Y E O O C N A E B B I R A C T S W D A N
C W N T S N S T O R M S U R G E R N C I
L A O C I X E M F O F L U G G A O A I N
O L A R F D H P R E D C R O S S F L P R
N L T W A T R O P I C A L S T O R M O A
E A P T M R F O R E C A S T I N G N R W
K M S R E H T A E W A T E R S P O U T P
L R F M F E Z K W F V N O O H P Y T R C
```

Solution on page 369

Jurassic Animals

ANUROGNATHUS

ARCHAEOPTERYX

BARONYX

BRACHIOSAURUS

COELOPHYSIS

COELURUS

COMPSOGNATHUS

CRYPTOCLEIDUS

DEINOSUCHUS

DILOPHOSAURUS

DROMAEOSAURUS

DROMICEIOMIMUS

DWARFALLOSAUR

EUSTREPTOSPONDYLUS

HETERODONTOSAURUS

HYPSILOPHODON

IBEROMESORNIS

KOOLASUCHUS

LEPTOPTERYGIUS

LUFENGOSAURUS

MINMI

MONOCLONIUS

OPHTHALMOSAURUS

ORNITHOLESTES

PACHYCEPHALOSAURUS

PHYTOSAUR

POSTOSUCHUS

PTERODACTYLUS

RHAMPHORHYNCHUS

VELOCIRAPTOR

```
G W W X S E T S E L O H T I N R O J F D
M I N M I S U I G Y R E T P O T P E L R
D H E T E R O D O N T O S A U R U S T O
J L D R O M I C E I O M I M U S Q W P M
P T E R O D A C T Y L U S S T S B H H A
K D W A R F A L L O S A U R I U T V Y E
B S U R U A S O L A H P E C Y H C A P O
R S U H C U S O T S O P F S A C R R S S
A V E L O C I R A P T O R L Y N Y C I A
C B S U H T A N G O S P M O C Y P H L U
H A R S U H C U S A L O O K R H T A O R
I R Y E O J Z P T F S Y P K U R O E P U
O O A N U R O G N A T H U S A O C O H S
S N D E I N O S U C H U S C E H L P O U
A Y N Q D K P R U A S O T Y H P E T D R
U X V Y P S U I N O L C O N O M I E O U
R I L S I S Y H P O L E O C Y A D R N L
U U L U F E N G O S A U R U S H U Y K E
S U R U A S O H P O L I D C F R S X I O
N N D W H X S I N R O S E M O R E B I C
```

Solution on page 369

Harry Potter

```
A V F P S E L G G U M U D B L O O D J H
Y P H I L O S O P H E R S S T O N E C A R
R V R H O G W A R T S U G A M I N A D R
I J N I C L C G G P E G Y L S T T U R
P B I M S T E O T N O B Z I P J U H M Y
P U R Y C O I L D B B P E L M K O L B P
E T E S H G N D L O X R L Y I R R Y L O
R T H A C Y O E D A I L Y P R O P H E T
E E T T L Z T N R I S X O O E W S A D T
T R Y N I O A S A O U L G T P L Y L O E
T B L A F W I N N G F Q L T P I E L R R
O E S F C N Y I B A A A U E E N L O E A
P E I I V J N T L L P L Z R P G D W E V
S R G L O O H C S Q C E L K R S U S H E
E A T F A R C H C T I W I Z A R D R Y N
M A Z U T S E R O F N E D D I B R O F C
A L O H O M O R A H F A T F R I A R T L
J W I N K Y E L L A N R U T K C O N K A
U E L G R A N G E R S C A B B E R S P W
P E E V E S U B M I N S E E K E R E B R
```

ALOHOMORA

ANIMAGUS

BUTTERBEER

DAILY PROPHET

DEATHLY HALLOWS

DOBBY

DUDLEY

DUMBLEDORE

FANTASY

FAT FRIAR

FILCH

FORBIDDEN FOREST

GOBLET OF FIRE

GOLDEN SNITCH

GOYLE

GRANGERS

HARRY POTTER

HOGWARTS

J K ROWLING

JAMES POTTER

KNOCKTURN ALLEY

LILY POTTER

MAGIC WAND

MCGONAGALL

MUDBLOOD

MUGGLES

NIMBUS

OWLS

PEEVES

PEPPER IMPS

PHILOSOPHERS STONE

PRISONER OF AZKABAN

QUIDDITCH

RAVENCLAW

RIPPER

SCABBERS

SCHOOL

SEEKER

SLYTHERIN

SNAPE

SPELLS

SPROUT

WINKY

WITCHCRAFT

WIZARDRY

Solution on page 370

Let's Do Business

ALLSTATE

AMAZON

AOL

BEST BUY

CHEVRON

CITIGROUP

DILLARD

DOW CHEMICAL

EBAY

FORD MOTOR

GENERAL ELECTRIC

GENERAL MOTORS

GOOGLE

HOME DEPOT

IGA

INTEL

KMART

KOHLS

KROGER

LOWES

MARATHON OIL

MEIJER

METLIFE

MICROSOFT

MORGAN STANLEY

MOTOROLA

NETFLIX

NORTHROP

OFFICE DEPOT

PEPSICO

RITE AID

SAFEWAY

SBC COMMUNICATIONS

SEARS

STATE FARM

SUPERVALU

THE GAP

TIME WARNER

TOYS R US

UPS

VERIZON

VIACOM

WALGREEN

WOOLWORTHS

YAHOO

```
U X I L F T E N E S E W O L M O C A I V
N Y A W E F A S O B G Q N O Z I R E V D
B M G A I A N S J C A T I Q T Z V B C I
D K A L M F E E R C I Y F I U U J I G A
N N T L D O E Y S O J S G O P I R A P E
G E N S V R R S A M T R P B S T P R M T
M S Z T S D G G L M O O L E C O E M O I
U A H A E M L O A U A A M E P N R P F R
O M L T A O A I P N C Z L L R M E C F Z
D O R E R T W N G I S E O A A D V L I Y
O I H A S O I T M C L T W N E R A I C M
Q N L A F R W E R A I E A M P D E O E X
M P L L Y E H L R T M M O N J S Y N D E
E G O O A C T E O I N H T N L U Q O E L
I Q L R W R N A T O D G O T B E D H P G
J W E O H E D O T N W R Y T H L Y T O O
E P D T G T M V X S V T S Z M E E A T O
R E G O R K R A V E L E R V Z H G R A G
M T K M A R T O H C B S U P E R V A L U
N N X O Q I I C N B G R S L H O K M P M
```

Solution on page 370

Bird Watching

```
X C H M G T M R M Z J Q N W C A S X R M
N J O G K O R I N A H L G T H L V P E T
L Y E R D H O W Z A L E B U Z Z A R D S
P B L M M V P S U P C L O X M R P M E L
E T O M Q O E I E Q D I A M T F U Y E S
N O I T A V R E S B O R L R I F E O F P
G R R J N S D A L L O K I E D R M C I A
U R O A P A R Q N A V D L B P O J A N R
I A R T K V G A D T G D A S C Q R N C R
N P W C R L T R L E G N O K M R F A H O
H H I L T A U V H U M M I N G B I R D W
K H O O F N R B I O C N N T B A Y Y U O
C B S V N I K D H Y G O L O H T I N R O
U R T E C D E R F B B I N S O G U K O D
D E R B U R Y A I U I T W I Y L I T D P
X X I I I A L R D L E A L Z B G A N N E
G D C R K C D U V E L R T P J K B Y O C
A U H D O I A G Y L O G E R C H B E C K
S S L N Y V M G O N P I B O B W H I T E
Q R E L B R A W K Q V M C E E T Z Z S R
```

AUDUBON

BINOCULARS

BOBWHITE

BUZZARD

CANARY

CARDINAL

CHICKADEE

COCKATOO

CONDOR

CORMORANT

DUCK

FALCON

FEEDER	MIGRATION	PARTRIDGE
FIELD GUIDE	MOCKINGBIRD	PELICAN
FINCH	NIGHTINGALE	PENGUIN
GOOSE	OBSERVATION	ROADRUNNER
GULL	ORIOLE	SPARROW
HUMMINGBIRD	ORNITHOLOGY	SWALLOW
LOON	OSPREY	TURKEY
LOVEBIRD	OSTRICH	WARBLER
MALLARD	PARROT	WOODPECKER

Solution on page 370

Labor Day Holiday

```
J S Y E S M A K Q Z F M J F T T M F X C
B K N A A J S E H C E E P S X L X J J A
T D A C D S G N F F A M I L Y Y B S L B
Y Y T C I N C I P U U P W X P S O N N C
P K A Y R N O I N U N L I T J E A A G T
B O H M R F V M A N H O U R I K T I O I
K A E R B Y R E A B W Y I V J I I C Z L
N W R H U S S U K G N E V T O H N I D S
O Q L B G D E T Y S N R E N C L G T G T
I R R U E M E P J L S I A K A E J I G E
T O G L Z C K C T T R L P B E S T L C N
C R F A Q Z U X R E H U O M N N G O L F
U W I T N E M E V O M R O B A L D P R N
D O B B D I C C L Y F B H H A C I T Z P
O J K A U N Z I J O B K E C O N O M Y K
R O R G O T D A R T U T R R Y T T K F N
P A E C O A E C T C O A N O I T A C A V
P F S X Y W E G N I H S I F W A G E S O
V L T A B S R A L L O C E U L B J H Y Q
D N P Q K Q F K U G I N D U S T R Y G Z
```

AFL

BARBECUE

BLUE COLLAR

BOATING

BREAK

CAMPING

CONCERTS

ECONOMY

EMPLOYER

FAMILY

FISHING

FUN

GOLF

HIKES

HOURLY

INDUSTRY

JOB

LABOR FORCE

LABOR MOVEMENT

MAN HOUR

MONDAY

NATIONAL HOLIDAY

ORGANIZATION

PARADE

PAY

PICNIC

POLITICIANS

PRODUCTION

PROTECTION

REST

SEPTEMBER

SPEECHES

TOIL

TRIBUTE

UNION

VACATION

WAGES

WEEKEND

WORKFORCE

Solution on page 370

Rhymes with You

```
M P F H R U Q L X T G C D S G D E Q O Z
A S Z Q X S H M V H J K B F U T K E Q H
O I N G L A Z T A P Z O Y B Y M L Q M V
R O Y K B G K F V W V V S D W B F U C U
O M L R B S B S W W E T S B E U L G L D
E T D X I X Q A X A E N T X D M E E W I
J O Z V S L R F V H J H N S L M W U W F
T W I X U Q O P C H R H C H G U O R H T
S B H S W Y O O D U H R O O T T A T A K
U I C E U L C A N O E F W S L U E S U G
C L N X W E W D G W O E E W N Y W N O J
M J F V V V W I B N F O R W O B G O M O
C X G W G I Z E D S O Y B F E F P C O A
K F D S L E W U P Z O L M M U M U H E A
H H O P H W E B A S H E U M A H S U N P
E A A I E T R K N G A A E H H B I K I R
D G X B R X T W O C W S S G T L O S E X
A W O H S X S X U G E E T U P U U U S W
S F F I G X V N W Q R W R H E E X N M H
A Q F J E W Z R G U D L W G W U N Y J O
```

ADIEU

BAMBOO

BLEW

BLUE

BREW

CANOE

CHEW

CLUE

CONSTRUE

COO

CUE

DEW

DREW

EWE

FEW

FLEW

FONDUE

GLUE

GOO

GREW

HUGH

KAZOO

KUNG FU

NEW

SCREW

SHAMPOO

SHAMU

SHOO

SIOUX

SKEW

SLEW

SPEW

STEW

STREW

SUE

TATTOO

THROUGH

THRU

TWO

VIEW

WAHOO

WHEW

WHO

Solution on page 370

Let Them Eat Cake

ANGEL FOOD

BABKA

BANANA

BATTENBURG

BAUMKUCHEN

BIRTHDAY

BLACK FOREST

BUNDT

CARROT

CHEESE

CHERRY

CHIFFON

CHOCOLATE

COCONUT

DEVILS FOOD

FRUIT

GINGERBREAD

HONEY

ICE CREAM

KOEKSISTERS

LAYERED

LEAVENED

MOONCAKE

MUDCAKE

PANETTONE

PAVLOVA

PINEAPPLE

POUND

RED BEAN

RED VELVET

SACHERTORTE

SEED

SIMNEL

SPICE

SPONGE

STACK

STRAWBERRY

TEACAKE

TIRAMISU

TRES LECHES

VANILLA

```
R V E T S V U X L P F M M C O G D C D K
K D I B D E R E Y A L C T U N O C O C T
K T D P R E N G I N G E R B R E A D H K
E E D R D M C B B A U M K U C H E N O K
P A E B I O A I K Z V A R X C V G E C C
O C E S L B X D P M E O M U I A K A O H
U A S T K A M O E S D W L L V S T K L E
N K M A Z T C P J N Q O S V I S Q C A E
D E D O D T J K X P E F O S A P H H T S
N X R N O E J F F I O V T F S P L I E E
F R U I T N M F B O B E A G L T L F M H
K B M S M B C Q D I R W Y E H E R F U C
L Z Y P U U Z A R S X E N R L V G O D E
W V E O S R R T K X G O S R R L C N C L
L A Y N I G H W W E T R O T R E H C A S
P N E G M D F E S T O R R A C V H J K E
P I N E A P P L E U W H C T K D Q C E R
A L O Y R I C N T S T R A W B E R R Y T
Q L H V I S A N A N A B M A E R C E C I
P A M T T P C Q A B F Q K L I Y M P T T
```

Solution on page 370

Baby-Boy Names

ADAM

AIDAN

ANDREW

ANGEL

ANTHONY

AUSTIN

BENJAMIN

BRANDON

BRIAN

CALEB

CAMERON

CHARLES

CHRISTOPHER

DANIEL

DAVID

DYLAN

ERIC

EVAN

HUNTER

ISAIAH

JACOB

JAMES

JASON

JOHN

JONATHAN

JOSEPH

JOSHUA

JUAN

JUSTIN

KYLE

LOGAN

LUIS

LUKE

MASON

MATTHEW

NICHOLAS

NOAH

ROBERT

RYAN

SAMUEL

SEAN

THOMAS

TYLER

WILLIAM

ZACHARY

```
K N N N A D R D O P F L L W M L B C G P
R F M L H M U D Q L U Q E M D A F N J F
E P B D V I Y V C I C K U V N T S U O G
G E F U H G A D S H E H B F Z R U O H T
S D E M Z V P Z E Y R A H C A Z L Z N J
I C G Y N A G O L B N I M A J N E B O L
J U H I O O Z E R M H A S E N Y A S S E
L L C S R Z U I A Y G G H T K T H U A G
Y F V M Y M A T H I N N S T O U W Q J N
M K X V A N T U C U J O K Y A P L K T A
E X Q S N H N N S A L O H C I N H G A I
M J O S E T P D V M M D W T D Q O E O D
V B J W E U H E C A L E B E N A M J R A
K I J R G A K O S K N O R B R A N D O N
T E I O N Y N M M O C I G O I D Y I I Q
V C Q B L G E U D A J S T L N L N T E B
D A J E X T T O J I S A L S A N S A V L
V Z O R W J X J V A V I M N U U O D A X
X G N T Y L E R O K W A U E A J A A N U
Y E G G R D F E G O Q H D S S G Y M H B
```

Solution on page 371

Game Shows

```
I R O V G W F A M I L Y F E U D R M I T
F B G V N B M A T C H G A M E A Q U V E
R E N U T T A H T E M A N T O P K C A J
T A I T S U P E R M A R K E T S W E E P
H T L O Z L O V E C O N N E C T I O N E
E T L T W A R D R O E S O L N I W W D L
J H H E D H D E A L O R N O D E A L R A
O E G L E N U T R O F F O L E E H W O E
K C U L R U O Y S S E R P Q F C Q S W D
E L O T K Y Y R O L E H C A B E H T S A
R O D H O L L Y W O O D S Q U A R E S E
S C C E F I L R U O Y T E B U O Y K A K
W K A T H G I R S I E C I R P E H T P A
I P T R I F T H E D A T I N G G A M E M
L Y C U A O P K N I L T S E K A E W U S
D R I T E C O N C E N T R A T I O N K T
E A T H H T H E N E W L Y W E D G A M E
E M M C Z D S R E L L O R H G I H R Q L
R I S K R A H S D R A C W O H S G N O G
G D W K X D O U B L E D A R E L F F A B
```

BAFFLE

BEAT THE CLOCK

CARD SHARKS

CONCENTRATION

DEAL OR NO DEAL

DOUBLE DARE

FAMILY FEUD

GONG SHOW

GREED

HIGH ROLLERS

HOLLYWOOD SQUARES

JACKPOT

LETS MAKE A DEAL

LINGO

LOVE CONNECTION

MATCH GAME

NAME THAT TUNE

PASSWORD

PRESS YOUR LUCK

PYRAMID

SHOP TILL YOU DROP

SUPERMARKET SWEEP

THE BACHELOR

THE DATING GAME

THE JOKERS WILD

THE NEWLYWED GAME

THE PRICE IS RIGHT

TIC TAC DOUGH

TO TELL THE TRUTH

WEAKEST LINK

WHEEL OF FORTUNE

WIN LOSE OR DRAW

YOU BET YOUR LIFE

Solution on page 371

Eat Your Vegetables

```
D G S D R U N K K K C Z H J B H J F H C
E F P M U F R X E G P A O L E L A K R P
Q L N U E Y J S N O I N O G E X P S U S
O Y G S A E P O T A T O M A T O S M A O
S G A R L I C S Z G R E E N P E P P E R
B C O R N T G N P A M T A N R K Q I U R
Q O D A C O V A X R Y E G C I J S Q A E
N E C G A L E E U K B Y R N P I A W V L
I H O R B L V B U O R E K O H C I T R A
U M I E B A Q G Z O T D C C S A G T O A
A B X E A H Z N C A L M A U I M N J S N
I N G N G S A I W Y R E L E C A K P J P
P S A B E B H R E W O L F I L U A C I F
C V D E R C N T C N L R I P R R M N Q C
J Y Y A B R Y S U A K E G H A T S B M A
K T G N X A L R T E E G N G J R R A E R
I Z M S M D M H T B E R U T A B A G A R
Z U C C H I N I E Y L S N P I N R U T O
S D D B H S F I L O C C O R B L A L B T
J X W X U H B X V S D D S Q U A S H K H
```

ARTICHOKE

ASPARAGUS

AVOCADO

BEET

BROCCOLI

CABBAGE

CARROT

CAULIFLOWER

CELERY

CHICORY

CORN

CUCUMBER

EGGPLANT

GARBANZO BEAN

GARLIC

GREEN BEANS

GREEN PEPPER

JICAMA

KALE

LEEK

LENTILS

LETTUCE

LIMA BEAN

OKRA

ONIONS

PARSNIP

PEAS

POTATO

PUMPKIN

RADISH

RUTABAGA

SHALLOT

SORREL

SOYBEAN

SPINACH

SQUASH

STRING BEANS

TOMATO

TURNIP

WATERCRESS

YAM

ZUCCHINI

Solution on page 371

Top Words

AUTOPSY

BIG TOP

CARROT TOP

DESKTOP

DYSTOPIA

ECTOPIA

F STOP

FLATTOP

ISOTOPE

LAPTOP

NONSTOP

OCTOPUS

ONE STOP

PHOTOPLAY

PIT STOP

RAGTOP

ROLL TOP

SHORTSTOP

STOPGAP

STOPPAGE

STOPPER

TIPTOP

TOP BRASS

TOP DOGS

TOP DRESS

TOP HEAVY

TOP NAME

TOPCOAT

TOPICS

TOPLESS

TOPMAST

TOPMOST

TOPOGRAPHY

TOPONYMY

TOPPING

TOPPLE

TOPSIDE

TOPSOIL

TOPSPIN

TOPSY TURVY

TREETOP

UTOPIA

WHISTLE STOP

ZZ TOP

```
N T O R E L P P O T O P M O S T T X T X
O P O T E E R T D O N Q Z M W R O O E T
G A O P Y P Z F X P O Y V A E H P O T O
W R A T I G P L R B N Q M G E L S O X P
B F I G S C P O K R S O N M E E P M E S
N G P E N E S O T A T D D S R O I E E I
N L O Q H B L M T S O F S E G U N K Y D
A A T Y V R U T Y S P O T R S Z Y Q M E
E P S T P R I N S O F O A E B K X W Y P
T T Y H Y P C E T I P P T F F P T V N O
V O D A O U R T F D H I S S L C I O O T
J P F T G R O O R Y Y W T H E A P E P O
R P G R E R T E L A F M O S M N T C O S
Y I H F R T S S U L S U P O T C O T T I
B N R A D S O T T P T P G W O O P O O J
J G C Z F S O P O O O O A W P D P P P P
U I U T O P I A D T P Y P T N P K I C O
C T O P S O I L G O T O P M A S T A O T
W Y X Y G S P A L H G M K G M S N I A Z
I U U S Q S R V E P V S E F E W X B T Z
```

Solution on page 371

THE EVERYTHING GIANT BOOK OF WORD SEARCHES • 311

Be Afraid

ACAROPHOBIA

ALEKTOROPHOBIA

APHENPHOSMPHOBIA

ARACHIBUTYROPHOBIA

CLITHROPHOBIA

CYPRINOPHOBIA

DENTOPHOBIA

DERMATOPHOBIA

DOMATOPHOBIA

ECCLESIOPHOBIA

ELECTROPHOBIA

EQUINOPHOBIA

GYMNOPHOBIA

HADEPHOBIA

LACHANOPHOBIA

LITICAPHOBIA

METALLOPHOBIA

NEOPHOBIA

OPHTHALMOPHOBIA

PARTURIPHOBIA

PEDICULOPHOBIA

POLIOSOPHOBIA

POTAMOPHOBIA

SIDEROPHOBIA

THEATROPHOBIA

THEOLOGICOPHOBIA

TTREMOPHOBIA

```
A I B O H P O T A M O D D L W V X A P F
A I B O H P O R T A E H T K B F H I G V
A I B O H P O R Y T U B I H C A R A Q L
I Q U O C L C Y P R I N O P H O B I A V
B B E A H D G D E R M A T O P H O B I A
O A L A K P Y V A A A O A B B A S O B I
H I E I C A M O I I I I W Y I B I H O B
P B C B R L N S B B B X T B P A D P H O
O O T O L E O O O O O E O Q A I E O P H
N H R H A K P K H H H H H A R B R C O P
I P O P I T H P P P P D A I T O O I L O
U A P O B O O S O O O N D B U H P G L S
Q C H M O R B H M L I E E O R P H O A O
E I O A H O I L E U S O P H I O O L T I
N T B T P P A S R C E P H P P N B O E L
F I I O O H L N T I L H O O H A I E M O
S L A P T O Y W T D C O B R O H A H U P
C W Z H N B J U H E C B I A B C O T P P
E H P O E I R K J P E I A C I A B B D T
T O L O D A I G L A J A M A A L V V U L
```

Solution on page 371

Santa Claus is Coming to Town

BAG OF TOYS

BEARD

BLITZEN

BOWL FULL OF JELLY

CANDY CANES

CAP

CHERRY CHEEKS

CHIMNEY

CHRISTMAS TOWN

COAL

COMET

CUPID

DANCER

DASHER

DECEMBER

DONNER

ELVES

FATHER CHRISTMAS

GIFTS

HAPPINESS

HAT

HO HO HO

JOY

KRIS KRINGLE

LOVE

MAGIC

MALL

MILK

NAUGHTY OR NICE

POLAR BEARS

PRANCER

PRESENTS

RED NOSE

REINDEER

RUDOLPH

SAINT NICHOLAS

SANTA CLAUS

SLEIGH

SNOW

SOOT

STOCKINGS

TOY SHOP

TREE

WORKSHOP

```
Y V N O M S U A L C A T N A S E V L E X
S Y W S F P R A N C E R E C N A D A O H
I G D G B I S A L O H C I N T N I A S J
P M N A B N W B E A R D E E H A U D O E
Y R P I S O E C Y B H P L O D U R U L E
R E E Y K H W Z A E R G P U Y G K J A R
L E W S E C E L T A N A T P O H S Y O T
D D X Z E H O R F I C M L D J T S J C E
A N W T H N E T R U L Y I O Y Y E V O L
D I D P C W T K S T L B C H P O N T B X
U E E O Y R S S N O W L T K C R I W Z E
Q R C H R I S T M A S T O W N N P T K O
N F E S R E N N O D N G O F H I P O H S
T W M K E S O N D E R L S Y J C A O F T
I E B R H S A M T S I R H C R E H T A F
K O E O C A N D Y C A N E S Q O L P Y I
R X R W U O K K I S L E I G H M A L L G
O I D L P L M G H N U B A G O F T O Y S
Y U S G I U A E A I M Z J O T D W A R Y
H O J M D M N R T B O J X F E C H Y W N
```

Solution on page 371

Web Sites

ABOUT

AMAZON

AOL

APPLE

ASK

BBC

BESTBUY

CAREERBUILDER

CNET

CNN

CRAIGSLIST

DELL

DIGG

DRUDGEREPORT

EBAY

EXPEDIA

FACEBOOK

FLICKR

FRIENDSTER

GAMESPOT

GEOCITIES

GODADDY

GOOGLE

IMDB

MAPQUEST

MSN

MYSPACE

MYWAY

NETFLIX

NYTIMES

ORBITZ

ORKUT

PHOTOBUCKET

POGO

SOURCEFORGE

TRAVELOCITY

TYPEPAD

UPS

USPS

WALMART

WASHINGTONPOST

WIKIPEDIA

WORDPRESS

YAHOO

YOUTUBE

```
D R P P X E I C S O S U Q U O X G E E U
F O O Y R A E C A P S Y M V D B S T S Y
R J E O K N F A C E B O O K P E L P P A
M Y A U C O S R T N T L J O T S S G U E
S E I T I C O E G R N X I L F T E N T Q
T V D U L P D E M G A D Y T N B S V R G
J W E B F S Y R B I Y V T S E U Q P A M
O S P E T K E B I P T M E G R Y T M M F
J T I U I B K U C N H Y R L C R E M L C
C T K W A S H I N G T O N P O S T T A R
T R I Y A L G L R W F F T P P C O S W A
O B W T C I L D D E O T E O R B I T Z I
R N O Z A M A E C G T R T X B N K T K G
D S Y B M P G R D B E S D L P U N Y Y S
N M A U E A U F P G B L D P H E C M A L
Y K W P G O D A D D Y I G N R D D K B I
B V Y O S F B U M A G U C O E E U I E S
N T M O C O R I H G A X G W O I S K A T
Q Z H F U D B O B D Q O O P N G R S Y E
C N E T C M O H I Y P K L K D K N F U F
```

Solution on page 372

Famous Women

ABIGAIL SMITH ADAMS

AMELIA EARHART

ANNIE OAKLEY

ANNIE SULLIVAN

BARBARA WALTERS

BELVA A LOCKWOOD

DOROTHY HAMILL

EMILY DICKINSON

FLORENCE NIGHTINGALE

GEORGIA OKEEFFE

HARRIET TUBMAN

INDIRA GANDHI

JULIE ANDREWS

LAURA INGALLS WILDER

LOUISA MAY ALCOTT

MADELEINE ALBRIGHT

MIA HAMM

MOTHER TERESA

OPRAH WINFREY

QUEEN ISABELLA I

RACHEL CARSON

ROSALYN CARTER

SANDRA DAY OCONNOR

SHIRLEY TEMPLE BLACK

SUSAN B ANTHONY

VALENTINA TERESHKOVA

```
F C R E T R A C N Y L A S O R Z E X S V
I L N A V I L L U S E I N N A C R J B Y
D T O I A L L E B A S I N E E U Q S L T
S H I R L E Y T E M P L E B L A C K A T
A G R B E L V A A L O C K W O O D A U X
N I A W N N B A R B A R A W A L T E R S
D R C T T O C L A Y A M A S I U O L A U
R B H O I S W E R D N A E I L U J G I S
A L E P N C A N N I E O A K L E Y T N A
D A L R A H A R R I E T T U B M A N G N
A E C A T Y M I Z L G M I A H A M M A B
Y N A H E U D O R O T H Y H A M I L L A
O I R W R C T H V E R O T N D I V Z L N
C E S I E T R A H R A E A I L E M A S T
O L O N S E I N D I R A G A N D H I W H
N E N F H D C H R Z I E N Z G G W H I O
N D M R K M O T H E R T E R E S A K L N
O A G E O R G I A O K E E F F E K L D Y
R M D Y V N O S N I K C I D Y L I M E Q
S M A D A H T I M S L I A G I B A M R E
```

Solution on page 372

Well Worn

Jaks

APRON

BANDANNA

BELL BOTTOMS

BELT

BLOUSE

BOOT

BUTTONS

COLLAR

COLORS

COTTON

DRESS

FOOTWEAR

FROCK

GLOVES

HANDBAG

HAT

JACKET

JEANS

JERSEY

JUMPSUIT

NECKTIE

NIGHTGOWN

OVERCOAT

PAJAMAS

PETTICOAT

RAINCOAT

RAYON

SANDAL

SCARF

SHORTS

SKIRT

SOCKS

STOCKING

SWEATER

TIGHTS

TROUSERS

TUNIC

TURTLE NECK

UNDERPANTS

UNDERSHIRT

VEST

WINDBREAKER

ZIPPER

Hot

```
O N Q K F U S H X G Z R S N A E J B G F
R Y G T Q G E A X Q P I B L O U S E J U
H A E A G J Z C B U B F P A M S M W S V
K A I S B D I O D B W O R P M Q K A G P
D R O N R D Z C O L O R S O E M U N P S
W J V K C E N E L T R U T Y C R I G S T
O I U Q O O J A K S I T B K T K L M R R
H B N M X T A C H T O V E R C O A T A I
L T D D P P E T U B I L O O V S Y L S K
K Z E O B T V N L V X U T E X N L T F S
W B R J I R I L N U S S S I S O D O L S
L E S G P C E I G E I T D T C T O O J O
R L H E E B G A R A J A C K E T R B C C
M T I O T H P S K H N H M C W U L O O K
S Y R S T N A P R E D N U E U B G T H S
H O T G I O J S S E R D A N V S T I A S
C H O T C R A Y O N L R T D K O C N Y U
I W T V O P M B K S R Z W S N Y D A P H
N Q J X A A A E F V X S S W E A T E R S
F Y I U T V S V L Q Z R T W L V B Y Z F
```

Solution on page 372

Count Your Money

ACCOUNTS

AMORTIZATION

ASSETS

BALANCE SHEET

BOOK VALUE

CAPITAL

CASH FLOW

CASHIER

CHECKING ACCOUNT

COST OF GOODS

COSTS

CREDIT CARD

DEBT

DEPRECIATION

DIME

DIVIDEND

EARNINGS

EQUITY

EXPENSES

INCOME

INTEREST RATE

LIABILITY

LOAN

LOSS

MARGIN

MORTGAGE

NET

NICKEL

ONLINE BANKING

PAYABLE

PENNY

PRINCIPAL

PROFIT

QUARTER

RECEIVABLE

SAFETY DEPOSIT BOX

SAVINGS

STATEMENT

TAXES

WITHDRAWAL

```
I K B V P R I N C I P A L T Z T Z L B M
B H L E D N O I T A Z I T R O M A O T Y
Q S T E S S A E N A S T N U O C C A I E
I E B X K O K M Y T X H X Z L S X N F V
N T R P O C B T W Y E E F T P O R W O D
Q S S E L N I O N L T R S L B B I D R E
D A D N C U L N O N H D E T O T P Y P P
J V O S Q E E I E K R S I S H W T Q A R
J B O E T P I M N A V S I D T I F U Y E
K N G S R S E V C E O A R H L R K A A C
E L F R V T O T A P B A L I G M A R B I
I N O U A N I C E B W A B U Q A W T L A
C G T T C D L D B A L A N C E S H E E T
A K S I E A Y L L U I E P K K M F R T I
S H O R N T P M I L D N E D I V I D R O
H W C H E C K I N G A C C O U N T D Q N
I A C F E E O S T Q E A R N I N G S F A
E G A G T R O M M A R G I N I D L S G X
R S G N I V A S E J L Q J D G X K O J X
S F Q W X O I V U I P J B N I L G L W Z
```

Solution on page 372

ANSWERS

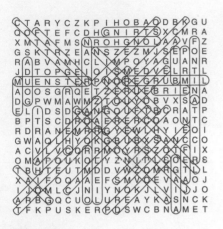

Cheesy

Campus Mascots

You Bet!

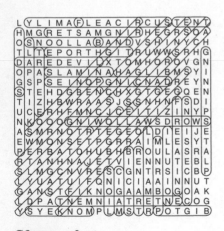

Circus Act

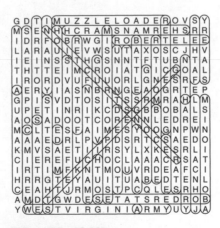

The Civil War

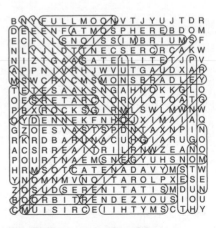

Walking on the Moon

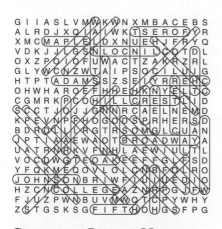

Common Street Names

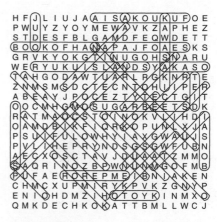

Very Emotional

Japanese

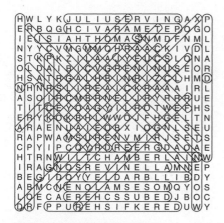

Basketball Greats

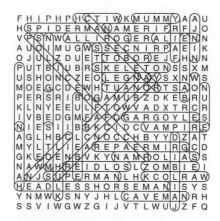

Costume Party

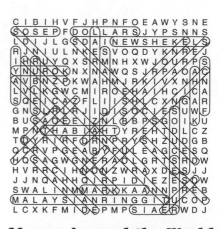

Money Around the World

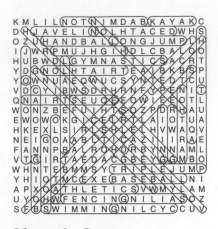

Olympic Games

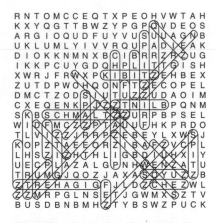

Beatlemania

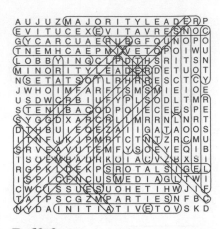

Politics

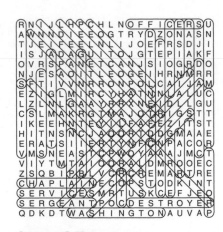

Words that End with Z

Armed Forces

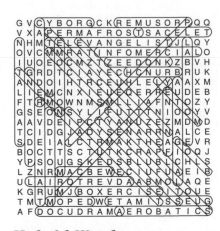

Hybrid Words

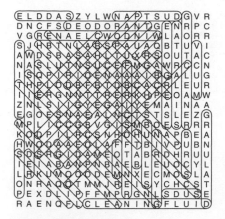

Cleaning Up

Philharmonic

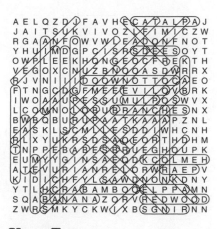

Up a Tree

Barbecue Time

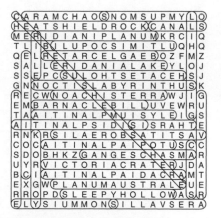

Martian Landmarks

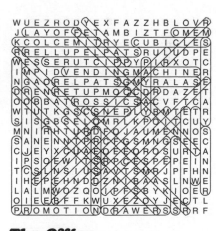

The Office

Boy Scout Merit Badges

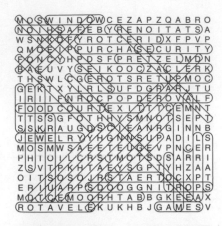

Hanging Out at the Mall

Fashion World

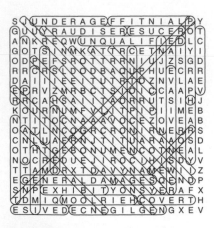

Legalese

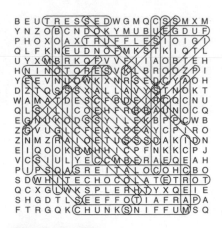

Chocoholic

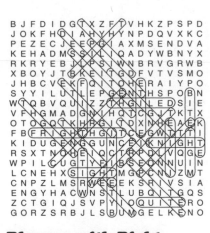

Rhymes with Right

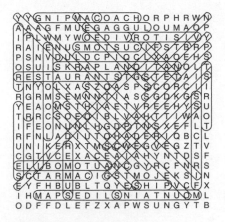

World Traveler

It's My Job

Build a House

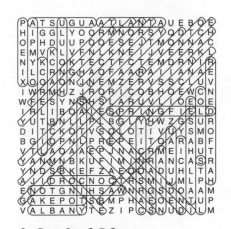

A Capital Idea

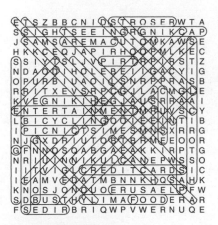

Vacation Time

Cats and Dogs

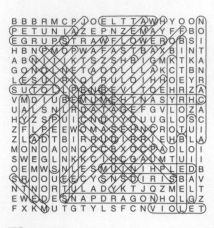

Flowery

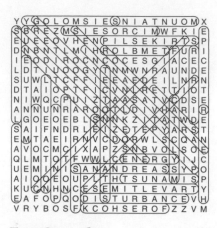

Dining Out

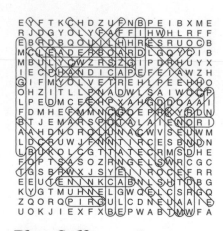

Earthquake

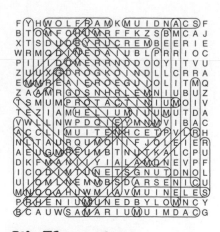

It's Elementary

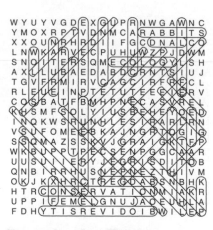

Play Golf

Deep in the Forest

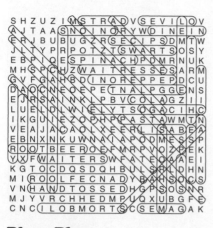

Pizza Place

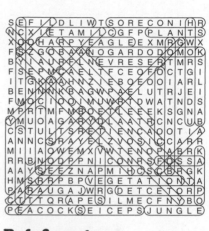

Monster Party

Rainforests

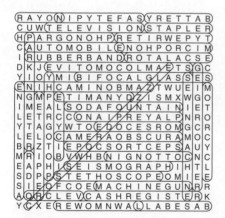

Famous Inventions

Common Misspellings

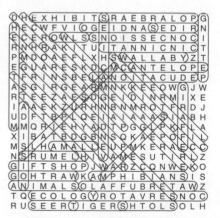

A Day at the Zoo

Acronyms FYI

Tea Party

Automobile Dealer

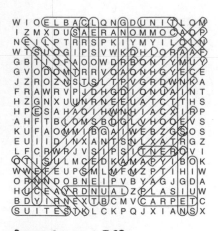

Apartment Life

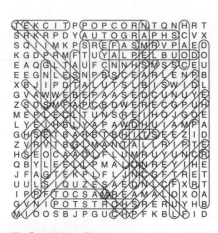

**Take Me Out to
the Ball Game**

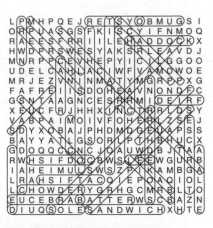

Seafood Restaurant

Something Fishy

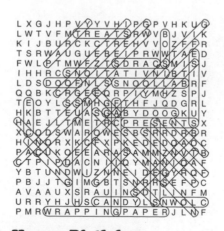

Skiing

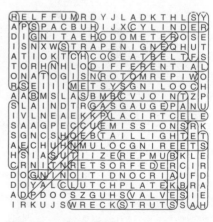

Spice It Up

Color Coordinated

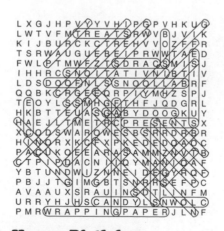

Happy Birthday

Parts of a Car

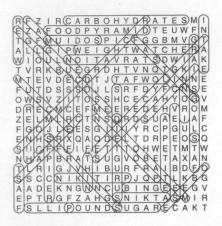

Weight Loss

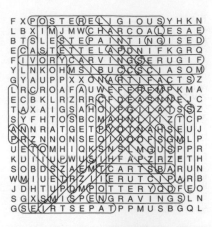

Visiting the Dentist

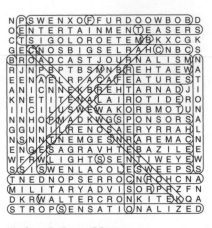

Look at the Art Museum

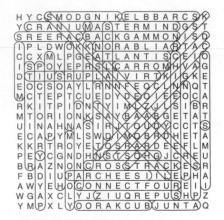

Board Games

Home Sweet Home

Television News

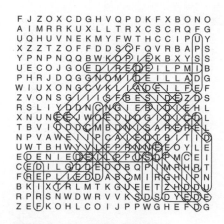

Rhymes with Bride

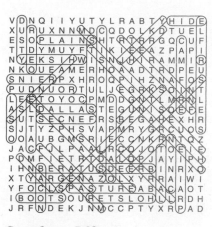

A Trip to South America

Cowboy Life

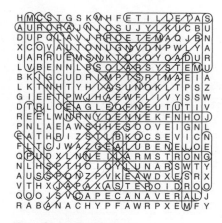

Rocket Science

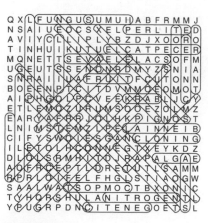

Botanist

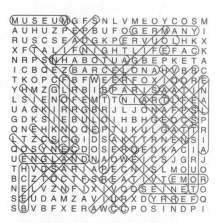

European Vacation

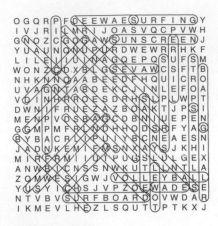

Beach Bum

Chess Anyone?

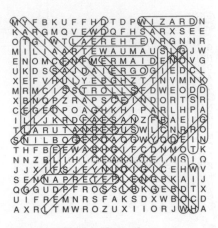

Magic Fairyland

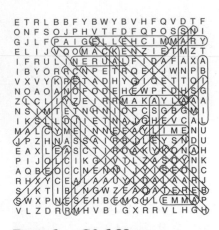

Popular Girl Names

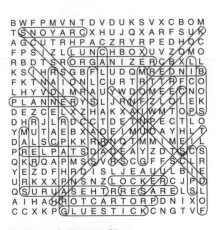

School Supplies

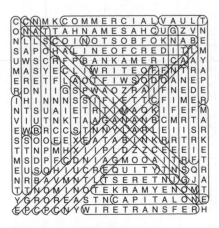

Bankers' Hours

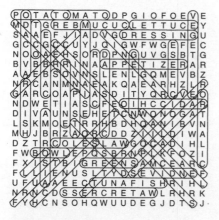

Side Salads

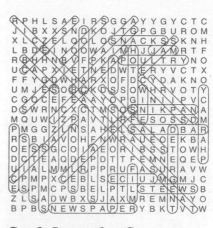

NASCAR

Grab It at the Grocery

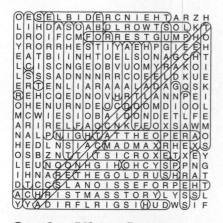

On the Silver Screen

Exploring Science Fiction

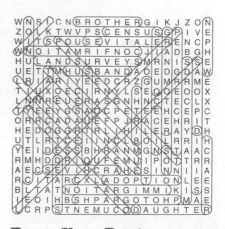

Trace Your Roots

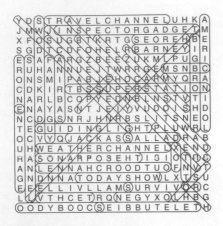

Turn On the TV

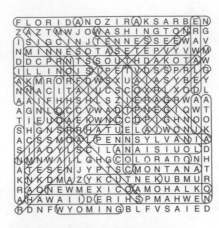

These United States

Perfect Picnic

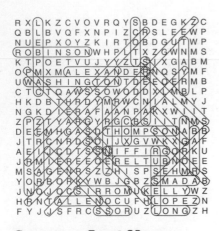

Common Last Names

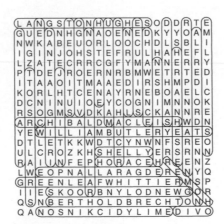

Famous Poets

Construction Work

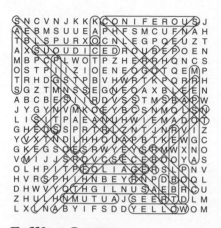

Falling Leaves

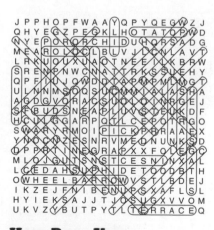

Pie in the Face

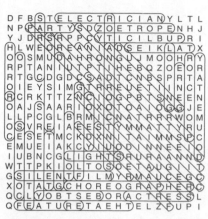

Making Movies

Public Library

How Does Your Garden Grow?

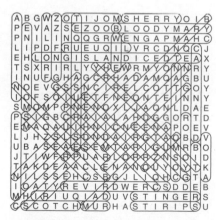

Cocktail Hour

Found in the Kitchen

Snowy

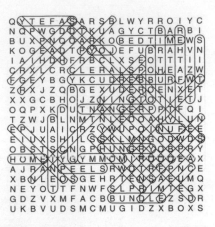

Oh, Baby!

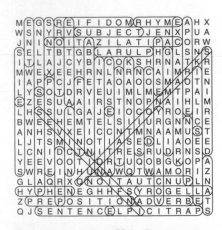

Shakespeare on the Stage

Grammatically Correct

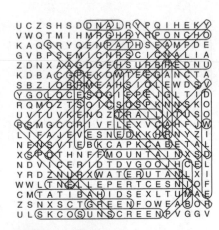

Take a Hike

Music in the Movies

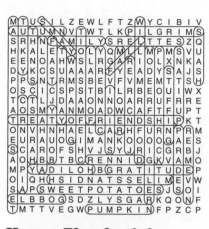

Happy Thanksgiving

Biology 101

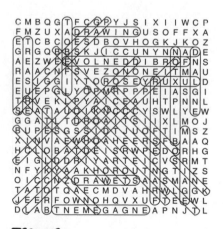

Titanic

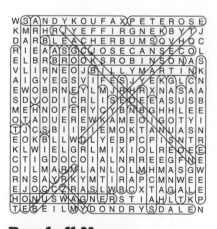

Baseball Names

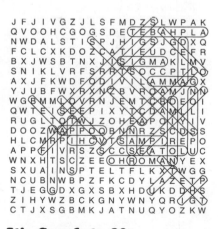

It's Greek to Me

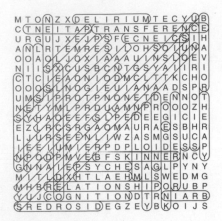

Psych-Out

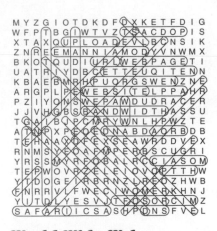

World Wide Web

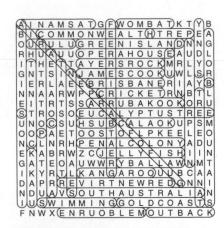

That's Rich

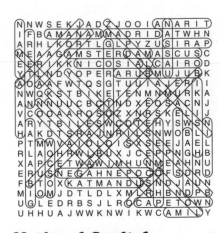

The Land Down Under

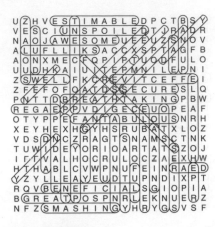

It's All Good

National Capitals

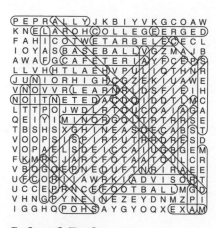

School Rules

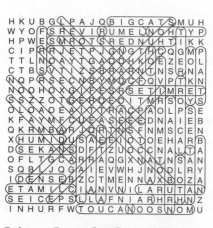

All Sewed Up

It's a Jungle Out There

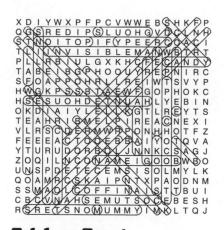

Trick or Treat

Rhymes with Pine

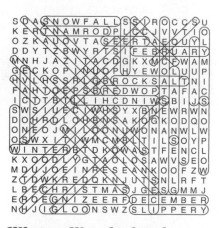

Winter Wonderland

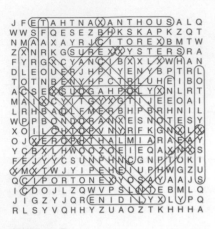

X Words

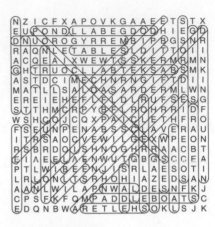

What Time Is It?

In the Park

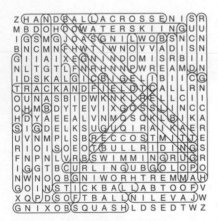

A Sporting Chance

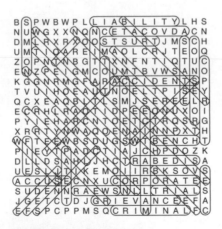

Talk to a Lawyer

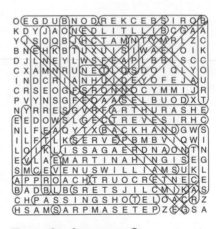

Tennis Anyone?

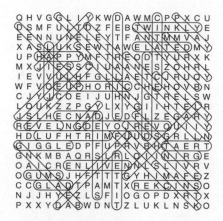

I Am Amused

Rock Hound

Nuts!

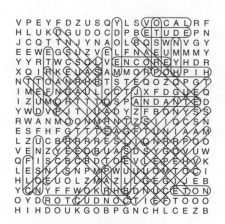

Music and Words

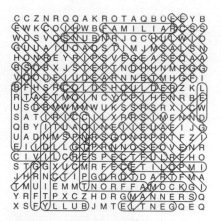

Behave Yourself

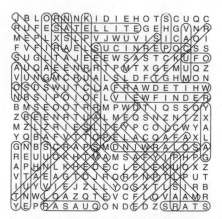

Look at the Universe

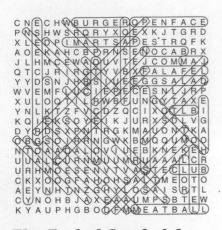

The Earl of Sandwich

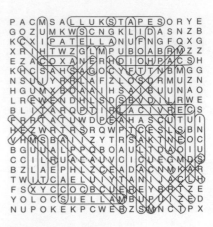

A Day at the Races

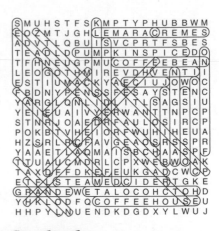

Skeleton Crew

Poet and Don't Know It

A Trip Around
the World

Starbucks

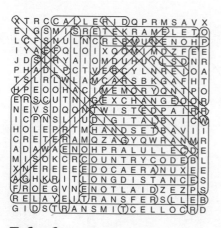

Telephones

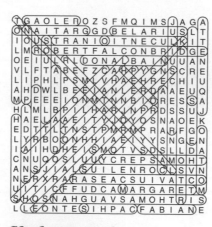

Breakfast Time

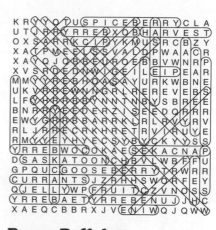

Berry Delicious

Wonderful Writers

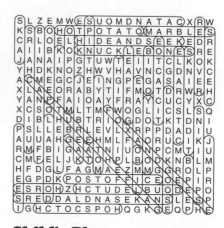

Shakespeare's Characters

Child's Play

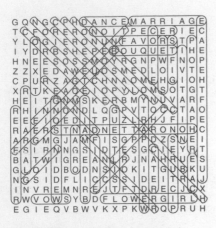

Wedding Ceremony

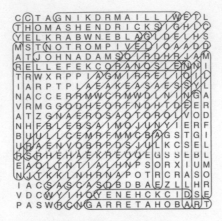

U.S. Vice Presidents

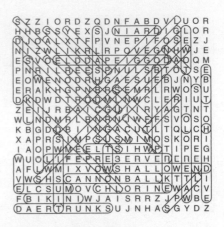

Fun at the Pool

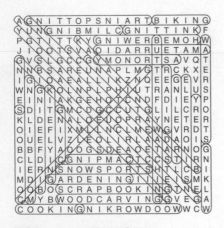

Pleasant Pastimes

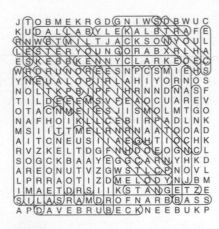

Jazzy

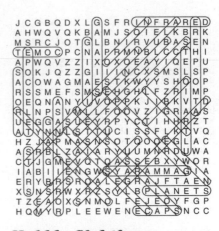

Hubble Sightings

Children's Television

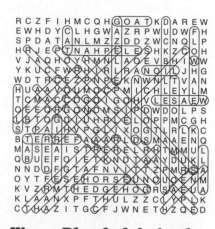

Warm-Blooded Animals

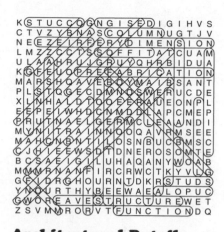

Architectural Details

Aye, Matey!

Shutterbug

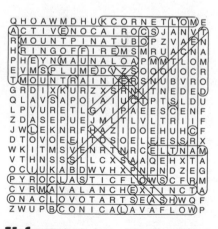

Volcanoes

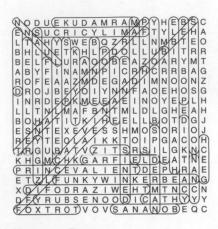

Funny Pages

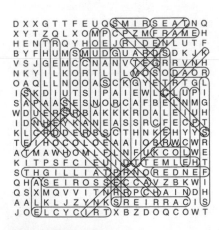

Mountain Adventure

Irish

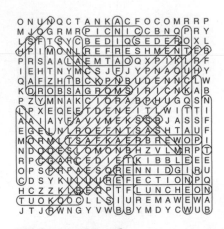

Makes a Meal

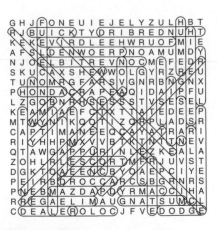

Two Wheeler

Buy a Car

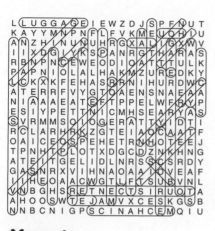

Airports

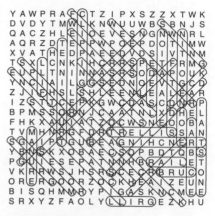

Easy Does It

Beautiful Lawns

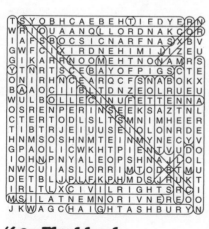

'60s Flashback

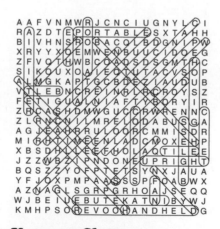

Vacuum Cleaners

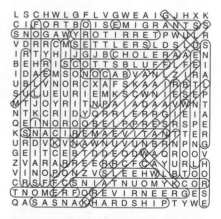

Across the Oregon Trail

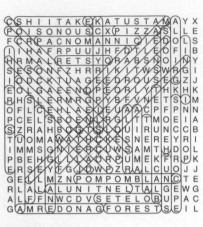

Mushrooms

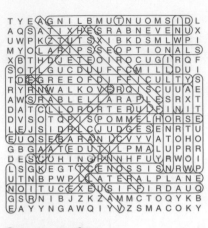

Gymnastics

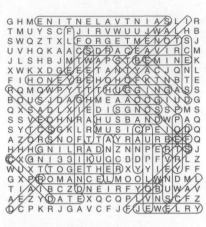

Be My Valentine

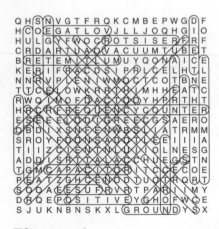

Electronics

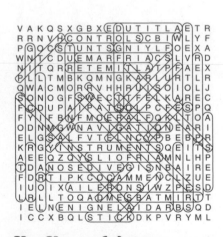

Up, Up, and Away

Mark It on the Calendar

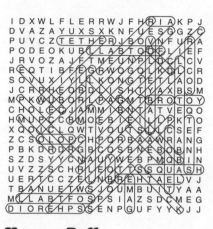

Have a Ball

Physical Science

Enrolling in College

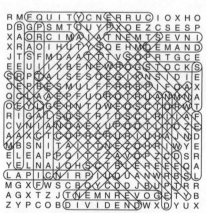

Business as Usual

National Parks in the U.S.

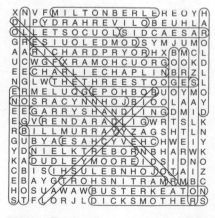

Very Funny

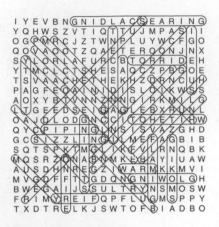

Hot, Hot, Hot

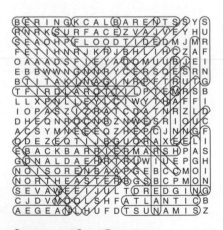

Spelunking

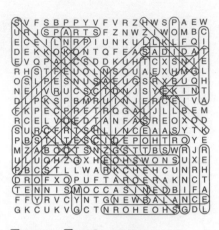

Fancy Footwear

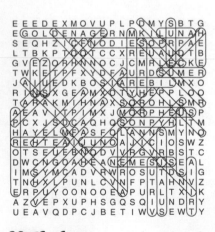

Mythology

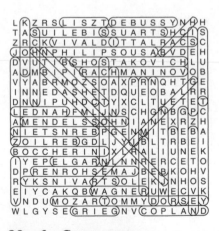

Across the Ocean

Music Composers

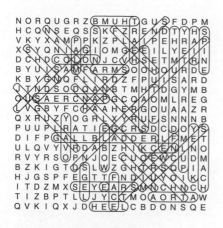

You Have It in You

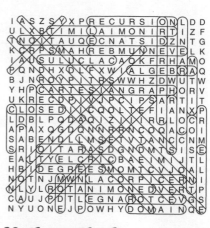

Software Development

Mathematical

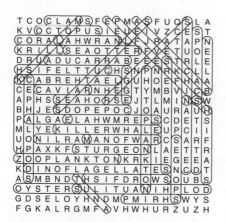

Under the Sea

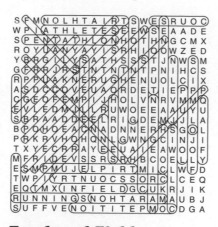

Track and Field

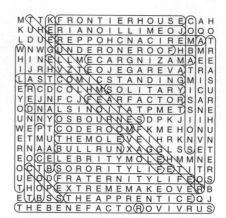

Reality TV

State Fair

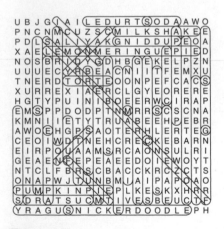

Star Wars

Screen Stars

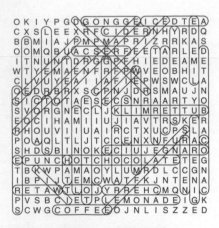

Something to Drink

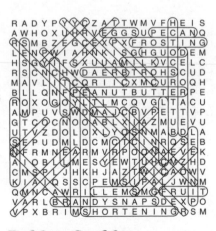

Dessert

Baking Cookies

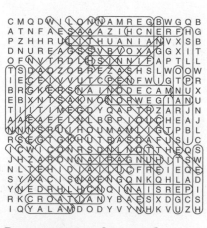

Languages Around the World

Rhymes with Shore

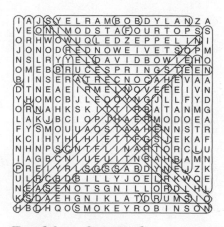

Rocking Around

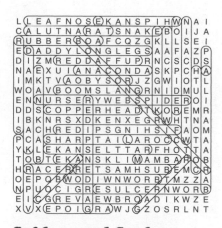

Spiders and Snakes

Wild World of Animals

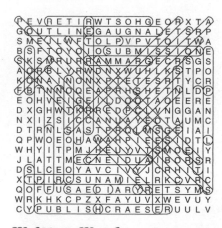

Written Words

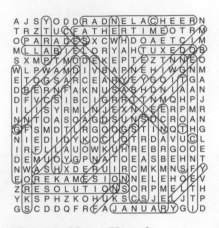

Happy New Year!

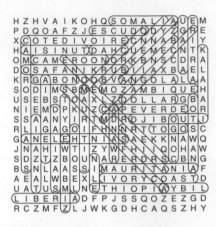

Brand Names

Out of Africa

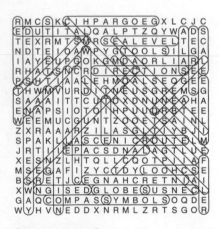

Cartography

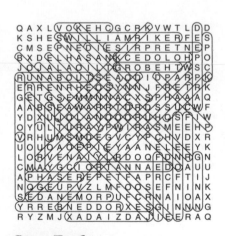

Star Trek

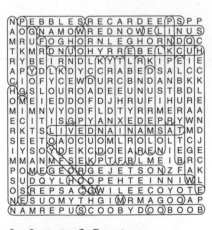

Animated Cartoon Characters

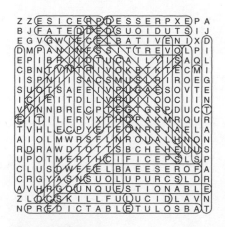

Sure Thing

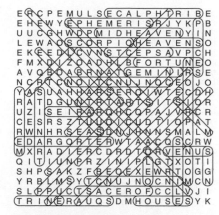

All Aboard!

What's Your Sign?

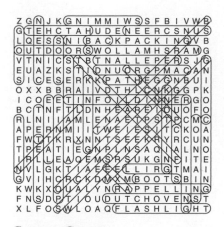

Scout Camp

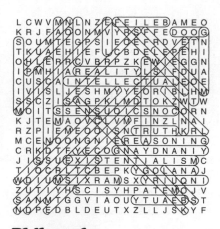

Philosophy

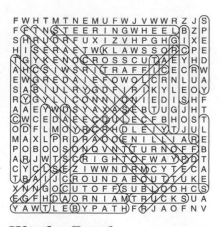

Hit the Road

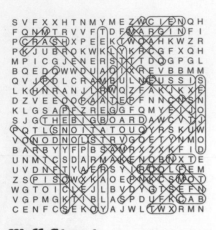

Wall Street

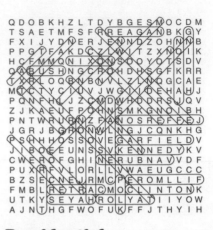

Go, Team!

Presidential

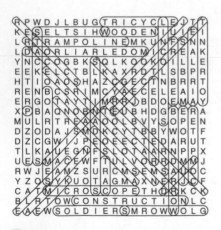

Toys

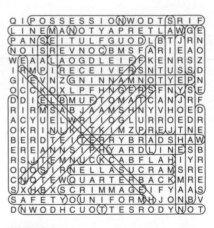

Energized

Pigskin

Chemistry Set

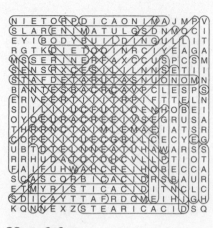

Gone Fishin'

Nutrition

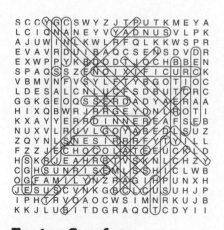

Easter Sunday

China

U.S. History

Abracadabra

Taxable

Heavenly Constellations

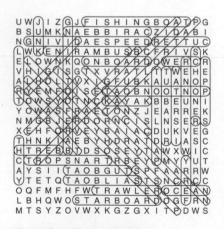

On the Seven Seas

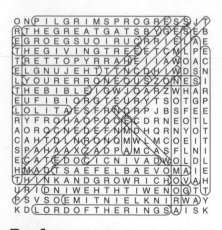

Books

One Words

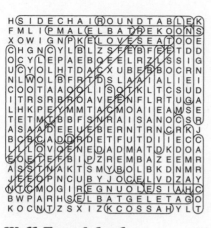

Well Furnished

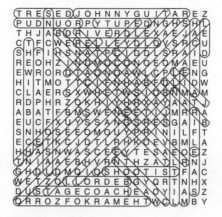

Westerns

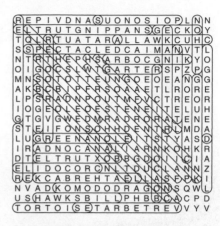

Cold-Blooded Animals

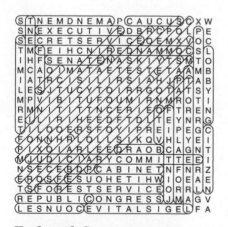

Federal Government

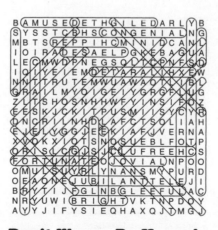

Don't Worry, Be Happy!

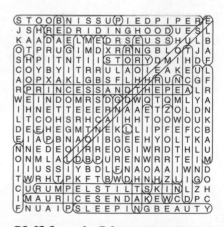

Children's Literature

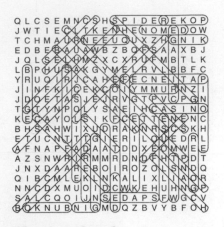

Playing Cards

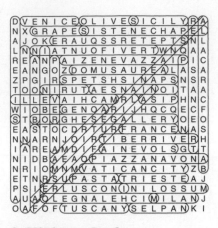

A Visit to Italy

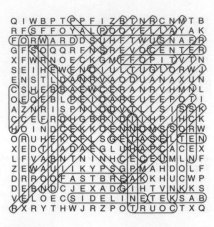

Hoops

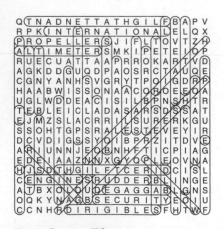

Ready to Fly

Invest Wisely

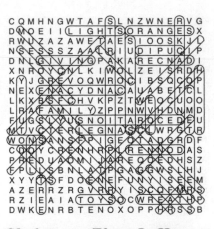

Christmas Time Is Here

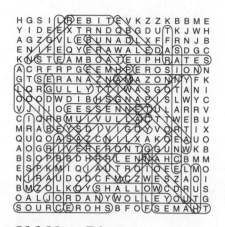

Old Man River

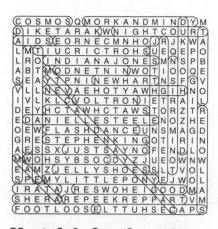

Nostalgic for the 1980s

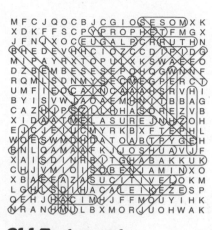

Old Testament

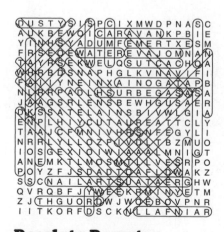

Desolate Deserts

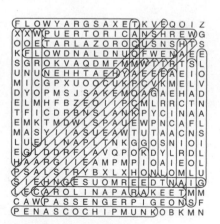

Extinct Animals

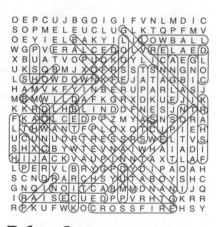

Poker Jargon

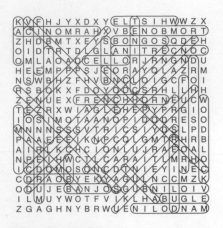

Music Makers

Brave Explorers

State Flowers

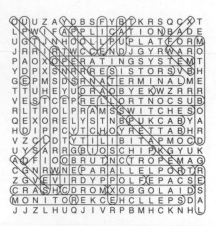

Complicated Computers

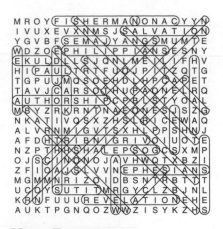

New Testament

At the Hospital

Rhymes with Magician

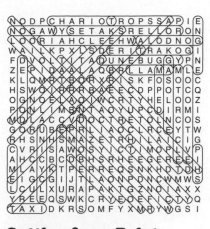

Getting from Point A to B

See You in Court

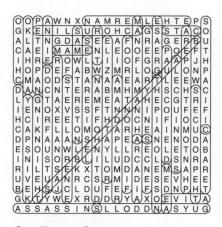

On Broadway

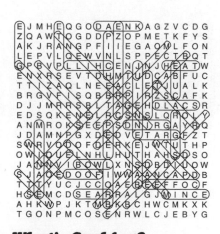

What's Cooking?

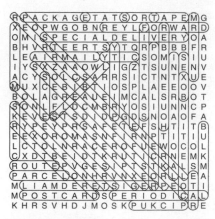

Mail Delivery

Sailing, Sailing

Mountains High

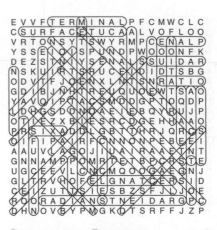

Water Ways

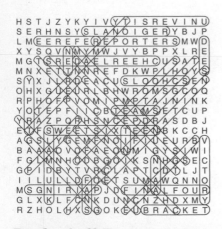

Basketball Tournament

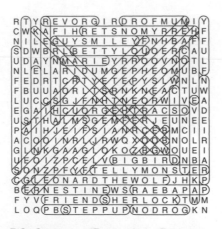

Living on Sesame Street

Geometry Lesson

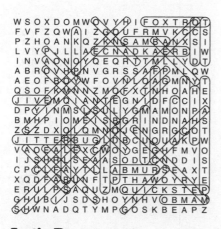

Let's Dance

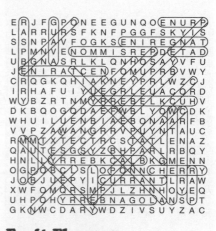

Amusement Parks

Fruit Flavors

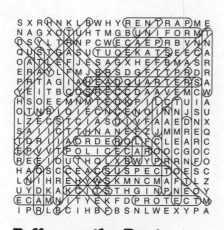

Police on the Beat

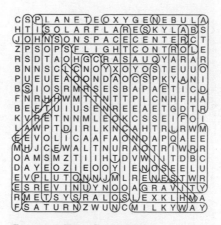

Space Exploration

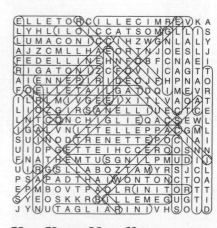

Use Your Noodle

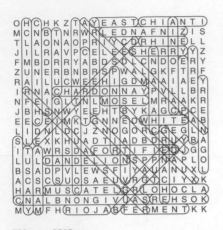

Fine Wine

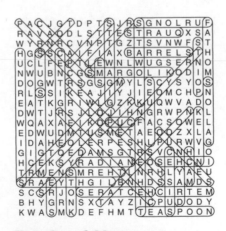

Weather Report

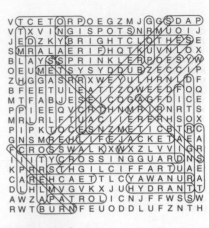

Stay Safe

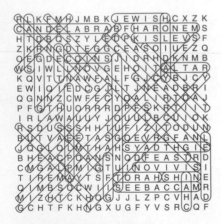

Happy Hanukkah

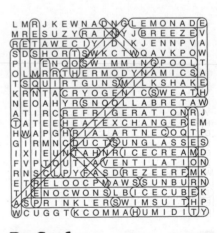

For Good Measure

Be Cool

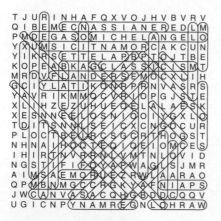

Artists at Work

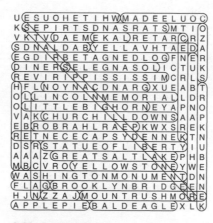

Summer Fun in the Sun

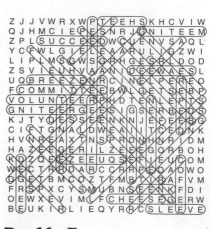

Double E

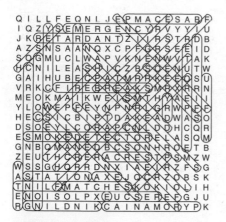

Fighting Fire

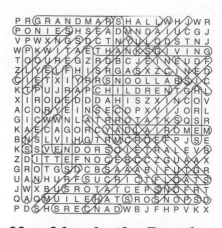

All American

Marching in the Parade

THE EVERYTHING GIANT BOOK OF WORD SEARCHES • 367

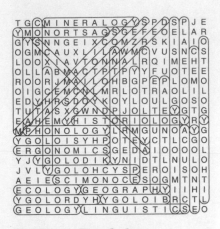

Serious Studying

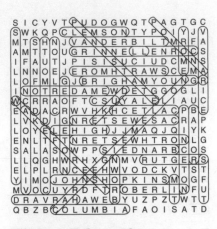

Big Man on Campus

Higher Education

The Simpsons

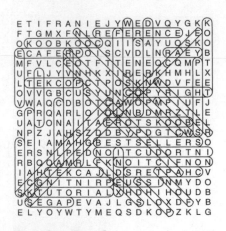

By the Book

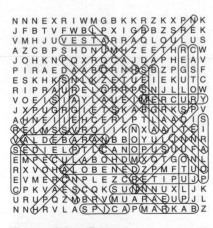

Found in Space

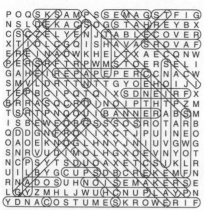

Party Time

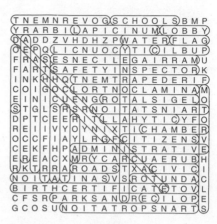

The Wonderful World of Disney

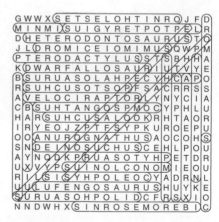

Local Government

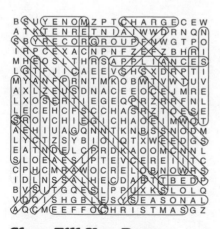

Shop Till You Drop

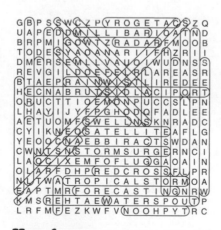

Hurricanes

Jurassic Animals

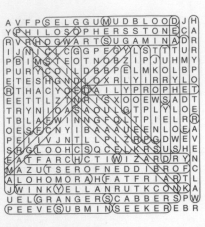

Harry Potter

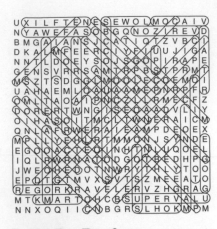

Let's Do Business

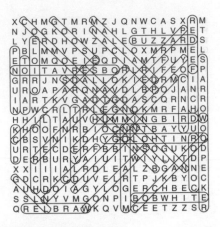

Bird Watching

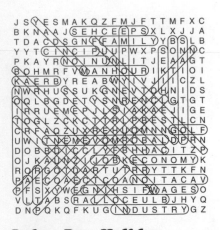

Labor Day Holiday

Rhymes with You

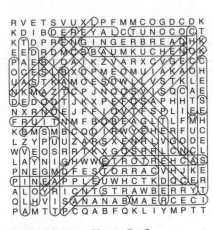

Let Them Eat Cake

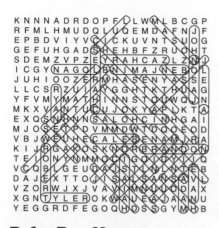

Baby-Boy Names

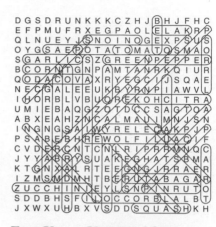

Game Shows

Eat Your Vegetables

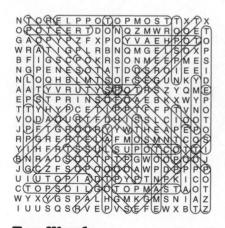

Top Words

Be Afraid

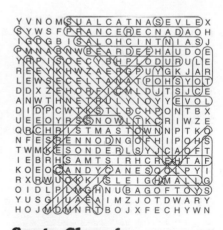

**Santa Claus is
Coming to Town**

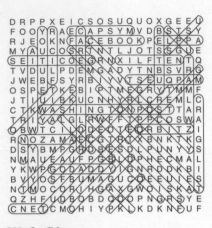

Web Sites

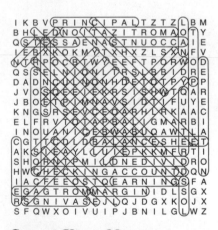

Famous Women

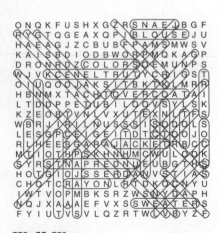

Well Worn

Count Your Money